monde-diplomatique.de

Testen Sie die deutsche Ausgabe der weltweit größten Monatszeitung für internationale Politik mit einem Probeabo (3 Ausgaben).

monde-diplomatique.de

Weniger wird mehr

Wirtschaftswachstum gilt als Allheilmittel gegen Arbeitslosigkeit, Staatsverschuldung und andere Risiken im modernen Kapitalismus. Doch auf einem begrenzten Planeten kann es kein unbegrenztes Wachstum geben. Wir ahnen schon lange, dass es so nicht weitergehen kann. Aber was dann? Der Postwachstumsatlas gibt Antworten.

Mit Beiträgen von Ulrike Herrmann, Ste[…]ch, Hartmut Rosa, […]gin und anderen.

AF850621

16 €, broschiert, mit Download, 176 Seiten, über 300 Karten und Grafiken.

monde-diplomatique.de

□ Ich abonniere die *Edition Le Monde diplomatique* zu einem Preis von **8,50 €** pro Ausgabe (2 Hefte jährlich).[1, 2]

1 • Das Abo kann zum jeweils nächsten Heft gekündigt werden. Die Rechnungslegung erfolgt pro Ausgabe. **2** • Versandkostenfrei im Inland, Ausland zzgl. Versandkosten.

Ich bezahle □ per Rechnung □ per SEPA-Lastschriftmandat

taz Verlags- und Vertriebs GmbH • Rudi-Dutschke-Straße 23 • Berlin • Gläubiger Identifikationsnummer DE92 0020 0000 0116 99
SEPA-Lastschriftmandat
Ich ermächtige die taz Verlags- und Vertriebs GmbH, Zahlungen von meinem Konto mittels Lastschrift einzuziehen. Zugleich weise ich mein Kreditinstitut an, die von der taz Verlags- und Vertriebs GmbH auf mein Konto gezogenen Lastschriften einzulösen.
Hinweis • Ich kann innerhalb von acht Wochen, beginnend mit dem Belastungsdatum, die Erstattung des belasteten Betrages verlangen. Es gelten dabei die mit meinem Kreditinstitut vereinbarten Bedingungen.

Widerrufsgarantie • Diese Bestellung kann innerhalb von 14 Tagen schriftlich bei der taz-Aboabteilung, PF 610229, 10923 Berlin, widerrufen werden. Zur Fristwahrung genügt die rechtzeitige Absendung des Widerrufs.

Rechnungsadresse

□ Frau □ Herr

Name

Straße

PLZ | Ort

Kreditinstitut | BIC

IBAN

Datum | Unterschrift

Lieferadresse

□ Frau □ Herr

Name

Straße

PLZ | Ort

Telefon

E-Mail

monde-diplomatique.de • abo-lmd@monde-diplomatique.de • T (030) 2 59 02-211

Bitte frankieren, falls Marke zur Hand

Deutsche Post

ANTWORT

Le Monde diplomatique
Aboservice
Postfach 61 02 29
10923 Berlin

□ Ich bestelle das Probeabo für **7,50 €** und bekomme drei Ausgaben von *Le Monde diplomatique* zugeschickt.[1, 2]

1 • Das Probeabo endet automatisch. **2** • Versandkostenfrei im Inland, Ausland zzgl. Versandkosten.

Ich bezahle □ per Rechnung □ per SEPA-Lastschriftmandat

taz Verlags- und Vertriebs GmbH • Rudi-Dutschke-Straße 23 • Berlin • Gläubiger Identifikationsnummer DE92 0020 0000 0116 99
SEPA-Lastschriftmandat
Ich ermächtige die taz Verlags- und Vertriebs GmbH, Zahlungen von meinem Konto mittels Lastschrift einzuziehen. Zugleich weise ich mein Kreditinstitut an, die von der taz Verlags- und Vertriebs GmbH auf mein Konto gezogenen Lastschriften einzulösen.
Hinweis • Ich kann innerhalb von acht Wochen, beginnend mit dem Belastungsdatum, die Erstattung des belasteten Betrages verlangen. Es gelten dabei die mit meinem Kreditinstitut vereinbarten Bedingungen.

Widerrufsgarantie • Diese Bestellung kann innerhalb von 14 Tagen schriftlich bei der taz-Aboabteilung, PF 610229, 10923 Berlin, widerrufen werden. Zur Fristwahrung genügt die rechtzeitige Absendung des Widerrufs.

Rechnungsadresse

□ Frau □ Herr

Name

Straße

PLZ | Ort

Kreditinstitut | BIC

IBAN

Datum | Unterschrift

Lieferadresse

□ Frau □ Herr

Name

Straße

PLZ | Ort

Telefon

E-Mail

monde-diplomatique.de • abo-lmd@monde-diplomatique.de • T (030) 2 59 02-211

Bitte frankieren, falls Marke zur Hand

Deutsche Post

ANTWORT

Le Monde diplomatique
Aboservice
Postfach 61 02 29
10923 Berlin

□ Ich bestelle ...... Exemplar(e) vom Atlas der Globalisierung »Weniger wird mehr« für je **16 €.**[1]

1 • Versandkostenfrei im Inland, Ausland zzgl. Versandkosten.

Ich bezahle □ per Rechnung □ per SEPA-Lastschriftmandat

taz Verlags- und Vertriebs GmbH • Rudi-Dutschke-Straße 23 • Berlin • Gläubiger Identifikationsnummer DE92 0050 0000 0116 99
SEPA-Lastschriftmandat
Ich ermächtige die taz Verlags- und Vertriebs GmbH, Zahlungen von meinem Konto mittels Lastschrift einzuziehen. Zugleich weise ich mein Kreditinstitut an, die von der taz Verlags- und Vertriebs GmbH auf mein Konto gezogenen Lastschriften einzulösen.
Hinweis • Ich kann innerhalb von acht Wochen, beginnend mit dem Belastungsdatum, die Erstattung des belasteten Betrages verlangen. Es gelten dabei die mit meinem Kreditinstitut vereinbarten Bedingungen.

Rechnungs- und Lieferadresse

□ Frau □ Herr

Name

Straße

PLZ | Ort

E-Mail

Telefon

Kreditinstitut

BIC

IBAN

Datum | Unterschrift

monde-diplomatique.de • shop@taz.de • T (030) 25 90 21 38

Bitte frankieren, falls Marke zur Hand

Deutsche Post

ANTWORT

Le Monde diplomatique
Postfach 61 02 29
10923 Berlin

Den Blick weiten:
»Blätter« lesen!
Einzelheft 10 €
Im Abo 6,55/5,10 €
3'18
Blätter für deutsche und internationale Politik
Revolutionieren wir Europa!
Etienne Balibar
Der EU-Türkei-Deal als Menetekel
Barbara Lochbihler
In der Schlinge der Globalisierung
Yanis Varoufakis
Die Provinzialisierung der Heimat
Thomas Thiemeyer
Gewerkschaften und die Neue Rechte
Hans-Jürgen Urban
Wie viel Marx steckt im Marxismus?
Rudolf Walther
Der verführte Feminismus
Nina Power
Beenden wir das Rattenrennen: Was kritischer Journalismus bedeutet
Harald Schumann
www.blaetter.de

TRESCHER VERLAG
MEHR WISSEN. BESSER REISEN. REISEFÜHRER AUS DEM TRESCHER VERLAG
TRESCHER VERLAG
Volker Häring, Françoise Hauser
CHINA HANDBUCH
Erkundungen im Reich der Mitte
erscheint im Mai 2018
CHINESISCHE SEIDENSTRASSE
TIBET
BHUTAN
NEPAL
MONGOLEI
trescher-verlag.de

Autorinnen in diesem Heft

- David Bandurski ist Kodirektor des China Media Project der Universität Hongkong. Derzeit ist er Fellow an der Robert Bosch Academy in Berlin.
- Tristan Coloma ist Redakteur in Paris beim *Indian Ocean Newsletter*.
- Florent Detroy ist Journalist in Paris.
- Mathieu Duchâtel ist Stellvertretender Direktor das Asien-China-Programms beim European Council on Foreign Relations (ECFR) in Brüssel.
- Arthur Fouchère ist Journalist in Paris.
- Jan Gaspers leitet die European Policy Unit am Mercator Institute for China Studies (Merics) in Berlin.
- Philip S. Golub ist Professor an der Amerikanischen Universität von Paris.
- Sven Hansen ist Asien-Redakteur der *taz* in Berlin.
- Sebastian Heilmann ist Gründungsdirektor des Mercator Instituts für China Studien (Merics) in Berlin und Professor für Vergleichende Regierungslehre, Politik und Wirtschaft Chinas an der Universität Trier.
- Heike Holdinghausen ist *taz*-Redakteurin für Umwelt und Wirtschaft.
- Wladislaw Inosemzew ist Gründer und Direktor des Zentrums für postindustrielle Studien in Moskau.
- Christian Jakob ist Redakteur der *taz* in Berlin.
- Niels Kadritzke ist Redakteur der deutschen Ausgabe von *Le Monde diplomatique* in Berlin.
- Michael Klare ist Professor für Friedens- und Sicherheitsforschung am Hampshire College, Amherst, Massachusetts.
- Manfred Kriener ist freier Umweltjournalist in Berlin.
- Felix Lee ist China-Korrespondent der *taz* in Peking.
- John Lee lebt in der australischen Hauptstadt Canberra und war Fellow am Mercator Institute for China Studies (Merics) in Berlin.
- Stefano Liberti ist Journalist in Rom.
- Luo Lingyuan ist eine aus China stammende und auf Deutsch und Chinesisch schreibende Schriftstellerin. Sie lebt seit 1990 in Berlin.
- Shi Ming stammt aus Peking, studierte Germanistik und Jura und ist freier Journalist in Berlin.
- Pierre Luther ist Journalist.
- Britta Petersen ist Mitglied im Korrespondentennetzwerk Weltreporter und seit 2014 Senior Fellow bei der Denkfabrik Observers Research Foundation in Neu-Delhi.
- Boris Pétric ist Ethnologe am Centre national de la recherche scientifique (CNRS) in Paris.
- Jordan Pouille ist Journalist.
- David Shambaugh ist Professor für Asienstudien, Politische Wissenschaft und Internationale Beziehungen an der George Washington University und Leiter des »China Policy Program« an der Elliott School of International Affairs.
- Stephen W. Smith ist Professor für Afrika-Amerika-Studien an der Duke University, North Carolina.
- Urs Wälterlin ist Australien-Korrespondent für deutschsprachige Medien in Sydney.
- Olivier Zajec ist Forscher am Institut des Stratégie Comparée (ISC) in Paris.

Impressum

Edition Le Monde diplomatique N° 23 • 2018

Redaktionsadresse
Rudi-Dutschke-Straße 23, D-10969 Berlin
Telefon +49 (0)30 259 02-276
Fax +49 (0)30 259 02-676

Redaktion: Sven Hansen (v. i. S. d. P.), Dorothee d'Aprile, Barbara Bauer, Niels Kadritzke
Korrektur: Franziska Özer

Bildredaktion und Gestaltung: Adolf Buitenhuis

Internet: www.monde-diplomatique.de

Verlagsadresse
taz Verlags- und Vertriebs GmbH
Rudi-Dutschke-Straße 23, D-10969 Berlin
Telefon +49 (0)30 259 02-0

Anzeigen: Daniel Schwertfeger
Telefon +49 (0)30 25 902-127
dschwert@monde-diplomatique.de

Vertrieb: Norman Nieß, vertrieb@taz.de

Druck: möller druck, Ahrensfelde
Gedruckt auf 100 % Recyclingpapier
Printed in Germany

Preis des Heftes: 8,50 Euro [D, A]. Alle Rechte vorbehalten. Nachdruck, Aufnahme in Onlinedienste und Internet und Vervielfältigung auf Datenträgern wie CD-ROM, DVD-ROM usw. dürfen nur nach vorheriger schriftlicher Zustimmung des Verlages erfolgen. Abweichende Bedingungen für die Weiterverwendung sind, wo anwendbar, bei den Bildnachweisen in eckigen Klammern angegeben. Anzeigenpreise auf Anfrage.

ISSN (Print) 1864-3876 • ISBN (Print) 978-3-937683-69-0
ISSN (E-Book) 2511-6819 • ISBN (E-Book) 978-3-937683-70-6

taz.genossenschaft

Die deutsche Ausgabe von *Le Monde diplomatique* geht auf eine Initiative der taz-Genossenschaft im Jahr 1994 zurück. Mehr über die Genossenschaft erfahren Sie unter: www.taz.de/genossenschaft

Erhältlich in den Bahnhofs- und Flughafenbuchhandlungen in Deutschland

PRESSE & BUCH IM BAHNHOF

Das nächste Heft erscheint im Herbst 2018

EDITION • LE MONDE *diplomatique*

Genug für alle.

Landwirtschaft und Welternährung

Bestellen Sie einzelne Hefte oder gleich ein Abo

monde-diplomatique.de

China first!

Editorial

Von Sven Hansen

Betrachte eine Situation von allen Seiten, und du wirst offener.« Dieser Spruch, so eine Art aus Glückskeksen bekannte morgenländische Weisheit, dürfte den meisten gefallen. Denn er hat einen wahren Kern und tut niemandem weh. Doch Dieter Zetsche, Vorstandschef der Daimler AG, ist neuerdings der Meinung, sein Konzern habe durch die Nutzung dieses Spruchs »das chinesische Volk beleidigt«. Zetsche schrieb dem chinesischen Botschafter in Berlin, dass er dies bedaure und sich dafür entschuldige. Ein solcher Fauxpas werde nie wieder vorkommen.

Was ist der Grund für den Kotau des deutschen Autobosses? Der Fehler bestand darin, dass der Satz vom Dalai Lama stammt. Das im Exil lebende geistige Oberhaupt der Tibeter wird von Peking verteufelt, genießt aber in westlichen Ländern genau wegen solcher Lebensweisheiten große Sympathien. Den Spruch des Friedensnobelpreisträgers hatten Werbeleute mit der Abbildung eines weißen Mercedes auf der Instagram-Seite von Daimler gepostet. Der Fotosharing-Dienst ist in China blockiert und legal nicht einsehbar. Wer ihn nutzen will, muss Internetsperren umgehen, was – auch zum Leidwesen westlicher Konzerne – in China immer schwieriger wird.

Zetsche entschuldigte sich also für eine Beleidigung, von der das chinesische Volk gar nichts wüsste, wenn nicht Chinas Propaganda genau dafür gesorgt hätte. Sie kostete das Posting genüsslich aus. Ob Daimler denn nicht wisse, dass man »sich die Chinesen zum Feind macht, wenn man dem Dalai Lama die stinkenden Füße hält?«, schrieb das Parteiorgan *Volkszeitung*. Was wohl die Deutschen dächten, wenn ein chinesischer Staatskonzern Adolf Hitler loben würde?

Das Einknicken von Daimler hat handfeste Gründe. Der Konzern verkauft inzwischen jedes vierte Auto in China. Und seit Ende Februar 2018 ist der chinesische Autobauer Geely mit knapp zehn Prozent der größte Anteilseigner der Daimler AG. Geely hatte sich die Anteile unbemerkt zusammengekauft. Ihm gehört schon die schwedische Edelmarke Volvo, die – wohl auch deshalb – als erste europäische Automarke den Ausstieg aus dem Verbrennungsmotor erklärt hat.

Zetsches Kotau ist ein Symbol für Chinas Aufstieg, dem wir uns in diesem Heft der *Edition Le Monde diplomatique* widmen. Denn der Fall macht klar: China ist mittlerweile sehr, sehr mächtig. Und anders als ihre Vorgänger spielt die gegenwärtige Regierung in Peking ihre Macht auch aus, wenn andere sich nicht wie erwartet verhalten. Dabei nutzt China Manipulation und Propaganda. Und wen der Bann trifft, der findet sich schnell in einer Situation wieder, aus der nur noch mit unterwürfigen Gesten, Gesichtsverlust inklusive, herauszukommen ist.

Unter Staats- und Parteichef Xi Jinping hat das autoritär regierte China die von Deng Xiaoping propagierte internationale Zurückhaltung aufgegeben. Xi macht sich für die Globalisierung stark, von der die Volksrepublik wie kein zweites Land profitiert hat und die heute vor allem »China first« meint. Erst recht, seit sich die USA unter Donald Trump von ihrer globalen Führungsrolle zurückziehen und damit China mehr Spielraum lassen, die Welt nicht nur mitzugestalten, sondern immer stärker selbst zu prägen.

Baustelle in Pudong, Schanghais modernstem Stadtbezirk, März 2015. ZOONAR | ALAMY

Da jeder fünfte Mensch in China lebt, läge es eigentlich nahe, dass Chinesen die Welt stark prägen. In den letzten 200 Jahren war das aber nicht der Fall. Daher stellt sich die Frage, wie der Wandel jetzt gestaltet wird und was er künftig für andere Länder bedeutet. Werden sich die Konflikte um Ressourcen und Einflusssphären verschärfen? Wie reagieren die kriselnden westlichen Demokratien, die in ihrer internationalen Politik schließlich auch stets auf ihren eigenen Vorteil bedacht waren? Welche Hoffnungen und Ängste löst der Aufstieg der kapitalistischen Volksrepublik aus? Findet bereits ein Verdrängungswettbewerb statt, mit Siegern und Verlierern? In welchen Bereichen kann die Welt von China lernen? Wie lässt sich das Land politisch und wirtschaftlich in die Weltgemeinschaft einbinden? Diesen Fragen widmet sich dieses Heft aus ganz unterschiedlichen Perspektiven.

Inhalt

Der chinesische Präsident Xi Jinping (Mitte) wartet auf den damaligen Regierungschef von Hongkong, Leung Chun-ying, Hongkong, Juni 2017. DALE DE LA REY | REUTERS

ILLUSTRATION TITELSEITE: LE MONDE DIPLOMATIQUE, BERLIN

Rivalen, Partner, Gegner

Wenn sich China und die USA nicht vertragen, wird es gefährlich

Von David Shambaugh

Keine andere internationale Beziehung ist für die globale Entwicklung so wichtig wie die zwischen den USA und der Volksrepublik China. Doch die beiden weltpolitischen Giganten sind vielfach ineinander verstrickt: strategisch und diplomatisch ebenso wie wirtschaftlich, gesellschaftlich und kulturell, aber auch im akademischen Bereich, in der Umweltpolitik und in vielen anderen Problemfeldern.

Die USA und China sind sowohl global als auch regional, das heißt im Asien-Pazifik-Raum, die herrschenden Mächte. Sie sind die beiden größten Volkswirtschaften der Welt; sie haben die höchsten Verteidigungsbudgets und die größten Kriegsflotten; sie liegen beim Energieverbrauch und bei den Ölimporten ebenso an der Spitze wie beim Ausstoß von Treibhausgasen; dasselbe gilt für die Anzahl der Doktortitel und Patentanträge. Auf der internationalen Bühne sind die beiden heute also die einzigen wahrhaft globalen Akteure. China ist der größte Exporteur und die USA sind der größte Importeur.

Inzwischen sind sie auch der jeweils zweitgrößte Handelspartner des anderen, mit einem Volumen von knapp 660 Milliarden Dollar jährlich. Zudem ist China der größte ausländische Kreditgeber der USA, während gleichzeitig auch die chinesischen Investitionen in den USA rasant zunehmen: Sie haben 2016 fast die 20-Milliarden-Dollar-Grenze erreicht und dabei 120 000 Arbeitsplätze geschaffen.

Tag für Tag reisen 9000 Menschen zwischen beiden Ländern hin und her. An den Universitäten der USA sind knapp 400 000 chinesische Studenten eingeschrieben, während rund 20 000 US-Amerikaner in China studieren. Ein ganzes Netz von Partnerschaften – davon 38 zwischen chinesischen Provinzen und US-Bundesstaaten und 169 zwischen Partnerstädten –, schafft Verbindungen auf lokaler und regionaler Ebene und sorgt für regen Austausch. In China lernen 300 Millionen Menschen Englisch, und an die 200 000 US-Amerikaner lernen Chinesisch.

Die USA und China sind also auf vielfache Art fest verbunden. Zugleich sind sie die beiden Staaten, die den größten Einfluss auf die internationalen Beziehungen haben. Deshalb ist es so wichtig, die Komplexität und inneren Dynamiken zu verstehen, die dieses Verhältnis prägen. Hinzu kommt, dass die Bestandteile dieses Verhältnisses instabil sind und sich in den letzten Jahren sehr verändert haben. Verstärkt werden die Ungewissheiten neuerdings durch die Unberechenbarkeit und Sprunghaftigkeit von US-Präsident Trump.

Trotz der engen Bande und aller möglichen Kooperationsbemühungen nimmt freilich auch die Konkurrenz zwischen den beiden ständig zu. In der neuen »Nationalen Sicherheitsstrategie der Vereinigten Staaten«, die Präsident Trump am 18. Dezember 2017 vorgestellt hat, wird China – neben Russland – als »revisionistische Macht« bezeichnet und zu einem »strategischen Konkurrenten« erklärt.[1]

In Anbetracht der wachsenden Spannungen und der enormen Konkurrenz, die das Verhältnis zwischen den beiden Supermächten in den letzten Jahren geprägt haben, wäre es schon als Erfolg zu betrachten, wenn diese Dynamik nicht in offene Feindschaft mündet. Das Verhältnis könnte sich in der Tat deutlich verschlechtern, was allerdings nicht im Interesse der Beteiligten wäre.

Insgesamt bietet sich also eine Gleichzeitigkeit von Kooperation und Konkurrenz, wobei die beiden Großmächte außerdem verdammt sind zu einer – wenn irgend möglich – friedlichen Koexistenz. Ihre Beziehung ähnelt einer strapazierten Ehe, bei der eine Scheidung oder Trennung ausgeschlossen ist. Schließlich müssen die beiden Partner wirtschaftlich wie diplomatisch miteinander im Geschäft bleiben. Die gesamte Asien-Pazifik-Region – ja, die ganze Welt – ist auf ein friedliches und stabiles Verhältnis zwischen den USA und China angewiesen.

Am vordringlichsten ist im Moment, dass sie eine praktische Zusammenarbeit bei den großen internationalen Problemen zustande bringen, als da wären: Nordkorea, Afghanistan, Terrorismusbekämpfung, Konflikt im Südchinesischen Meer, globale Regeln fürs Internet und Kampf gegen die Cyberkriminalität. Diese – und ein paar andere globale – Probleme werden Washington und Peking nur gemeinsam lösen können, wobei zweitrangig ist, ob sie am selben Strang ziehen oder auf separaten, aber parallelen Gleisen agieren.

Unter George W. Bush und Barack Obama unternahm die US-Regierung große Anstrengungen, um die Chinesen zu mehr Mitwirkung an der »Global Governance« zu bewegen.[2] Doch die Hoffnungen wurden enttäuscht, weil man in Peking von der Globalisierung profitieren wollte, ohne sich für die Weiterentwicklung der internationalen Gemeinschaft einzusetzen.

Das wurde mit dem Machtantritt von Xi Jinping im November 2012 anders. Es ist sein Verdienst, dass China seine internationale Rolle seither aktiver wahrnimmt und sich global mehr engagiert: im Kampf gegen den Klimawandel, in der Weltwirtschaftsordnung, in der Energiesicherheit, im Kampf gegen Piraterie, im Atomabkommen mit Iran. Gleichzeitig verabschieden sich seit dem Amtsantritt Donald Trumps im Januar 2017 die USA mehr und mehr von ihrer globalen Führungsrolle.

So wichtig die chinesisch-amerikanische Zusammenarbeit in Sachen Global Governance auch sein mag, ein Allheilmittel für das gestörte Verhältnis zwischen Peking und Washington ist sie nicht. Da die Gründe für die Probleme sehr real und tiefgreifend sind, wäre es schon ein diplomatischer Erfolg, wenn sie sich nicht auf weitere Felder ausbreiten.

Spürbare Fortschritte gab es beispielsweise im Januar 2013 beim Gipfeltreffen von Barack Obama und Xi Jinping, als man sich auf den gemeinsamen Kampf gegen die Industriespionage per Internet einigen konnte. Ein weiteres Beispiel sind vertrauensbildende Maßnahmen auf militärischem Gebiet, um ungewollte Zusammenstöße zu Wasser und in der Luft zu verhindern, die zu einer militärischen Eskalation führen könnten.

In derart heiklen Bereichen sind intensive diplomatische Verhandlungen unerlässlich. Und manchmal müssen auch die beiden Präsidenten im persönlichen Gespräch zu einer Einigung finden. Schon das ist Grund genug für regelmäßige Treffen der beiden Staatsoberhäupter. Dass schwerwiegende Streitpunkte auf höchster Ebene direkt und offen diskutiert werden, ist aber auch aus einem anderen Grund wichtig: Es hilft, dass sich die Differenzen nicht verfestigen oder gar multiplizieren.

Insofern ist es eine gute Nachricht, dass Donald Trump die feindselige und konfrontative Rhetorik, mit der er im Wahlkampf gegen China gewettert hat, inzwischen aufgegeben hat und auf Xi Jinping

Der australische Ministerpräsident Malcolm Turnbull macht ein Selfie mit (von links) dem vietnamesischen Präsidenten Tran Dai Quang, dem US-Präsident Donald Trump und dem chinesischen Präsidenten Xi Jinping, Apec-Gipfeltreffen, Vietnam, November 2017. ANDREA HANKS zugegangen ist. Beide Präsidenten haben einander erfolgreiche Staatsbesuche abgestattet: Trump hat Xi Anfang April 2017 auf sein Luxusdomizil in Mar-a-Lago in Florida eingeladen, und im November hat sich Xi mit einem großen Empfang samt Kaiserpalast und Peking-Oper revanchiert.

Die Atmosphäre zwischen Washington und Peking hat sich im Vergleich zu den angespannten Obama-Jahren deutlich gebessert. Auch haben sich die Befürchtungen nicht bewahrheitet, die Trump mit seinen Wahlkampfparolen und der Infragestellung der Ein-China-Politik – die er in einem Telefonat mit Taiwans Präsidentin Tsai Ing-wen angedeutet und später wieder zurückgenommen hat – sowie mit der Androhung von Handelszöllen und anderen Maßnahmen genährt hatte. Allerdings ist neuerdings die Rede von ökonomischen Strafmaßnahmen gegen Peking, die die US-Regierung angeblich vorbereitet. Ende November 2017 hat sie angekündigt, dass sie China im Rahmen der Welthandelsorganisation (WTO) nicht den Status einer Marktwirtschaft bescheinigen will, was zollpolitische Vorteile zur Folge hätte.[3]

Auch das US-Militär betrachtet China nach wie vor als potenziellen Gegner. Und auch die Bevölkerung sieht China offenbar zunehmend kritisch, wie eine aktuelle Umfrage des Pew Research Center zeigt: 55 Prozent der US-Bevölkerung haben ein negatives Bild von China.[4]

Die unerwartete Entspannung zwischen Trump und Xi hat das Verhältnis zumindest vorübergehend stabilisiert. Persönliches Vertrauen zwischen Staatslenkern ist immer wichtig, erst recht im Fall Chinas. Allerdings könnte der launische und unberechenbare Trump seine Meinung plötzlich ändern. Er könnte die Beziehungen zu Peking durch einen »harten Kurs« auf die Probe stellen, zumal er von den komplizierten Problemen, die das bilaterale Verhältnis bestimmen, nicht viel versteht.

Dass Trump im Konflikt mit Nordkorea auf Xi und China angewiesen ist, liegt auf der Hand. Aber wie lange hält seine Geduld an, wenn Peking die Nordkoreaner nicht in die Knie zwingt? Ist er in der Lage, die verschiedenen Probleme, die zwischen Washington und Peking anstehen, einigermaßen auseinanderzuhalten, sprich: Wird er das Thema Nordkorea getrennt behandeln? Oder wird er es doch mit Handelsfragen vermischen? Und wird er sich den Leuten im Pentagon widersetzen, die China zunehmend als Gegner wahrnehmen?

In einem Punkt ist die chinesische Führung sehr zufrieden mit Trump: Offensichtlich nimmt er keinen Anstoß an der Repression und der Missachtung der Menschenrechte in China.

In den USA sitzen Frustration und Enttäuschung über China sehr tief, das hat sich nicht zuletzt im Präsidentschaftswahlkampf 2016 gezeigt. Allem Anschein nach gibt es inzwischen einen breiten Kon-

2016 waren die USA der größte Warenimportmarkt für China. Für die USA war China der zweitgrößte Markt für Dienstleistungen.

GRAFIK: LE MONDE DIPLOMATIQUE, BERLIN

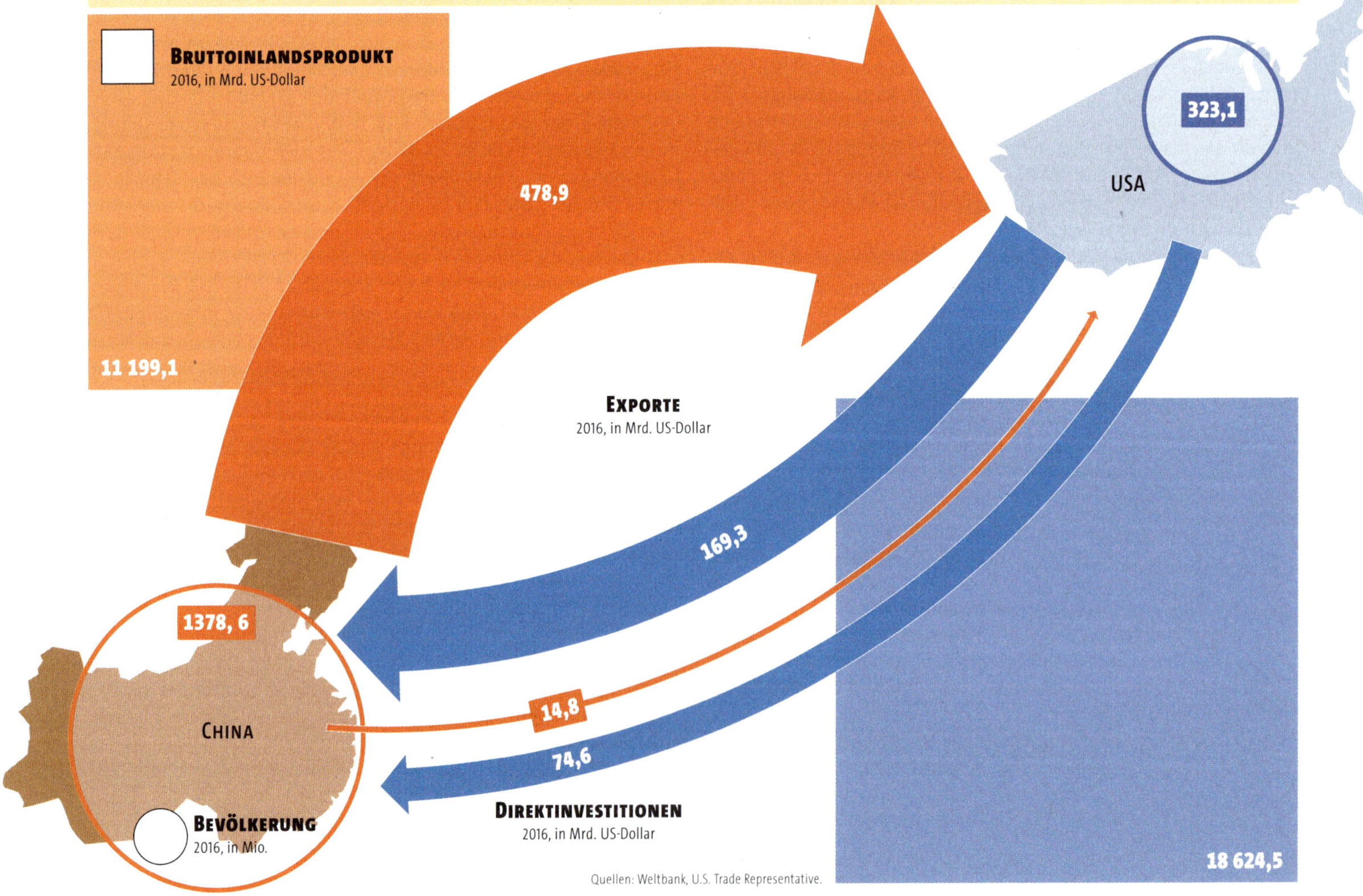

Quellen: Weltbank, U.S. Trade Representative.

sens, dass Washington gegenüber Peking einen härteren Kurs fahren sollte. Trump hat im Wahlkampf vor allem die Empörung über das zunehmende Outsourcing in Richtung China angesprochen, aber die Unzufriedenheit betrifft auch zahlreiche andere Probleme. Da ist die Versuchung groß, China in seine Schranken zu weisen. Ihr nachzugeben, könnte sich jedoch als schwierig erweisen angesichts der gegenseitigen Abhängigkeiten und der Möglichkeiten Chinas, sich zu revanchieren und den US-Interessen zu schaden. Zumal China regional wie global an Macht und Einfluss gewinnt, während die Stärke der USA zu schwinden scheint.

In einer solchen Situation kann es gefährlich werden, eine harte Haltung zu zeigen. Wissenschaftliche Untersuchungen beschreiben derartige Kippphasen der Beziehung zwischen etablierten und aufsteigenden Mächten als eine äußerst gefährliche Zeit, weil es dabei oft zu Fehleinschätzungen der eigenen Position kommt und, in der Folge, zu Präventivschlägen gegen die andere Partei. In solchen Momenten ist Besonnenheit gefragt. Die beteiligten Regierungen müssen alles tun, um die negative Dynamik einzudämmen, und gleichzeitig versuchen, die Bereiche der gelingenden Zusammenarbeit auszuweiten.

Die Regierungen in Peking und Washington müssten also eine ganze Reihe von Problemen angehen. Dazu gehören: die zunehmend restriktiven Handels- und Investitionsbedingungen in China; die rasant gestiegenen chinesischen Investitionen in sicherheitsrelevante Branchen der US-Wirtschaft; Cybersicherheit und Industriespionage; Menschenrechte und staatliche Repression in China; restriktive Regelungen in China für US-amerikanische Menschenrechtsorganisationen, Wissenschaftler und Journalisten; die chinesischen Aktivitäten im Süd- und Ostchinesischen Meer; das strategische Gleichgewicht in den Großregionen Asien/Pazifik und Indopazifik; das Thema Hongkong; die Taiwan-Frage; Energiesicherheit, Terrorismusbekämpfung, Piraterie, Menschenhandel, Epidemien – und außerdem natürlich Nordkorea.

All das sind große und komplexe Themenfelder, und zu fast jedem haben die USA und China ganz unterschiedliche Auffassungen und nationale Interessen. Weder in Washington noch in Peking kennt man die richtigen Methoden, um diese durch Abhängigkeiten, Reibungen und Rivalitäten geprägte Beziehung weiterzuentwickeln.

Für die Haltung, mit der die beiden Seiten einander in der absehbaren Zukunft begegnen werden, sind vier Faktoren entscheidend: Erstens die Unsicherheit der KP Chinas, die in den USA den politischen Gegner sieht, der das Machtmonopol des Regimes zu untergraben trachtet. Zweitens der chinesische Nationalismus und der vermutlich weiter zunehmende Ehrgeiz, China wieder zu einer anerkannten Weltmacht zu machen. Überzeugt davon, dass »ihre Zeit gekommen ist« und dass die USA vor einem anhaltenden Nieder-

Seit Frühjahr 2017 verfügt China über zwei Flugzeugträger, ein Dritter ist im Bau. Der US-Flugzeugträger »Ronald Reagan« ist permanent am Stützpunkt Yokosuka stationiert. GRAFIK: LE MONDE DIPLOMATIQUE, BERLIN

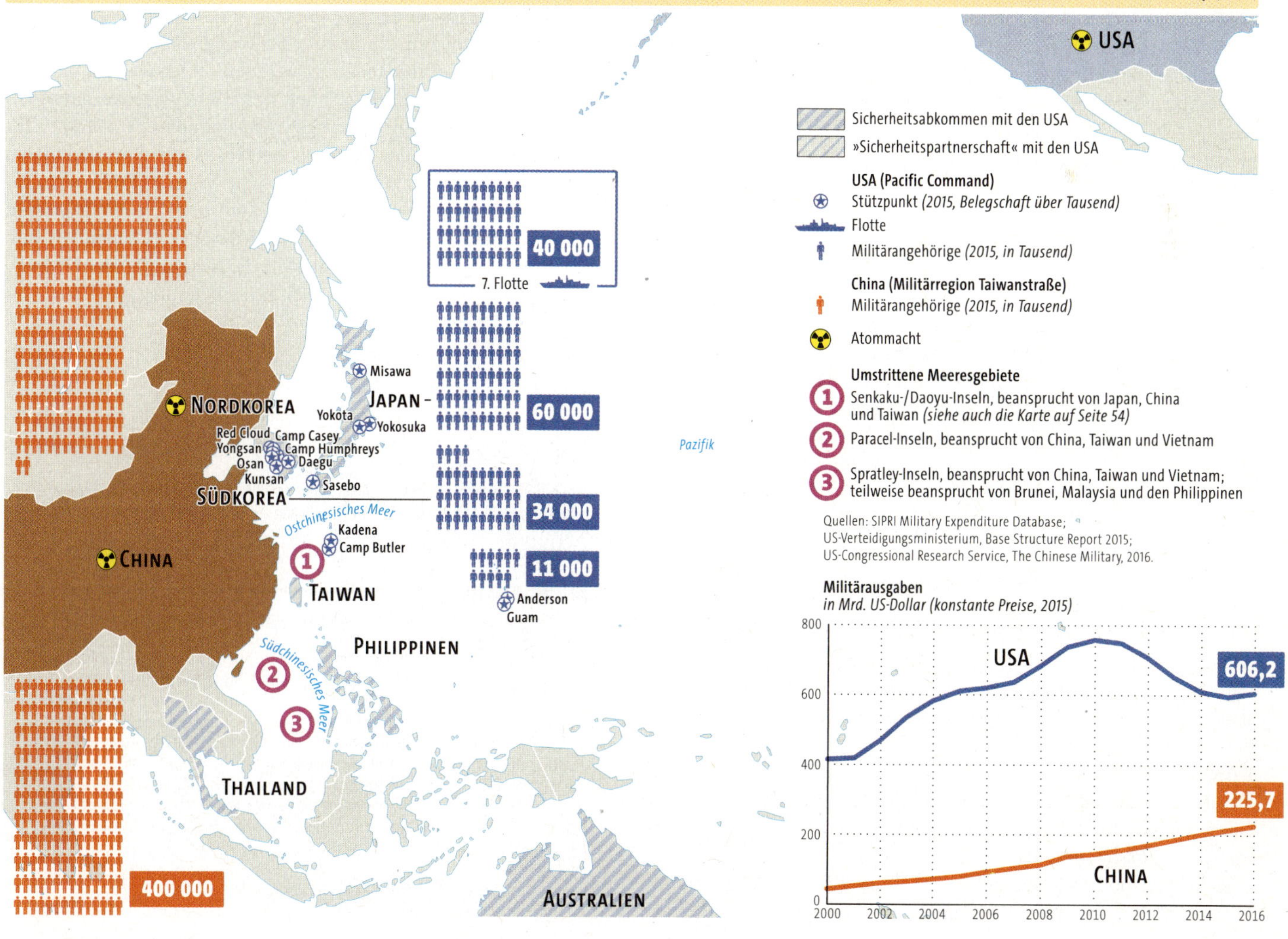

gang stehen, könnten die Chinesen so weit gehen, die USA herauszufordern – die ihrerseits durch ihren Präsidenten aufgefordert werden, »to make America great again«.

Washington reagiert empfindlich, wenn die USA als absteigende Macht wahrgenommen werden. Und da man sich nach wie vor in der globalen Führungsrolle sieht, würde man eine Herausforderung durch Peking wohl annehmen müssen. Ein solcher Konflikt könnte sich am Thema Taiwan entzünden oder an den Streitigkeiten um das Süd- oder das Ostchinesische Meer oder wegen Nordkorea. Aber auch aufgrund eines militärischen Zwischenfalls, der irrationale Reaktionen hervorrufen und schließlich einen realen bewaffneten Konflikt auslösen könnte.

Der dritte Faktor besteht in der Definition der nationalen Interessen durch die USA und deren strategische Prioritäten in Ostasien und der Asien-Pazifik-Region. Falls die USA eine maximalistische Politik verfolgen, die keinen »gleichwertigen Konkurrenten« zulässt, also China seinen strategischen Raum verweigert, dann werden die Spannungen zunehmen. Und wir werden wahrscheinlich über kurz oder lang eine militärische Konfrontation erleben.

Umgekehrt gilt: Wenn sich Trump aus Asien zurückzieht, wird das den strategischen Druck auf China verringern und die Beziehungen zwischen Washington und Peking verbessern. Das wäre dann eine historische Parallele zum britisch-amerikanischen Verhältnis im frühen 20. Jahrhundert, als Großbritannien den USA die westliche Hemisphäre überließ und damit der Welt ersparte, in die »Thukydides-Falle« zu geraten.[5]

Die USA sollten auch ein gewisses Verständnis dafür entwickeln, dass China in Ostasien seinen eigenen »Vorhof« sieht und auf die US-Militärpräsenz entlang der chinesischen Küsten extrem nervös reagiert. Die USA besitzen den geografischen Vorteil, dass ihnen gleich zwei Ozeane als strategische Pufferzonen dienen – ein einzigartiger Luxus. China hingegen musste die Erfahrung machen, dass feindliche Mächte 200 Jahre lang militärischen Druck auf ihre Ostküste ausübten.

China wiederum muss akzeptieren, dass die USA bereits seit 1900 und erst recht seit 1945 eine pazifische Macht sind, die mit ihrer Militärpräsenz und ihrer Bündnispolitik erheblich zu Stabilität und Frieden in der Region seit dem Ende des Vietnamkriegs 1975 beigetragen haben. Von der ökonomischen Entwicklung, die dadurch möglich wurde, haben alle Staaten in Ostasien – einschließlich China – profitiert, weshalb auch niemand will, dass sich die USA aus der Region zurückziehen oder dass sie verdrängt werden. China wird aber die Allianzen und Beziehungen der USA in Ostasien weiterhin genau beobachten und zugleich sein eigenes Netz von regionalen Partnern und Klientelstaaten aufbauen.

Der vierte wichtige Faktor ist das Verhalten der anderen Staaten in Ostasien. Dabei muss man unbedingt auch die Länder des indoasiatischen Raums einbeziehen, von denen fünf eine militärische Allianz mit den USA haben: Japan, Südkorea, Thailand, Australien und die Philippinen. Andere sind wie Vietnam, Singapur und Indien strategische Partner Washingtons. Wieder andere sind neutral: Indonesien, Malaysia, Myanmar, Mongolei, Laos, Nepal, Sri Lanka, Bangladesch. Und nur zwei sind mit China verbündet, nämlich Pakistan und Kambodscha. In einem Drahtseilakt versuchen alle diese Länder, enge Wirtschaftsbeziehungen sowohl mit den USA als auch mit China aufzubauen.

Sicherheitspolitisch suchen die meisten eine enge Verbindung mit den USA, während sich bislang kein einziger Staat um militärische Rückendeckung durch China bemüht (außer vielleicht Pakistan). Im Gegenteil: Das Verhalten gegenüber China ist sehr ambivalent, viele hegen ein großes Misstrauen und wollen nicht in eine Abhängigkeit geraten, die ihnen wie eine moderne Version des traditionellen Tributsystems vorkommt.

Trotz aller Spannungen und Unsicherheitsfaktoren wird das Verhältnis zwischen China und den USA wohl nicht in die Brüche gehen. Schließlich haben die Beziehungen seit Richard Nixons historischem Chinabesuch im Februar 1972 – Nixon war der erste US-Präsident, der die 1949 gegründet Volksrepublik besuchte – neun US-Präsidenten und sechs chinesische Führungen überdauert und sich in diesen Jahrzehnten intensiviert und – auch dank der starken Verflechtung – als belastbar erwiesen. Und doch ist diese Beziehung so zerbrechlich und unberechenbar geworden wie seit 1989 nicht mehr. Da außerdem innenpolitische, regionale und globale Zusammenhänge eine große Rolle spielen, bleibt der Einfluss der politischen Führung auf beiden Seiten begrenzt.

In der Vergangenheit war China immer vergleichsweise schwach. Heute ist China eine starke Macht, die den USA echte Schmerzen zufügen kann und selbst mehr Reibungen und harte Konflikte verkraftet als früher. Peking ist bereit und willens, sich zur Wehr zu setzen, falls die USA die Konfrontation verschärfen. Das sollte die Trump-Regierung einkalkulieren. Zumal in China ohnehin die Überzeugung vorherrscht, dass die USA den Aufstieg Chinas schon seit Langem bremsen, das Land geopolitisch einkreisen und politisch unterminieren wollen.

Letztendlich müssen die beiden Schwergewichte es hinbekommen, pragmatisch miteinander umzugehen – eben weil ihr bilaterales Verhältnis weltpolitisch gesehen das wichtigste überhaupt ist. Dafür ist ein tiefes Verantwortungsgefühl vonnöten, ein Gespür für die Wahrnehmungen der anderen Seite und die Bereitschaft zu Kompromissen. Vor allem aber die Einsicht: Wenn es ihnen nicht gelingt, ihre Konkurrenz einzudämmen, könnte das in einer großen Katastrophe enden. China und die USA führen gewiss nicht die beste Ehe dieser Welt, aber es ist eine, für die Scheidung nicht infrage kommt – denn die würde womöglich Krieg bedeuten.

Aus dem Englischen von Niels Kadritzke

1 Siehe nssarchive.us/national-security-strategy-2017/.
2 Schon 2005 hat der damalige Vizeaußenminister der USA, Robert Zoellick, die Regierung in Peking aufgefordert, ein »responsible stakeholder" zu werden, also ein verantwortungsbewusster Teilhaber der globalen Ordnung.
3 Die USA nehmen damit dieselbe Haltung ein wie die EU. Siehe *Frankfurter Allgemeine Zeitung*, 10. Dezember 2017 (faz.net/aktuell/wirtschaft/china-wto-will-marktwirtschaft-status-verweigern-15334508.html).
4 pewresearch.org/fact-tank/2017/02/10/Merians-have-grown-more-negative-toward-china-over-past-decade.
5 In »Der Peloponnesische Krieg« stellte der griechische Historiker Thukydides den Krieg zwischen Athen und Sparta als unvermeidlich dar, weil die aufsteigende Macht Athen die Ängste der etablierten Macht Sparta angefacht habe. Darauf bezieht sich der Harvard-Wissenschaftler Graham T. Allison mit dem Begriff der Thukydides-Falle. Xi Jinping erklärte bei seinem Besuch in Washington im September 2015, es gebe in der modernen Welt keine Thukydides-Falle. Zugleich warnte er aber vor »falschen strategischen Kalkülen«, die in eine Falle führen könnten. Anlässlich der ersten Begegnung zwischen Xi Jinping und Donald Trump am 5. April 2017 schaltete die chinesische Nachrichtenagentur in der *New York Times* eine ganzseitige Anzeige, in der es hieß: »Both major players in the region share a moral obligation to steer away from Thucydides's Trap.«

Erstmals erschienen in *Le Monde diplomatique* vom Januar 2018.
© 2018 *Le Monde diplomatique*, Berlin

IMPORTE

Für Exporte: Siehe die Grafik aus Seite 31.

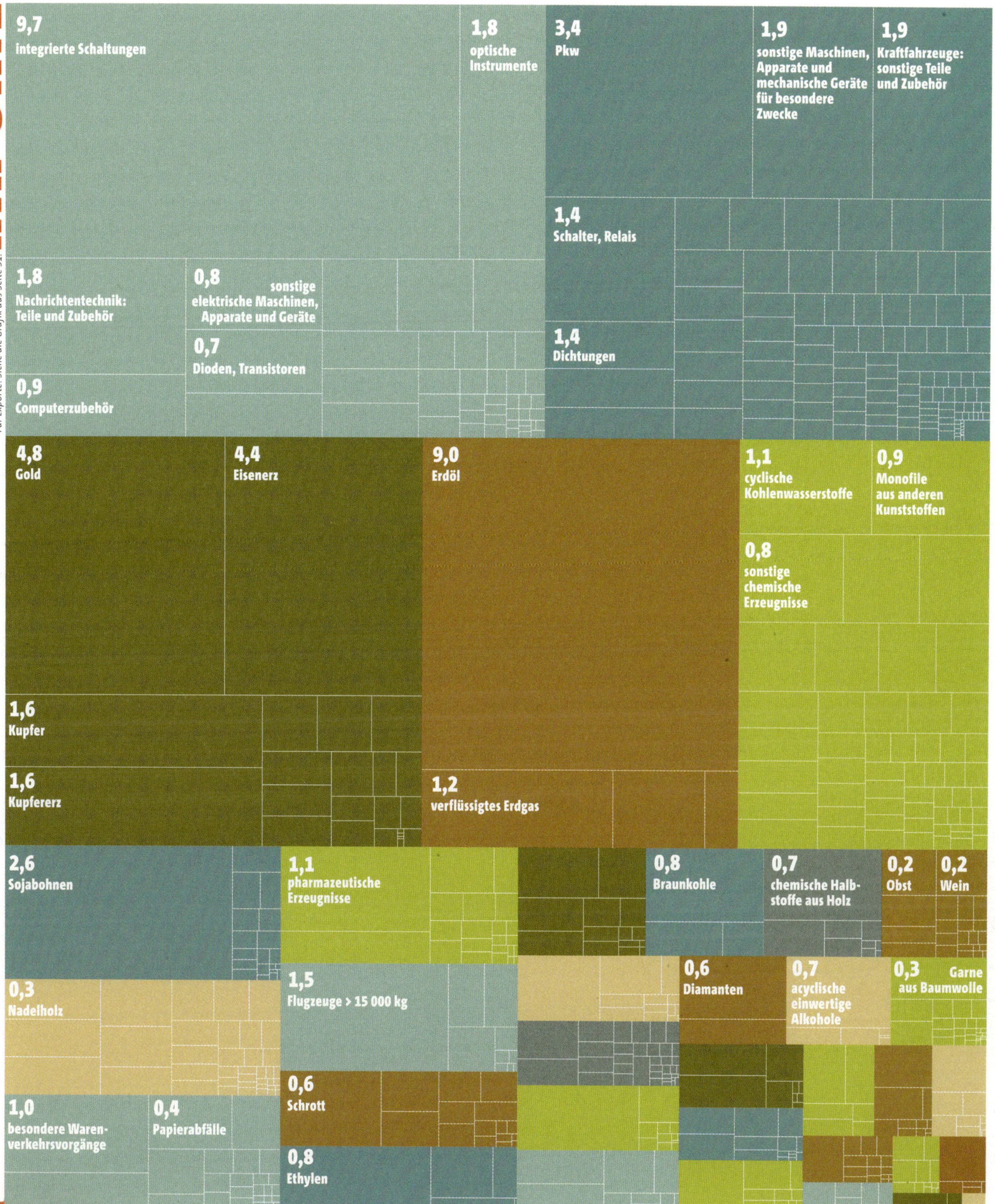

GRAFIK: LE MONDE DIPLOMATIQUE, BERLIN

Die Warengruppen in der Grafik sind nach dem internationalen Warenverzeichnis für den Außenhandel (Sitc) angeordnet. Die Sitc verzeichnet über 4000 Warengruppen, unterteilt in 9 Hauptkategorien: Von »0, Nahrungsmittel und lebende Tiere« bis »9, Waren und Warenverkehrsvorgänge, anderweitig in der Sitc nicht erfasst«. Quelle: UN-Comtrade; Berechnung: OEC, atlas.media.mit.edu.

Importe, *2016, in Prozent des Gesamtwerts*

2 060 000 000 000 US-Dollar

Gesamtwert: **2,06 Billionen**

CNLC
CNLC
CNL

Patron in Afrika

China braucht Afrikas Ressourcen und setzt auf Pragmatismus

Von Michael Klare

Bei ihren Verhandlungen mit dem armen Süden dieser Erde betont die Pekinger Führung regelmäßig, dass China niemals die ungerechten Ausbeutungsstrategien der einstigen Kolonialmächte imitieren werde. »China ist das größte Entwicklungsland der Welt und Afrika der Kontinent mit der größten Zahl von Entwicklungsländern«, erklärte der chinesische Staatspräsident Hu Jintao am 19. Juli 2012 auf dem Forum für Chinesisch-Afrikanische Kooperation in Peking. »Die chinesischen und afrikanischen Völker haben sich stets als gleichberechtigt und mit Ernsthaftigkeit und Freundschaft behandelt, sich gegenseitig unterstützt und auf gemeinsame Entwicklung gesetzt.«[1]

Natürlich kann man solche Äußerungen als diplomatische Floskeln abtun, aber im chinesischen Denken sind die vielen Demütigungen, die das Land durch die imperialen Mächte Europas und Japan erfahren hat, immer noch sehr präsent. Dennoch steckt die gegenwärtige Führung der Volksrepublik in der Klemme: Um weiterhin ein hohes Wirtschaftswachstum zu erzielen, was erklärtermaßen ihre höchste Priorität ist, müssen immer größere Mengen an Erdöl und anderen Rohstoffen importiert werden. Zur Sicherung einer kontinuierlichen Versorgung mit diesen Rohstoffen verstrickt sich China zusehends in dieselbe Art von Patron-Klient-Beziehungen mit den – häufig korrupten und undemokratischen – Regierungen der Exportländer, wie diese sie seit Langem zu den westlichen Mächten unterhalten.

Manche armen Exportländer, die über große Reserven an Öl, Kupfer und anderen wertvollen Rohstoffen verfügen, werden nachgerade zum Opfer eines »Ressourcenfluchs«, weil die Exporteinnahmen zur Herausbildung profitgieriger, autoritärer Regime beitragen, die sich mittels gut bezahlter Sicherheitskräfte an der Macht halten. In umgekehrter Richtung trifft dieser Ressourcenfluch aber auch die großen Rohstoffimporteure, die als Abnehmer zum Überleben dieser Regime beitragen. Je größer die Abhängigkeit des importierenden Staats von den Rohstoffen dieser Regime, desto energischer wird er sich für ein solches Regime einsetzen.

Das klassische Beispiel für eine solche Patron-Klient-Beziehung ist die zwischen den Vereinigten Staaten und den Ölscheichtümern am Persischen Golf, die bereits während des Zweiten Weltkriegs begonnen hat. Damals wiesen die Berater von Franklin D. Roosevelt den Präsidenten darauf hin, dass die US-amerikanischen Ölvorkommen sich in alarmierendem Maße erschöpften, weshalb man auf eine zuverlässige ausländische Lieferquelle angewiesen sei. Die Berater empfahlen Saudi-Arabien, den einzigen Produzenten im Nahen Osten, der nicht von Großbritannien kontrolliert wurde. Im Februar 1945 handelte Roosevelt mit König Abd al-Asis ibn Saud ein informelles Abkommen aus, das den USA den alleinigen Zugang zum saudischen Öl zusicherte; im Gegenzug verpflichtete sich Washington zum militärischen Schutz des Königreichs. Obwohl der Inhalt dieses Abkommen seitdem neu ausgehandelt wurde (die Ölfelder gehören inzwischen der saudischen Königsfamilie und nicht mehr den US-Ölgesellschaften), ist es bis heute ein Eckpfeiler der US-Außenpolitik in dieser Region.

Wenn sie könnte, würde die US-Regierung es sicher vorziehen, ihren Ölbedarf durch Importe aus befreundeten, stabilen und verlässlichen Staaten wie Kanada, Mexiko, Großbritannien und anderen OECD-Ländern zu decken. Aber die geologischen Realitäten machen dies unmöglich.[2] Ein Großteil der verbleibenden Ölvorräte der Welt liegen in Afrika, dem Nahen Osten, den Ländern der ehemaligen Sowjetunion und in Brasilien.[3] Die USA bleiben für ihre Ölversorgung also auf Länder angewiesen, die in Washington als unfreundlich, instabil oder unzuverlässig gelten. Mit der Folge, dass man in der Politik dieser Länder mitmischt, indem man sich mit dem jeweiligen Regime verbündet und alle möglichen Formen von Militärhilfe leistet.

Wie kann China diese Erfahrungen der USA vermeiden? Zu Beginn des 20. Jahrhunderts kämpften die europäischen Imperien um die Kontrolle der Territorien, in denen sie Rohstoffe wie Öl, Kohle, Gummi und verschiedene Erze vermuteten. Zur Förderung dieser kostbaren Ressourcen gründeten sie mächtige Staatskonzerne oder vergaben die entsprechenden Konzessionen an Privatunternehmen. Diese Rohstoffgiganten operierten auch nach der Unabhängigkeit der ehemaligen Kolonialgebiete weiter, wobei sie sich in der Regel mit den lokalen Eliten verbündeten und so ihre privilegierte Stellung auch unter den neuen Verhältnissen bewahren konnten. Das gelang sowohl British Petroleum (BP, hervorgegangen aus der staatlichen Anglo-Persian Oil Company) als auch dem französischen Ölkonzern Total (entstanden aus der Fusion mehrerer staatlicher Ölfirmen) und dem italienischen Eni-Konzern (das ehemals staatliche Unternehmen Ente Nazionale Idrocarburi).

Die chinesische Führung versucht einen anderen Weg einzuschlagen. Auf dem Forum für Chinesisch-Afrikanische Zusammenarbeit in Peking sagte Präsident Hu seinen Gästen für die nächsten drei Jahre Kredite in Höhe von 20 Milliarden US-Dollar zur Förderung von Landwirtschaft, Infrastruktur und Kleinunternehmen in afrikanischen Ländern zu. Dabei beteuern hochrangige chinesische Repräsentanten, auf keinen Fall wolle man sich in die inneren Angelegenheiten der Lieferländer einmischen. Aber auch Peking fällt es immer schwerer, sich aus politischen Verwicklungen herauszuhalten, wie sie für die USA und andere westliche Länder typisch waren.

Bis 1993 konnte sich China aus einheimischen Ölquellen versorgen, aber mit steigender Nachfrage mussten immer größere Men-

Erdölexploration im Sudan. ■ THEOILANDGASWORLD.COM

gen importiert werden: Von 2000 bis 2010 erhöhten sich die Importe von 1,5 Millionen auf 5 Millionen Barrel pro Tag (mbd), also um etwa 230 Prozent. Angesichts der rasanten Zunahme privater Automobile sagen manche Analysten bis 2040 eine Steigerung der Ölimporte auf bis zu 19 mbd voraus, das wäre etwa die Größenordnung, die bis dahin auch die USA erreichen werden.[4] Aber während die Vereinigten Staaten etwa zwei Drittel ihres Ölbedarfs selbst und mithilfe ihres Nachbarn Kanada abdecken können, wird die heimische Ölproduktion in China nur etwa einem Fünftel des Bedarfs entsprechen. Den Rest wird das Land aus Afrika, dem Nahen Osten, Südamerika und der ehemaligen Sowjetunion einführen müssen.

Auch beim Strombedarf erwartet man in China für die nächsten 25 Jahre eine Steigerung um das Dreifache, was den Verbrauch von Kohle, Erdgas und Uran entsprechend erhöhen wird. Bei den Erdgasimporten schätzt man, dass sie (von null im Jahr 2005) bis 2020 auf jährlich 87 Milliarden Kubikmeter ansteigen werden. Die meisten dieser Importe werden entweder als Flüssigerdgas (LNG) per Schiff aus dem Nahen Osten und aus Südostasien importiert oder über Pipelines aus Russland und Turkmenistan. Zwar wird China seinen Verbrauch an Kohle weitgehend selbst decken können, aber Engpässe bei Produktion und Transport haben zur Folge, dass es für die boomenden Provinzen im Südosten billiger ist, Kohle aus Australien und Indonesien zu importieren. Chinas Kohleeinfuhren, die vor 2009 noch bei null lagen, sind 2011 auf unglaubliche 183 Millionen Tonnen angestiegen.[5] Gewaltig zugelegt hat auch der Importbedarf bei Eisen und Kupfer sowie bei Kobalt, Chrom und Nickel, die zur Herstellung elektronischer Geräte und besonders widerstandsfähiger Legierungen benötigt werden.

Aufgrund der wachsende Abhängigkeit von importierten Rohstoffen legt die chinesische Regierung heute besonders großen Wert auf die Zuverlässigkeit der Zulieferungen. So meinte etwa der stellvertretende Außenminister Le Yucheng ungewöhnlich offenherzig: »Die wichtigste Aufgabe Chinas besteht darin, seinen 1,3 Milliarden Menschen ein gutes Leben zu sichern, und man kann sich vorstellen, wie stark damit der Druck auf die Regierung ist. Ich glaube, es gibt für uns nichts Wichtigeres. Alles andere müssen wir dieser zentralen Aufgabe unterordnen.«[6] Die konstante Versorgung mit wachsenden Mengen importierter Rohstoffe ist ein strategisches Ziel chinesischer Außenpolitik.

Die Führung sieht sehr genau die Gefahr von Versorgungslücken, die aufgrund von inneren Unruhen, Regimewechseln und regionalen Konflikten in den Lieferantenstaaten entstehen können. Um diese Risiken möglichst kleinzuhalten, bemüht sich China – nach dem Vorbild der westlichen Industrieländer – die Lieferquellen für seine Ressourcen möglichst breit zu streuen, mit den wichtigsten Lieferantenstaaten enge politische Beziehungen herzustellen und Beteiligungen an ausländischen Energie- und Bergbaukonzernen zu erwerben. Weil die chinesische Führung solche Bemühungen als entscheidende Voraussetzung für ein anhaltendes Wirtschaftswachstum ansieht, müssen sie in ihren Augen durch die Zentralregierung organisiert und beaufsichtigt werden und bedürfen zudem der Unterstützung aller Regierungsstellen, einschließlich der staatseigenen Banken und Konzerne, des diplomatischen Korps und des Militärs.[7]

Was die Ölversorgung betrifft, hat die Regierung die drei staatlichen Ölkonzerne – China National Petroleum Corporation (CNCP), China National Petrochemical Corporation (Sinopec) und China National Offshore Oil Corporation (CNOOC) – dazu gedrängt, Beteiligungen an ausländischen Ölfeldern zu erwerben und sich an Joint Ventures mit ausländischen Produzenten wie Saudi Aramco, Petróleos de Venezuela S.A. (PDVSA) oder der Sociedade Nacional de Combustíveis de Angola (Sonangol) zu beteiligen. Eine ähnliche Strategie wird im Bergbausektor verfolgt, wo staatliche Firmen wie die China Minmetals Corporation und die China Nonferrous Metal Mining Group ebenfalls auf Shoppingtour gehen und in vielen Regionen der Welt Bergwerksanteile erworben oder Gemeinschaftsunternehmen mit anderen Großkonzernen gegründet haben.

In all diesen Fällen gab es umfangreiche diplomatische Bemühungen und vielfach auch handfeste Anreize: die Zusage zinsgünstiger Kredite oder Prestigebauten wie Sportstadien oder auch Militärhilfe. Um den Erwerb eines 50-prozentigen Anteils an einem vielversprechenden Ölrevier vor der Küste Angolas zu erleichtern, haben die Chinesen der angolanischen Regierung einen zinsgünstigen, frei verfügbaren Entwicklungskredit über 2 Milliarden Dollar gewährt. Und um die Verhandlungen zwischen CNPC und den Venezolanern zu unterstützen, hat China der PDVSA ein Darlehen von 20 Milliarden Dollar angeboten.[8]

In anderen Ländern, wie Sudan und Simbabwe, belohnten die Chinesen den Zugang zu Öl und anderen Bodenschätzen mit Waffen und militärischen Dienstleistungen. Es sind derartige Arrangements, die zu einer immer tieferen Verstrickung der Chinesen in die politischen und militärischen Angelegenheiten der betreffenden Länder führt. In der UN-Vollversammlung wurde Peking mehrfach vorgeworfen, das brutale Regime des sudanesischen Präsidenten Omar al-Bashir durch Waffenlieferungen und diplomatische Rückendeckung zu unterstützen, um die Anteile der CNPC am größten

Seit 1993 ist China Nettoimporteur von Erdöl.

GRAFIK: LE MONDE DIPLOMATIQUE, BERLIN

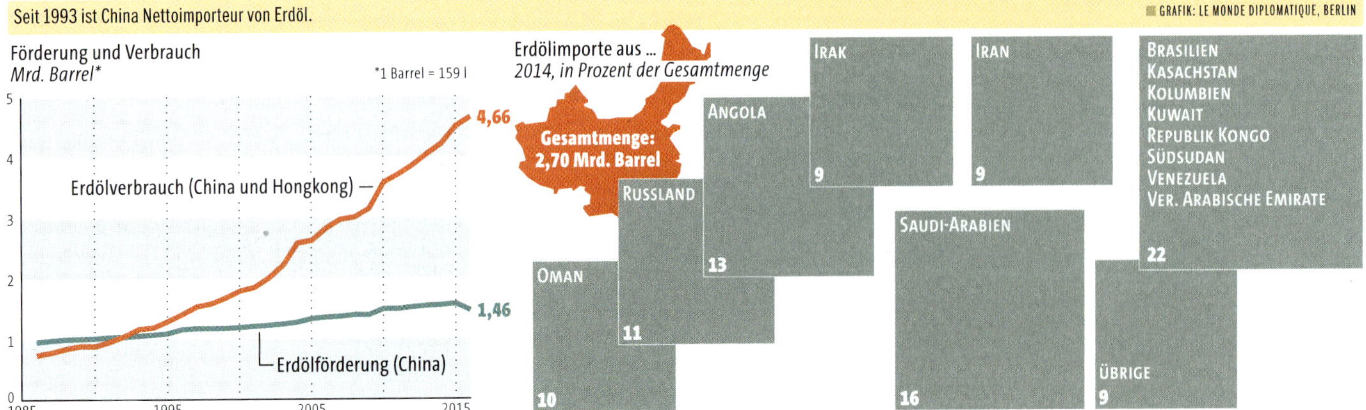

Quellen: BP, Statistical Review of World Energy, 2017; U.S. Energy Information Administration, International Energy Data and Analysis: China, Mai 2015.

Ölfeld des Sudan zu schützen. »China ist der wichtigste Investor des Sudan«, hieß es in einem Bericht der International Crisis Group schon im Juni 2008. Das Bestreben Pekings, die CNCP-Investitionen zu retten und die eigene Energiesicherheit durch Kapitalbeteiligungen an Ölquellen zu verbessern, führe »in Verbindung mit seiner traditionellen Politik der Nichteinmischung dazu, dass das sudanesische Regime gegen internationalen Druck abgeschirmt ist«. Seitdem es allerdings die unabhängige Republik Südsudan gibt, auf deren Territorium ein Großteil der sudanesischen Ölreserven liegt, haben die Chinesen ihre Unterstützung für al-Bashir zurückgefahren.

Kritik erfuhr China auch wegen der Unterstützung anderer korrupter und diktatorischer Regime, von denen die Volksrepublik wichtige Rohstoffe bezieht. Pekings Militärhilfe für das iranische Regime wie auch die diplomatische Rückendeckung für Teheran im UN-Sicherheitsrat führte zu heftiger Kritik in der UNO, wo Iran der Herstellung von Atomwaffen verdächtigt wird. Auch im Fall Simbabwe wird China vorgeworfen, das repressive Mugabe-Regime durch Waffenlieferungen für die Sicherheitsorgane und militärische Ausbildung unterstützt zu haben, angeblich für Gegenleistungen in Form von Ackerland und wertvollen Bodenschätzen.

Selbst im Hinblick auf Staaten, die international nicht so isoliert sind, hat die Vorliebe Pekings für profitable Deals zwangsläufig zur Folge, dass sich die jeweiligen Eliten bereichern können, während bei den verarmten Massen kaum etwas ankommt. In Angola zum Beispiel hat China enge Beziehungen zu dem staatseigenen Konzern Sonangol entwickelt, der von Gefolgsleuten des gerade wiedergewählten damaligen Präsidenten kontrolliert wird. Sonangol ist das größte und reichste Unternehmen Angolas, dessen Spitzenleute einen beträchtlichen Wohlstand und zahlreiche Privilegien genießen, während der Großteil der angolanischen Bevölkerung von weniger als 2 Dollar am Tag lebt. Mit Sonangol machen natürlich nicht nur die chinesischen Staatskonzerne ihre Geschäfte; mit von der Partie sind auch transnationale Unternehmen aus den USA und Europa wie Chevron, ExxonMobil und BP. Aber wenn China – wie die westlichen Mächte – ihre Geschäftsbeziehungen zum angolanischen Staat und vergleichbaren Regimes ausbaut, wird es zum Komplizen eines Systems, das einer Oligarchie dauerhafte Privilegien auf Kosten der vielen garantiert.

Die Chinesen hoffen, diesem Effekt durch gezielte Entwicklungshilfe entgegenzuwirken, die Kleinbauern und Unternehmern der Unter- und Mittelschicht zugutekommen soll. Wo immer sich China an der Ölförderung oder dem Abbau von Erzen und Mineralien beteiligt – wie in Subsahara-Afrika –, hat es Riesensummen in Infrastrukturprojekte wie Eisenbahnlinien, Häfen und Pipelines investiert. Solche Investitionen kommen natürlich auch anderen einheimischen Unternehmen zugute, aber im Wesentlichen sind sie auf den Bedarf der mit China kooperierenden Öl- und Bergbauunternehmen ausgelegt.

»Auf den ersten Blick wirkt der chinesische Rohstoffhunger wie ein großer Segen für Afrika«, heißt es in einem Bericht, der vom Entwicklungsausschusses des Europäischen Parlaments in Auftrag gegeben wurde.[9]

Und China leistet auch tatsächlich einen erheblichen Beitrag zum Wirtschaftswachstum des Kontinents. Aber wenn man genauer hinsieht, ergibt sich ein komplexeres Bild: 2005 hatten nur 14 afrikanische Länder – die allesamt über Öl- oder andere Ressourcen verfügen – eine positive Handelsbilanz mit China, die weitgehend auf dem Rohstoffexport beruht. Dagegen fiel die Handelsbilanz für 30 Länder negativ aus. Das liegt vor allem an den steigenden Einfuhren chinesischer Textilien und anderer Konsumgüter, die die lokalen Produzenten zunehmend verdrängt haben.

Die Kluft zwischen den »Nettogewinnern« und »Nettoverlierern« des chinesisch-afrikanischen Handels wird ständig größer und hat in einigen afrikanischen Ländern bereits zu erheblichen Ressentiments geführt. In der Mehrzahl der afrikanischen Länder, lautet das Fazit des zitierten EU-Berichts, habe die chinesische Entwicklungsrhetorik »hohe Erwartung geweckt, aber nicht die Grundlagen für ein nachhaltiges Wirtschaftswachstum geschaffen«.

Wenn China dem Erwerb von Rohstoffen weiterhin den absoluten Vorrang vor anderen Zielen einräumt, wird es sich über kurz oder lang immer mehr wie die früheren imperialen Mächte aufführen. Peking wird sich also mit den Regierungen ressourcenreicher Länder verbünden, die vor allem in die eigene Tasche arbeiten, und nur noch wenig zur Förderung der allgemeinen Entwicklung beitragen. Auf dem Forum für Chinesisch-Afrikanische Kooperation im Jahr 2012 hat Südafrikas damaliger Präsident Jacob Zuma festgestellt, bislang habe sich der »Beitrag Afrikas zur Entwicklung Chinas« weitgehend auf »die Lieferung von Rohstoffen« beschränkt, was »auf lange Sicht unhaltbar« sei.[10] Das ist eine klare, energische Ansage, die umso schwerer wiegt, als die Chinesen sehr viel investiert haben, um enge Beziehungen zu Zuma und Südafrika aufzubauen.

Allerdings setzt jede größere Umschichtung im Handelsaustausch zwischen China und Afrika (und den Entwicklungsländern ganz generell) eine entsprechende Veränderung der chinesischen Wirtschaftsstruktur voraus. Und zwar weg von rohstoffintensiven und hin zu leichteren Industrien und Dienstleistungen, was durch einen Umstieg von fossilen auf erneuerbare Energiequellen begleitet werden müsste. Die chinesische Führung ist sich dieser Notwendigkeit offenbar bewusst: Der Fünfjahresplan 2010 bis 2015 setzt hohe Anreize für die Entwicklung von alternativen Transportsystemen, erneuerbaren Energien und neuen Werkstoffen; und er fördert die Biotechnologie und andere Disziplinen, die einen Strukturwandel in diese Richtung ermöglichen sollen. Ohne einen solchen grundsätzlichen Wandel wird die chinesische Führung erleben, wie sie immer tiefer in die Wirren und zwielichtigen politischen Machenschaften vieler Entwicklungsländer hineingezogen wird. •

Aus dem Englischen von Robin Cackett

1 Hu Jintao, Rede auf dem Forum on China-Africa Cooperation, Peking, 19. Juli 2012: fmprc.gov.cn/eng.

2 Allerdings will Washington künftig die beklagte Importabhängigkeit durch maximale Nutzung einheimischer Energieressourcen drastisch reduzieren. Außerdem soll der Anteil der Ölimporte aus Kanada wachsen, das seine Ölschiefervorkommen systematisch ausbeuten will.

3 Nach Einschätzung der Ölindustrie liegen 86 Prozent der Weltölreserven außerhalb der OECD, siehe: BP, *Statistical Review of World Energy,* London, Juni 2012.

4 »The Rise of China and Its Energy Implications: Executive Summary«, Energy Forum, Baker Institute, Houston 2011.

5 »China to Boost Coal Imports on Wider Price Gap«, Bloomberg, 23. April 2012.

6 Le Yucheng, »China's Relations with the World at a New Starting Point«, Rede auf dem Forum des China Institute for International Studies (CIIS), 10. April 2012: fmprc.gov.cn/eng.

7 Siehe International Crisis Group (ICG), »China's Thirst for Oil«, *Asia Report,* Nr. 153, 9. Juni 2008.

8 Siehe Jeffrey Ball, »Angola Possesses a Prize as Exxon, Rivals Stalk Oil«, *The Wall Street Journal,* 5. Dezember 2005; Simon Romero, »Chávez Says China to Lend Venezuela $ 20 Billion«, *The New York Times,* 18. April 2010.

9 Jonathan Holslag u. a., »Chinese Resources and Energy Policy in Sub-Saharan Africa«, Bericht für den Entwicklungsausschuss des Europäischen Parlaments, 19. März 2007.

10 Siehe Leslie Hook, »Zuma Warns on Africa's Trade Ties to China«, *Financial Times,* London, 19. Juli 2012.

Erstmals erschienen in *Le Monde diplomatique* vom September 2012.

WIN-WIN DEVELOPMENT
发展·共赢

Das riskante Jahrhundertprojekt

Mit der Neuen Seidenstraße auf dem Weg zur globalen Führungsmacht

Von Sebastian Heilmann und Jan Gaspers

Mitte Mai 2017 lud die chinesische Regierung zu einer internationalen Konferenz ungewohnten Ausmaßes nach Peking: 30 Staats- und Regierungschefs und zahlreiche Minister aus etwa hundert Ländern folgten der Einladung zum Seidenstraßen-Forum. Sie wurden Zeuge, wie Chinas Präsident Xi Jinping nochmals Milliardenbeträge für ein Jahrhundertprojekt in Aussicht stellte, in dem sich Chinas Wille manifestiert, seine globale Gestaltungs- und Führungsmacht auszubauen. Das Volumen der von China angekündigten Investitionen in die Neue Seidenstraße stieg damit auf mehr als eine Billion Dollar.

Ungeachtet der anhaltenden Skepsis europäischer und anderer westlicher Länder feierte sich China in Peking als Hüterin der globalen wirtschaftlichen Integration. Eine Rolle, die Xi Anfang des Jahres 2017 bereits auf dem Weltwirtschaftsforum in Davos beansprucht hatte: »Wir müssen dem Ziel verpflichtet bleiben, den globalen Freihandel zu entwickeln, die Liberalisierung von Handel und Investitionen durch Öffnung vorantreiben und Nein sagen zum Protektionismus«, sagte Xi seinerzeit. In dem riesigen Infrastruktur- und Entwicklungsprojekt Neue Seidenstraße konkretisiert sich diese chinesische Ambition.

Als Xi die Initiative 2013 ins Leben rief, stellte er einen Bezug her zur historischen Seidenstraße, die vom zweiten vorchristlichen bis zum 13. Jahrhundert n. Chr. die wichtigste Handelsverbindung auf dem eurasischen Kontinent war. Der romantisch anmutende Begriff Seidenstraßen-Initiative kam gut an in Europa, sogar die sonst eher nüchterne Bundeskanzlerin Angela Merkel schwärmte von dessen »schönem Klang«. In China wird das Projekt wird unter dem Namen »Belt and Road«-Initiative oder BRI gehandelt. »Belt« – darunter versteht China seine Anbindung an den eurasischen Kontinent auf dem Landweg. »Road« sind Seewege, welche China mit den Küsten Südasien, Afrikas und Europas verbinden.

Ganz konkret geht es um etwas, was heute mit dem Modewort Konnektivität umschrieben wird: Unter dem Rubrum BRI werden in China und seinen Nachbarländern, aber auch in weiter entfernten Regionen Asiens sowie in Afrika und Europa Schienen, Pipelines, Stromleitungen oder Telekommunikationsnetze gelegt sowie ganze Häfen und Containerterminals gebaut. Beinahe im Wochentakt kommen neue Projekte hinzu. Die Orchestrierung liegt bislang fest in Pekings Hand.

Werbung vor der Messehalle in Xiamen, Provinz Fujian, China.
NICK FRANCIS

Für den chinesischen Präsidenten und die Kommunistische Partei Chinas ist die Initiative ein großes wirtschafts- und außenpolitisches Prestigeprojekt. China will die weltwirtschaftliche Landkarte neu ordnen, mit sich selbst im Zentrum. Dafür geht das Land ein hohes finanzielles Risiko mit milliardenschweren Investitionen in teils instabile Staaten entlang der Neuen Seidenstraße ein.

Bei den unmittelbaren Nachbarn Chinas überwiegt, das wurde auch auf der Konferenz in Peking deutlich, die Begeisterung über die Finanzspritzen im Rahmen der Initiative. Europäische Teilnehmer gaben sich indes skeptisch und forderten mehr Mitsprache und Transparenz in dem unübersichtlichen Riesenprojekt.

In den vergangenen Jahren ist es schwierig gewesen, die Absichten zu durchschauen, die China mit BRI verbindet. Welche Projekte zu der Initiative gehören und wer welche Interessen dabei verfolgt, ist nicht immer eindeutig abzugrenzen. Zweifelsohne hat die Initiative großes Potenzial, neue Wirtschaftsräume zu erschließen und Volkswirtschaften im eurasischen Raum und entlang des Indischen Ozeans zu beleben. China verfolgt mit dem Projekt aber auch eigene, ganz handfeste wirtschaftliche und geopolitische Interessen.

Seit Xi Jinping im September 2013 die Neue Seidenstraße ins Leben rief, ist diese zu einer Projektionsfläche für beinahe jede Form des Infrastrukturaus- oder -neubaus mit Vernetzungscharakter geworden. Die Eckdaten der Initiative sind beeindruckend. Sechs sich über tausende Kilometer erstreckende internationale Wirtschaftskorridore sollen entstehen: eine neue eurasische Landbrücke, neue Verbindungen zwischen China, der Mongolei und Russland, nach Zentral- und Westasien, auf die indochinesische Halbinsel, zwischen China und Pakistan sowie nach Bangladesch, Indien und Myanmar). Bereits heute sind nach chinesischen Angaben mehr als hundert Länder Teil der Initiative, die derzeit von Neuseeland bis nach Großbritannien und von der Antarktis bis nach Südafrika reicht. Sogar über eine Ausweitung von BRI auf Südamerika wird in Peking nachgedacht.

Mehr als 1000 Projekte werden mittlerweile der Seidenstraßen-Initiative zugerechnet. Von der von China zugesagten Billion Dollar ist de facto aber bislang etwas weniger als ein Drittel wirklich investiert worden. Als Gesamtinvestitionsziel steht ein Betrag von 4 Billionen Dollar im Raum. Bislang befindet sich der Löwenanteil der BRI-Projekte in China und seiner unmittelbaren Nachbarschaft: Das zweifellos ambitionierteste stellt dabei der Bau einer Schnellstraße von der autonomen Region Xinjiang zu einem ebenfalls neu gebauten Tiefwasserhafen im pakistanischen Gwadar dar. Insgesamt werden sich die Kosten für die Einrichtung dieser neuen Verbindung zwischen Chinas westlichster Provinz und dem Indischen Ozean auf etwa 54 Milliarden Dollar belaufen.

Insbesondere in Zentralasien sind milliardenschwere BRI-Projekte auf dem Weg: Im Mai 2015 verkündete der kasachische Präsident Nursultan Nasarbajew eine Instandsetzung der Bahnverbindung von Korgas an der chinesischen Grenze zum kaspischen Hafen von Aktau mit einem Gesamtvolumen von 2,7 Milliarden Dollar an. Ebenfalls im Jahr 2015 gewann ein chinesisch geführtes Konsortium einen Vertrag über 375 Millionen Dollar, um eine 770 Kilometer lange Hochgeschwindigkeitsstrecke zwischen Moskau und Kasan zu bauen. Die Gesamtinvestitionen in das Projekt sollen letztlich sogar 17 Milliarden Dollar betragen.

Auch in europäische Infrastruktur investieren chinesische Geldgeber im Rahmen von BRI: Zu den bekanntesten Projekten gehört der Hafen von Piräus in Athen. Chinas Schifffahrts- und Logistik-Riese Cosco erwarb im vergangenen Sommer die Mehrheitsanteile an dem Hafen. Chinesische Schifffahrtsfirmen investieren aber auch in Häfen in Belgien, den Niederlanden, Kroatien, Slowenien, Italien, Portugal, Spanien, Lettland und Litauen.

Finanziert werden die meisten BRI-Projekte in Form von Krediten durch Chinas Staatsbanken. Die für die Außenhandels- und Investitionsförderung zuständige Export-Import Bank of China vergab bis Ende letzten Jahres etwa 24 Milliarden Dollar in Krediten an BRI-Länder, die China Development Bank hat angeblich mehr als 110 Milliarden Dollar für BRI-Projekte ausgelegt. Auch inländische Banken sind sehr aktiv: Die vier größten chinesischen Geschäftsbanken im Staatsbesitz vergaben Darlehen für BRI-Vorhaben in Höhe von 150 Milliarden Dollar. Weitere Mittel werden durch mehr als 20 neu gegründete Fonds generiert, der wohl bekannteste unter ihnen ist der 2014 eingerichtete und 40 Milliarden Dollar schwere »Silk Road Fund«.

Um auch ausländische Investoren in das Riesenprojekt einzubeziehen, hat China neue multilaterale Institutionen geschaffen: 2014 gründete es gemeinsam mit Brasilien, Indien, Russland und Südafrika die New Development Bank, die bis Ende 2016 immerhin 2 Milliarden Dollar für BRI-Projekte zur Verfügung stellte. Aus europäischer Sicht besonders wichtig ist die 2015 gegründete Asiatische Infrastruktur-Investitionsbank (AIIB), welche bis Ende 2016 etwa 2 Milliarden Dollar in BRI-Projekte investierte. Deutschland und zwölf andere EU-Staaten sind in Leitungs- und Aufsichtsgremien dieser Bank vertreten. Sieben weitere sollen folgen.

Die in China mit einer gut geölten PR-Maschinerie beworbene Neue Seidenstraße stößt in der EU und den USA zumeist auf Skepsis. Als »eher eine politische Vision« bezeichnete kürzlich der langjährige Vorsitzende der EU-Handelskammer in Peking, Jörg Wuttke, die Initiative. Doch hat BRI Potenzial, eine globale Infrastrukturlücke zu füllen: Die Initiative könne Wachstum in ärmeren Ländern in Eurasien unterstützen, wie Afghanistan, Sri Lanka, Myanmar, der Mongolei und anderen zentralasiatischen Staaten. Gleichzeitig würden der Handel gefördert und neue Renditequellen für chinesische und ausländische Kreditgeber generiert. In Europa hoffen manche auf wirtschaftliche Impulse. Sie verweisen darauf, dass in Piräus zum Beispiel durch das chinesische Engagement Jobs gerettet und geschaffen wurden.

Der Ausbau des Schienennetzes zwischen Eurasien und Europa könnte kostengünstige und im Vergleich zum Schiffsverkehr schnelle Transportwege schaffen. Logistikunternehmen wie die Deutsche Bahn hoffen auf attraktive Geschäfte durch neue Verbindungen, die Elektronikartikel von Chongqing nach Duisburg oder Autoteile von Leipzig nach Shenyang schaffen. Bahnvorstand Ronald Pofalla kündigte bereits an, die Zahl der Container bis 2020 auf 100 000 zu erhöhen – eine Verdreifachung gegenüber 2014.

Multinational agierende Unternehmen aus Europa und den USA erhoffen sich zudem Möglichkeiten, in Drittstaaten mit chinesischen Partnern zu kooperieren. Was den Bau von großen Anlagen und Infrastrukturen angeht, verfügen chinesische Firmen nach dem Wirtschaftsboom der vergangenen Jahre über viele eigene Erfahrungen. Doch in Sachen Controlling, Energieinfrastruktur und Zugtechnik ist das Knowhow auch deutscher und europäischer Firmen gefragt.

Der deutsche Siemens-Konzern, seit Jahrzehnten auch vor Ort in China tätig, übernahm bereits von einem chinesischen Staatskonzern einen Auftrag im Volumen von mehr als 1 Milliarde Dollar für den Bau eines Kraftwerks in Saudi-Arabien. Siemens ist auch für den Bau von Hochgeschwindigkeitstrassen und Zügen gefragt. Verhandlungen mit chinesischen Unternehmen zu gemeinsamen BRI-Unternehmungen sind im Gange. Der auch in der Automatisierungs- und Logistikbranche tätige Mischkonzern Honeywell aus den USA verzeichnet bereits signifikante Einnahmen aus Geschäften im Zusammenhang mit BRI, wie der ranghohe Manager Shane Tedjarati kürzlich einer US-Zeitung sagte. Der Maschinenhersteller Caterpillar ist in mehr als 20 BRI-Staaten aktiv.

In ihren Anfangstagen war die Neue Seidenstraße vor allem wirtschaftlich motiviert. Chinas Wirtschaftswachstum hatte sich verlangsamt, Exporte in die Industrienationen und Infrastrukturinvestitionen im Land reichten nicht mehr aus, um die Wachstumsraten zu halten, die nötig wären, um die von der Kommunistischen Partei versprochene »Gesellschaft eines kleinen Wohlstands« zu verwirklichen. Die Initiative sollte auch wirtschaftliche Disparitäten zwischen einzelnen Regionen Chinas angleichen helfen: Durch den Anschluss an die Nachbarländer wie die Mongolei, Kasachstan, Kirgistan oder Pakistan sollen darbende Provinzen in Grenzregionen – wie etwa Xinjiang, Ningxia, Qinghai oder Yunnan im Westen und Stahlhochburgen im Nordosten – wirtschaftlich belebt werden.

Über die Neue Seidenstraße sollen auch die Überkapazitäten produzierenden chinesische Stahl- und Zementindustrie ein Ventil finden. Chinas Regierung hofft, sozialen Sprengstoff bergende Entlassungswellen bei unrentablen Staatsunternehmen zu vermeiden. Etliche stark verschuldete Staatsunternehmen erhalten vor allem dank der BRI-Investitionstöpfe schnell und unkompliziert frisches Kapital von den Staatsbanken. Entscheidend für die wirtschaftliche Stabilität ist auch die Energieversorgung, die durch neue Leitungen und den Bau neuer Wirtschaftskorridore gesichert werden soll.

Mithilfe von BRI will Peking die Chancen chinesischer (Staats-)unternehmen im Ausland testen und deren Präsenz und Marktanteile massiv stärken: Statt wie derzeit Textilien, Spielzeug oder Konsumelektronik will China künftig verstärkt hochwertigere Güter wie Telekommunikationsausrüstung, Baumaschinen und Turbinen exportieren. Im Inland bereits recht erfolgreiche Hersteller von Schienen für Hochgeschwindigkeitszüge oder Telekommunikationsanbieter sollen im Ausland – auch im Rahmen von Kooperationen mit europäischen Unternehmen – ihre globale Wettbewerbsfähigkeit stärken und internationale Managementkompetenzen erwerben. Chinesische Baumaschinenhersteller wie Sany, Zoomlion oder XCMG verfolgen im Windschatten von BRI ehrgeizige Expansionsziele, sie sollen ihren Anteil am Weltmarkt von derzeit 7 auf 15 Prozent steigern. Ihre Voraussetzungen zumindest in den oft strukturschwachen Anrainerstaaten Chinas sind gut, denn dort gibt es kaum starke Wettbewerber.

Nicht zu vernachlässigen ist der finanzpolitische Aspekt: Die Staatsbanken hoffen, dass ihre Kredite entlang der Neuen Seidenstraße bessere Erträge für die 3 Billionen Dollar an ausländischen Devisen bringen, als sie es derzeit vermögen, wo sie zu einem Drittel in US-Schatzbriefen angelegt sind.

Doch neben den wirtschaftlichen verfolgt China auch innen- und geopolitische Ziele: Dazu gehört die Stabilisierung von durch ethnisch-religiöse Unruhen geprägten Grenzprovinzen wie Xinjiang, wo es immer wieder zu Spannungen mit der muslimischen Bevölkerung kommt. Damit dies gelingt, müsste allerdings sichergestellt sein, dass diese Gruppen von BRI wirklich profitieren.

Was die Nachbarschaftspolitik angeht, so hat Xi seine Vision in mehreren Reden skizziert. Das Bestreben, durch »Belt and Road« gewissermaßen eine asymmetrische wirtschaftliche Abhängigkeit zu erzeugen – mit reichen chinesischen Investoren auf der einen und auf Finanzspritzen dringend angewiesenen Nehmerländern auf der anderen Seite – geht Hand in Hand mit dem Streben nach einer zentralen Rolle in Entwicklungs- und Sicherheitsfragen. Es brauche einen »synchronisierten Prozess« der ökonomischen Kooperation und der Sicherheitszusammenarbeit, formulierte es Xi 2014.

Wie wirtschaftliche Abhängigkeit und die Erreichung politischer Ziele zusammenspielen, ist bereits zu beobachten: Kredite in manchen zentralasiatischen oder auch afrikanischen Ländern wurden von China in dem Wissen gewährt, dass diese womöglich niemals zurückgezahlt werden können. In solchen Fällen werden die Transaktionen so gestaltet, dass China als Entschädigung Zugriff auf Rohstoffvorräte bekommt oder politische Unterstützung für seine Positionen in internationalen Organisationen. Sogar in Europa macht sich der Einfluss chinesischen Kapitals bemerkbar: Das mit einem Volumen von 2,89 Milliarden Dollar teuerste BRI-Projekt in Europa ist die 350 Kilometer lange Bahnverbindung von Belgrad nach Budapest, auch darüber hinaus hat China in Ungarn Milliarden investiert. Zufall oder kein Zufall: Es war auch Ungarn, das im vergangenen Sommer eine von der EU geplante Erklärung zum Schiedsspruch eines Seegerichts zum Südchinesischen Meer blockierte, die China kritisieren sollte.

Abgesehen von solcher politischen Einflussnahme will sich China über »Belt and Road« als globaler Player positionieren, der die Aus-

Das Netzwerk der Neuen Seidenstraßen.

Siehe auch die Karte auf Seite 89.

Die 16 europäischen Zwerge

Der chinesische Ministerpräsident Li Keqiang auf dem 6. Gipfeltreffen der CEEC-Staaten, Budapest, November 2017.
KOVÁCS TAMÁS | MTI

Von Sven Hansen

Der chinesische Ministerpräsident Li Keqiang reist einmal im Jahr in eine osteuropäische Hauptstadt. Seit 2012 trifft er sich dort regelmäßig im Rahmen des 16+1-Formats mit den Regierungschefs von 16 Staaten aus Ost- und Mitteleuropa und dem Balkan, zuletzt im November 2017 in Budapest. Da versprach Li seinen klammen osteuropäischen Partnern chinesische Infrastrukturinvestitionen in Höhe von 3 Milliarden Dollar.

Die Osteuropäer sind von Chinas großem Engagement begeistert. »Wir in dieser Region haben Chinas führende Rolle in der neuen Weltordnung immer als Chance und nicht als Bedrohung gesehen«, sagte Ungarns Außenminister Péter Szijjártó schon vor dem Treffen in Budapest.

Für China ist das 16+1-Format, auch China-CEEC (Central and Eastern European Countries) genannt,[1] Teil einer langfristigen Strategie. Peking kennt die politischen Bruchlinien in Europa und nutzt sie für seine Interessen. Jahrelang hatte die chinesische Führung lieber direkt mit den europäischen Schwergewichten Deutschland und Frankreich verhandelt statt mit der vielstimmigen und bürokratischen Europäischen Union in Brüssel. Die Regierungen in Berlin und Paris fühlten sich gebauchpinselt, freuten sich über die guten Geschäfte und unternahmen wenig, um eine gemeinsame europäische China-Politik zu stärken.

Die 16 CEEC-Staaten. GRAFIK: LE MONDE DIPLOMATIQUE, BERLIN

Für die osteuropäischen Länder, die sich mit Deutschlands Dominanz in Europa ohnehin schwertun, bietet Chinas Engagement die willkommene Gelegenheit, bestehende Abhängigkeiten zu verringern und sich eigene Spielräume zu erschließen. Dabei geht China in Osteuropa ähnlich vor wie in Asien, Afrika oder Lateinamerika. Peking lockt zunächst mit der großzügigen Finanzierung großer Infrastrukturprojekte, baut damit seine industriellen Überkapazitäten ab und zugleich neue politische Abhängigkeiten auf.

Wie bei einem Puzzle ergeben die einzelnen chinesischen Aktivitäten in Europa allmählich ein zusammenhängendes Bild. Von Peking aus betrachtet, ist das 16+1-Format der westliche Teil der Seidenstraßen-Initiative. Und die mit chinesischem Geld finanzierte Modernisierung der Bahnverbindung Budapest – Belgrad, bei der die Fahrzeit von 8 auf 2,5 Stunden reduziert werden soll, wird eines Tages bis in den griechischen Hafen Piräus verlängert. Der größte Hafen Griechenlands, das nicht Teil von 16+1 ist, gehört inzwischen mehrheitlich der chinesischen Staatsreederei Cosco und dient als Chinas Brückenkopf im östlichen Mittelmeer. Über die Bahnlinie bis Budapest könnten dann bald chinesische Güter bis nach Westeuropa transportiert werden.

Ob die Pläne aufgehen, bleibt abzuwarten. In Polen und den baltischen Ländern macht sich bereits eine gewisse Ernüchterung breit, weil es an der Umsetzung von Chinas Großprojekten hapert. Doch in Ungarn, Tschechien und Slowenien sind die Hoffnungen auf riesige chinesische Investitionen angeblich noch ungetrübt.

Je wichtiger die chinesischen Investitionen für kleinere Staaten sind, desto schwieriger wird es für sie, Peking politische Wünsche abzuschlagen. Da die EU in der Außenpolitik bekanntlich nach dem Konsensprinzip entscheidet, reicht schon der Druck auf ein Land, um chinakritische EU-Beschlüsse zu blockieren oder zu verwässern. Das belegen zwei beunruhigende Präzedenzfälle: Griechenland legte im Sommer 2017 sein Veto gegen eine EU-Stellungnahme zu chinesischen Menschenrechtsverletzungen für die UN-Menschenrechtskommission ein. Und Ungarn hatte bereits im Juli 2016 eine pekingkritische EU-Erklärung zum Schiedsspruch im Territorialkonflikt im Südchinesischen Meer blockiert.

Chinas Engagement verschafft jenen Staats- und Regierungschefs, die wie Ungarns Viktor Orbán im eigenen Land Stimmung gegen die EU machen und EU-Recht missachten, Möglichkeiten, dem Druck aus Brüssel auszuweichen. Und für China liefert das 16+1-Format die Chance, »einen Keil in die sich weitenden Risse zwischen dem östlichen und dem westlichen Teil der EU zu treiben«, stellt der frühere dänische Ministerpräsident und später Nato-Generalsekretär Anders Fogh Rasmussen fest.

Da keiner der 16 beteiligten osteuropäischen Staaten China das Wasser reichen kann, wäre anstelle der 16+1 eigentlich die Bezeichnung 1+16 passender. Spötter nennen das Format ohnehin »China und die 16 Zwerge«. Die Brexit-geschwächte EU, deren Einigkeit bereits von Putin, Erdoğan und Trump auf die Probe gestellt wird, gerät durch China weiter unter Druck. »Wenn es uns nicht gelingt, eine eigene Strategie mit Blick auf China zu entwickeln, dann wird es China gelingen, Europa zu spalten«, warnte Außenminister Sigmar Gabriel im Sommer 2017. Dafür könnte es schon zu spät sein.

BRI-Bahnstreckenausbau *(siehe auch die Karte auf Seite 19).* GRAFIK: LE MONDE DIPLOMATIQUE, BERLIN

Der damalige serbische Ministerpräsident Aleksandar Vučić und der stellvertretende Leiter der Staatlichen Kommission für Entwicklung und Reform in China, Wang Xiaotao, bei dem offiziellen Start des Ausbaus der Bahnverbindung Budapest-Belgrad, Novi Sad, Dezember 2015. XINHUA

1 china-ceec.org.

© 2018 *Le Monde diplomatique*, Berlin

Projekte in Piräus, Hochzeit in Santorini

Von Niels Kadritzke

Die Wirtschaftsbeziehungen zwischen Griechenland und China haben im letzten Jahrzehnt einen bemerkenswerten Aufschwung genommen. Dieser beruht auf zwei Interessenlagen, die sich gegenseitig ergänzen. Da ist auf griechischer Seite der enorme Bedarf an ausländischen Direktinvestitionen, auf chinesischer Seite das strategische Interesse am Jahrhundertprojekt »Neue Seidenstraße«.

Ein wichtiges Teilprojekt ist ein »grenzüberschreitender Transportkorridor vom Mittelmeer nach Zentraleuropa«, der China zu einer »verstärkten Präsenz auf den europäischen Märkten, aber auch südlich des Mittelmeers« verhelfen soll.[1] Dank seiner geografischen Lage spielt Griechenland dabei eine Schlüsselrolle. Das gilt vor allem für den Ausgangspunkt des Korridors, den Hafen von Piräus. Die chinesische Staatsreederei Cosco (China Ocean Shipping Company), seit 2009 bereits Pächterin von zwei Container-Kais, übernahm im August 2016 die Aktienmehrheit der gesamten Hafengesellschaft. Diese strategische Investition ist auch deshalb bemerkenswert, weil sie unter einer linken Athener Regierung vollzogen wurde.

Noch erstaunlicher ist, wie energisch Yanis Varoufakis seinerzeit das chinesische Engagement unterstützt hat. Der wortradikale erste Finanzminister der Tsipras-Regierung war ein großer Fan ausländischer Direktinvestitionen in Infrastrukturprojekte. Im Frühjahr 2015 bot er Peking zusätzlich den Kauf des griechischen Eisenbahnunternehmen (TrainOSE) und eine steuerbegünstigte Sonderwirtschaftszone in Piräus an. Doch sollte China dafür als Gegenleistung den Staatsbankrott seines Landes abwenden helfen und griechische Bonds in Milliardenhöhe kaufen. Das Geschäft scheiterte, weil der deutsche Finanzminister Wolfgang Schäuble davon Wind bekam und in Peking intervenierte. Die Episode zeigt, dass Griechenland für China nicht zu den politischen Schwergewichten zählt, obwohl es eine bevorzugte Investitionsadresse ist. Das gilt vor allem für die Transportinfrastruktur, für den Energie- und Telekomunikationssektor und für touristische Immobilien. Dabei beruht das Interesse auf Gegenseitigkeit: Im September 2017 war China als Ehrengast auf der Thessaloniki-Messe mit einer großen Delegation vertreten, der Tsipras weitere Investitionen schmackhaft machte.[2]

Allerdings sind die Chinesen konservative Investoren. Sie legen Wert auf ökonomische Berechenbarkeit und Stabilität, die man in Griechenland lange Zeit vermisste. Unter anderem deshalb wollte Peking das Eisenbahnunternehmen TrainOSE nicht übernehmen. Damit hätte man immerhin eine Schienenverbindung von Piräus bis zur mazedonischen Grenze erworben, also einen großen Abschnitt des Transportkorridors nach Belgrad und in Richtung Zentraleuropa kontrolliert. Aber in China überwogen die Vorbehalte wegen der »politischen Instabilität, der rechtlichen Unklarheiten und der EU-Wettbewerbsregeln«.[3]

Inzwischen wurde TrainOSE von Italiens staatlicher Eisenbahngesellschaft gekauft. Das beruhigte die Wettbewerbshüter in Brüssel ebenso wie die Tatsache, dass ein französisch-deutsch-griechisches Konsortium den zweitgrößten griechischen Hafen Thessaloniki übernommen hat, der künftig unter der Leitung von französischen Managern stehen soll. Dieser Hafen stellt für Piräus eine Konkurrenz dar, vor allem was den Handel mit den Balkanländern betrifft.

Dennoch bleibt die Cosco-Investition ein strategischer Coup, der sich auch in Zahlen niederschlägt. Piräus ist heute der am schnellsten wachsende Hafen in ganz Europa. Er hat seinen Container-Umschlag seit 2011 mehr als verdoppelt. Cosco will auch in den Ausbau der Kais für Kreuzfahrtschiffe investieren. Die Griechen erhoffen sich davon einen Zustrom chinesischer Touristen, den man durch die Eröffnung von Konsulaten in den chinesischen Millionenstädten fördern will. Da können auch Brautpaare eine Hochzeit auf dem Kraterrand der Kykladeninsel Santorini buchen, die bei der chinesischen Bourgeoisie neuerdings angesagt ist. Das Gedränge auf der schon längst überlaufenen Insel wird jedenfalls noch größer werden.

In Athen misst man der strategischen Partnerschaft mit China parteiübergreifend große Bedeutung bei. Die ersten Investitionen kurbelte schon die rechts-konservative Nea-Demokratia-Regierung Karamanlis an, als sie 2008 die Übernahme des Containerhafens von Piräus durch Cosco unterschrieb. Die nachfolgende Regierung Papandreou (Pasok) drängte Cosco zu weiteren Investitionen.

Am weitesten ging Tsipras konservativer Vorgänger Samaras (ND), der Peking sogar anbot, chinesische Handels- und Kriegsschiffe in griechischen Werften warten zu lassen. Die Regierung Tsipras war zunächst zögerlich. Erst nach der Wiederwahl im September 2015 schwenkte sie auf den »nationalen Konsens« ein, der auf der Einschätzung basiert, Griechenland müsse seine geopolitische Lage am Schnittpunkt dreier Kontinente besser nutzen. Für Chinas Engagement ist die Regierung Tsipras offenbar sogar bereit, einen politischen Preis zu bezahlen. Am 15. Juni 2017 – kurz nach Tsipras' Rückkehr aus Peking – verhinderte seine Regierung eine chinakritische gemeinsame Stellungnahme der EU-Länder beim Genfer UN-Menschenrechtsrat.

1 Siehe: »Chinese Investment in Greece«, Studie des Athener Institute of International Economic Relations (IIER), Dezember 2017: idos.gr/wp-content/uploads/2017/12/Chinese-Investment-in-Greece_4-12-2017.pdf.

2 Niels Kadritzke, »Griechenland – neun Monate vor der Rückkehr zur Souveränität« (Teil I), Griechenland-Blog, 29. September 2017: monde-diplomatique.de/shop_content.php?coID=100104.

3 So die Interpretation in der IIER-Studie *(siehe Anmerkung 1)*. Zur »politischen Instabilität« hat beigetragen, dass im Frühjahr 2016 wochenlang demonstrierende Flüchtlinge die Gleise an der griechisch-mazedonischen Grenze bei Idomeni blockierten.

© 2018 *Le Monde diplomatique*, Berlin

PCIU 371750 4
2261
HJCU
1478 45 0
45G1
CLHU 866124 6
45G1
PCIU 2 5496 2
2261
MOTU
HJCU
1528 93 1
FSCU 938857 6
45G1
CAUTION
HIGH
HJCU
1005 51 9
HJCU
1461 71 4
PCIU
HJCU
1068 70 7
TRLU 810348 7
45G1
TRLU 723969 5
45G1
CLHU 866124 6
45G1
FCIU 26412
2261

Hintereingang Pakistan

»Lang lebe die pakistanisch-chinesische Freundschaft«, Wandmalerei in Gwadar, Pakistan, August 2016. ASIM HAFEEZ

Von Sven Hansen

Bei der pakistanischen Elite kursiert derzeit eine Abkürzung, die wie eine Zauberformel benutzt wird und vielen Leuten Dollarzeichen in die Augen treibt: CPEC, kurz für China–Pakistan Economic Corridor,[1] gilt in Pakistan als Wunderwaffe im Kampf gegen Armut, Stromausfälle, die vermeintlich arroganten Amerikaner und die verhassten Inder.

CPEC soll ein von China finanzierter Transport- und Wirtschaftskorridor quer durch Pakistan werden. Er verbindet den neuen südwestpakistanischen Tiefseehafen Gwadar vor den Toren des Persischen Golfs mit Chinas westlichster Provinz Xinjiang. Entlang dieses Korridors aus Highways und modernen Schienensträngen, der inzwischen mit Investitionen von bis zu 60 Milliarden US-Dollar veranschlagt wird, sind neun Wirtschaftszonen und zahlreiche Kraftwerke geplant.

Die Befürworter von CPEC, die in Pakistan tonangebend sind, sprechen von einem »Game Changer«, also einer grundlegenden Weichenstellung in eine neue Richtung. Sie stellen den Korridor als ökonomische Wunderwaffe und geostrategischen Schachzug dar. Sie vergleichen CPEC mit dem Marshall-Plan zum Aufbau Nachkriegseuropas und kalkulieren mit Investitionssummen, die so hoch sind wie die gesamten ausländischen Investitionen in Pakistan seit 1970 zusammen. Zu den Versprechungen für den Zeitraum zwischen 2015 und 2030 gehören 2,3 Millionen neue Jobs und 2 bis 2,5 Prozent mehr Wirtschaftswachstum pro Jahr.

CPEC ist der pakistanische Ableger der chinesischen Seidenstraßen-Initiative (BRI): »Pakistan bietet nun einmal den kürzesten Weg nach Westchina«, sagt Sartaj Aziz beim Briefing in seiner Behörde in der Hauptstadt Islamabad. Pakistans früherer Finanz- und Außenminister ist heute als stellvertretender Vorsitzender der Planungskommission für die Koordinierung von CPEC zuständig. »CPEC kam genau zur richtigen Zeit«, meint Aziz. »Es bietet China ein Tor zur Welt.« Auf die Frage, ob Pakistan sich damit nicht in Abhängigkeit von Peking begebe, wiegelt Azis ab: »Der Korridor schafft gegenseitige Abhängigkeiten, China ist keine Kolonialmacht.«

Für die Volksrepublik verkürzt der Korridor den Weg von den nahöstlichen Ölländern nach Westchina um mehrere tausend Kilometer, indem er China einen »Hintereingang« öffnet, CPEC zeigt, wie wichtig Pakistan für Peking geworden ist. »Pakistan ist Chinas einziger strategischer Allwetterpartner«, betonte Zhang Ping, Vizechef vom Nationalen Volkskongress bei einem Besuch in Islamabad im Dezember 2017. Pakistan sei für Chinas strategische Kalküle von größter Bedeutung.

Der von China ausgebaute und finanzierte Hafen Gwadar, den Aziz »das Juwel« von CPEC nennt, bietet der Volksrepublik einen weiteren Zugang zum Indischen Ozean und damit in den indischen Vorhof. Zusammen mit den von China finanzierten und genutzten Häfen in den Malediven, Sri Lanka (Hambantota), Bangladesch (Chittagong) und Myanmar (Kyauk Pyu) umkreist diese sogenannte Perlenkette potenzieller Marinebasen den Rivalen Indien. Der macht bei Chinas Seidenstraßen-Initiative nicht mit und ist über CPEC höchst alarmiert. Delhi setzt mit seiner Beteiligung am iranischen Hafen Chabahar vielmehr auf das Konkurrenzunternehmen zu Gwadar.

Weil vereinbarungsgemäß 91 Prozent der Einnahmen aus Gwadar für die nächsten 40 Jahre weitgehend steuerfrei an China fließen, gilt der Hafen schon jetzt als unter chinesischer Hoheit. Dabei hat, wie Aziz betont, China keinerlei militärische Nutzungsrechte. Die Militärexpertin Ayesha Siddiq in Islamabad hält CPEC jedoch auch für ein Projekt des pakistanischen Militärs: »Dieses ist nur allzu bereit, zum chinesischen Werkzeug gegen Indien zu werden.« Andere fürchten, dass die chinesischen Kredite Pakistan in eine Abhängigkeit hineintreiben, die das Land eines Tages zwingen, weitergehende Forderungen aus Peking zu erfüllen. Die in Hongkong erscheinende *South China Morning Post* berichtete am 5. Januar 2018, China wolle in Jiwani (80 Kilometer westlich von Gwadar und 30 Kilometer von der iranischen Grenze entfernt) eine Marinebasis einrichten. Dort unterhält Pakistans Küstenwache einen Stützpunkt. Im Zweiten Weltkrieg nutzten die Alliierten dort einen Flughafen.

Ein weiterer Kritikpunkt an CPEC ist, dass China die meisten Arbeiter und Manager mitbringen wird, so dass die Beschäftigungseffekte für Pakistan wohl eher gering ausfallen. Und wie bei derartigen Großprojekten üblich werden auch für die CPEC-Projekte lokale Fischer und Kleinbauern vertrieben. Pakistanischen Produzenten von einfachen Konsumgütern, die der Konkurrenz aus China nicht standhalten, drohe zudem die Pleite. Kritisiert wird auch die fehlende Transparenz bei der Auftragsvergabe und Abwicklung.[2]

Anfang 2018 erklärte Pakistans Zentralbank, man werde im Zahlungsverkehr mit China künftig den Yuan zulassen, was zur Ablösung des US-Dollar führen dürfte. Die Befürworter glauben auch, dass CPEC den Handel mit Zentralasien und Afghanistan fördern werde. Doch Pakistans berühmter Journalist Ahmed Rashid ist skeptisch. »Ohne Frieden in Belutschistan und Afghanistan«, erklärt er auf Anfrage, »wird es kaum Handel zwischen Zentralasien, China und der pakistanischen Küste geben. Dann wird CPEC zum weißen Elefanten.«

Allein für den Schutz des Hafens Gwadar, der sich im unruhigen Belutschistan befindet, hat Pakistan 15 000 Soldaten abgestellt. Im Dezember 2017 warnte die chinesische Botschaft ihre zigtausend mit CPEC beschäftigen Landsleute in Pakistan explizit vor Terroranschlägen.

1 cpec.gov.pk.
2 cpec-watch.com.

© 2018 *Le Monde diplomatique*, Berlin

Der Hafen in Gwadar, Pakistan, nach der ersten Bauphase, Juli 2006. ■ CHINESE DREDGING ASSOCIATION

China-Pakistan Economic Corridor *(siehe auch die Karte auf S. 19)*. ■ GRAFIK: LE MONDE DIPLOMATIQUE, BERLIN

Kein Weg vorbei an Kasachstan

Das Regime Nasarbajew will von der Neuen Seidenstraße profitieren

Von Arthur Fouchère

Wir sind im Süden Kasachstans, zwischen den Städten Taras und Schymkent. Entlang der nagelneuen Autobahn ziehen Hirten mit ihren Herden dahin. Hier beginnt der westliche Abschnitt der Neuen Seidenstraße. Das ambitionierte chinesische Infrastrukturprojekt namens »One Belt, One Road« umfasst den Bau von Schnellstraßen, Bahnstrecken, Hafenanlagen und Pipelines in mehr als 60 Ländern.[1]

Die neuen Landverbindungen von China nach Europa führen alle über Kasachstan. Auch deshalb hat Präsident Xi Jinping den Start der Seidenstraßen-Initiative 2013 in der kasachischen Hauptstadt Astana verkündet. Genauere Pläne wurden im Mai 2017 bei einem internationalen Forum in Peking vorgestellt. Darunter eine Schnellstraße, die vom Osten Chinas quer durch Kasachstan verlaufen soll, um dann via Moskau bis 2020 Westeuropa zu erreichen. In der ersten Phase bauen die Chinesen die neu gegründete Stadt Korgas, an der Grenze zwischen ihrem Autonomen Gebiet Xinjiang und Kasachstan, zu einem riesigen internationalen Logistik- und Handelsknotenpunkt aus.

Von dieser ersten Achse wird eine zweite abzweigen, die China über den Hafen Aqtau am Ostufer des Kaspischen Meers mit dem Kaukasus und der Türkei verbindet, während eine dritte über Usbekistan und Turkmenistan in den Iran führen soll.

Derzeit durchqueren die Züge aus China bereits den Norden von Kasachstan auf einer Güterverkehrstrasse, die im Januar 2017 eingeweiht wurde und den Hafen Yiwu an der chinesischen Küste mit London verbindet. Schon im November 2014 hatte der erste Containerzug die über 13 000 Kilometer lange Strecke Yiwu–Madrid eröffnet.

Zur Finanzierung des Projekts greift China auf seine beträchtlichen Devisenreserven zurück. Die Mittel kommen aus einem zweckgebundenen Fonds von 40 Milliarden Dollar und von der Ende 2015 gegründeten Asiatischen Infrastruktur-Investionsbank (AIIB). Die AIIB ist mit 100 Milliarden Dollar ausgestattet. Ein Drittel davon sind chinesische Einlagen, der Rest kommt von 56 beteiligten Ländern aus Europa, Asien und dem Nahen Osten.

Allerdings fordert China auch eine finanzielle Beteiligung der Staaten, die von dem ganzen Projekt profitieren. So erklärte Ministerpräsident Li Keqiang bei einem Besuch in Astana am 13. November 2016: »China ist bereit, mit Kasachstan zusammenzuarbeiten, wenn bei der Durchführung unserer Programme die Prinzipien der Offenheit, der gemeinsamen Koordination, der Kooperation und des beiderseitigen Nutzens eingehalten werden.« Dabei betonte Li, dass man die Seidenstraßen-Initiative mit lokalen Entwicklungsprogrammen verbinden wolle.

Das kasachische Förderprogramm, das die Wirtschaft mit 9 Milliarden Dollar ankurbeln soll, umfasst auch ein Transportprojekt, das Teil der Neuen Seidenstraße ist. Hier springt Peking mit einer Anschubfinanzierung ein, die es dem kasachischen Langzeitpräsidenten Nursultan Nasarbajew gestattet, Gelder für andere Baustellen seines Fünfjahresplans zu verwenden.

Nasarbajew will im Rahmen seines großen Plans »Kasachstan 2050« die Verwaltung modernisieren, den Wohnungsbestand sanieren und Gas in den armen Süden liefern. Dieses Programm soll die Armut reduzieren – der Durchschnittslohn stagniert bei knapp 450 Dollar im Monat – und das Land in die Gruppe der 30 größten Wirtschaftsmächte der Welt katapultieren.

2015 wurde ein chinesisch-kasachischer Fonds von 2 Milliarden Dollar aufgelegt, der Investitionen in Stahlwerke, Wasserkraft und Automobilbau finanzieren soll. Damit will man die Wirtschaft diversifizieren, die von der Rohstoffgewinnung abhängig ist und einen dramatischen Ölpreisverfall zu verkraften hat.

Für Peking sind die kasachischen Steppen mehr als eine Transitregion. Sie haben auch strategische Bedeutung. Dank Kasachstan, das über große Erdöl- und Erdgasreserven verfügt und seit 2009 der weltgrößte Uranproduzent ist, kann China seine Importe aus der Golfregion drosseln. Die neue Transportroute bietet Peking nicht nur eine wichtige Alternative, falls der Seeweg über die Straße von Malakka einmal blockiert sein sollte. Darüber hinaus bietet die Seidenstraßen-Initiative auch neue Möglichkeiten für chinesische Beteiligungen an den kasachischen Öl- und Gasvorkommen und Energieunternehmen. Und schließlich hilft sie China, die turksprachigen und zumeist muslimischen Uiguren zu kontrollieren, die in der westchinesischen Autonomen Region Xinjiang, aber auch auf der anderen Seite der Grenze leben.[2]

2015 kaufte das staatseigene chinesische Energieunternehmen Sinopec für 1,1 Milliarden Dollar die kasachische Tochtergesellschaft des russischen Lukoil-Konzerns. Chinas Engagement im Erdöl- und Erdgassektor begann schon 2005, als die China National Petroleum Corporation (CNPC) den kanadischen PetroKazakhstan-Konzern übernahm, was ihr den Zugriff auf das Turgay-Plateau im Süden Kasachstans sicherte. Heute ist China an der nationalen Erdöl- und Erdgasgesellschaft KazMunayGas (KMG) beteiligt, zudem ist der Staatsfonds China Investment Corporation (CIC) auch in der Region Aqtöbe (Nordwesten) und Mangghystau (Ostufer des Kaspischen Meers) sehr aktiv.

China kontrolliert heute mehr als ein Viertel der lokalen Produktion, besitzt eine Erdöl- und eine Erdgasleitung auf kasachischem Boden und ist damit Konkurrent Russlands, dessen Ölkonzern Rosneft die Uzen-Atyrau-Samara-Ölpipeline gehört, während der Erdgasriese Gazprom die Central Asia–Center Pipeline (CNPC) kontrolliert. Die CNPC wiederum hält 50 Prozent an der Raffinerie von Schymkent, eine der drei vor Kurzem modernisierten Raffinerien des Landes. Dank der chinesischen Investitionen kann Astana seine Abhängigkeit von Moskau schrittweise reduzieren und selbst Benzin herstellen, das den EU-Umweltstandards entspricht. Derzeit muss Kasachstan noch 40 Prozent seines Bedarfs an raffiniertem Erdöl aus Westsibirien importieren.

Mit der Öffnung für chinesisches Kapital setzt Nasarbajew seine »multivektorielle« Außenpolitik fort, die sich auf möglichst viele Pfeiler stützt und drei Ziele verfolgt. Sie soll ausländisches Kapital anlocken, das für die Modernisierung der Wirtschaft unerlässlich ist; sie soll die Begehrlichkeiten befriedigen und neutralisieren, die seine geostrategische Position am Schnittpunkt von Europa und dem Kaukasus, Asien und dem Nahen Osten weckt; und sie soll die Abhängigkeit vom einstigen großen Bruder Moskau verringern.

Kasachstan ist freilich schon lange vor den chinesischen Avancen strategische Partnerschaften mit westlichen Ölfirmen eingegangen.

Güterbahnhof in Korgas, Xinjiang, China. Die Stadt an der chinesisch-kasachischen Grenze wurde erst 2014 gegründet. Seitdem wird sie als Logistikzentrum ausgebaut. KHORGOS GATEWAY

1992 tat sich die staatliche KMG – neben ihrer Verbindung mit der russischen Lukoil – mit dem US-Riesen Chevron zusammen, um das Erdölfeld Tengiz auszubeuten. Die niederländische Royal Dutch Shell (damals GB) und der italienische Energiegigant Eni wurden als Partner für die Nutzung des Erdgaslagers Karatschaganak gewonnen.

Der dritte Grundpfeiler der kasachischen Volkswirtschaft ist das Offshore-Ölfeld Kaschgan im Kaspischen Meer. Es wird erst seit Oktober 2016 ausgebeutet, wurde aber schon 1992 einem großen Konsortium US-amerikanischer und europäischer Unternehmen überlassen. Seit 2013 halten auch die Chinesen 8 Prozent der Anteile an Kaschgan, das als eines der weltweit größten neu entdeckten Ölvorkommen gilt.

> Die neue strategische Partnerschaft zwischen China und Kasachstan bildet ein Gegengewicht zu Russland, dessen Einfluss auf Wirtschaft, Militär und Kultur nach wie vor sehr groß ist

Die neue strategische Partnerschaft zwischen China und Kasachstan bildet ein Gegengewicht zu Russland, dessen Einfluss auf Wirtschaft, Militär und Kultur 25 Jahre nach der Unabhängigkeit nach wie vor sehr groß ist. Russisch ist immer noch die zweite Amtssprache des Landes, die slawische Minderheit macht mit 4,5 Millionen Menschen ein Viertel der Bevölkerung aus. Und Moskau schießt seine Raketen bis heute auf dem Gebiet der russisch verwalteten Stadt Baikonur ab, der Pachtvertrag für das »Kosmodrom« wurde bis 2050 verlängert.

Russische Güter und Dienstleistungen machen immer noch ein Drittel aller kasachischen Importe aus. Bei den ausländischen Direktinvestitionen liegt der mächtige Nachbar an sechster Stelle, russische Beteiligungen gibt es an mehr als 6000 Unternehmen Kasachstans. Deshalb machen sich die wirtschaftlichen Probleme Russlands natürlich auch in Kasachstan bemerkbar. Nach dem Absturz des Rubels musste das Land seine Währung, den Tenge, zweimal abwerten.

Um seinen Einfluss in Zentralasien zu sichern, setzt Moskau auf die Eurasische Wirtschaftsunion (EAWU), die seit 2015 in dieser Form besteht und Russland, Weißrussland, Kasachstan, Kirgistan und Armenien umfasst. Der von Präsident Nasarbajew 1994 verkündete »eurasische Traum« dient vor allem den geopolitischen Interessen des Kremls, insofern er die asymmetrischen Beziehungen absichert, die in der UdSSR zwischen der russischen und den anderen Sowjetrepubliken bestanden.

Moskau hat einen gemeinsamen Zolltarif durchgesetzt, der auf den russischen Zöllen basiert und so die Vorteile neutralisiert, die sich Kasachstan mit seinem Beitritt zur Welthandelsorganisation (WTO) 2015 verschafft hatte. Seit der Abschaffung der Zollschranken überschwemmen russische Billigprodukte den kasachischen Markt und schwächen die Wettbewerbsfähigkeit der einheimischen Wirtschaft.

China will sich mit dem Versprechen von »Win-win«-Verträgen bewusst von dem autoritären Stil Russlands absetzen. Die Konkurrenz zwischen den beiden Giganten schließt jedoch eine künftige Zusammenarbeit zwischen der EAWU und den Projekten der Neuen Seidenstraße nicht aus. Moskau ist zu Zugeständnissen bereit, um seine Handels- und Sicherheitsbeziehungen zu China im Rahmen der Schanghaier Organisation für Zusammenarbeit[3] nicht zu gefährden.

»In diesem sehr ›Großen Spiel‹[4] entwickelt sich so etwas wie ein heimliches Kondominium, das China und Russland auf weite Teile Zentralasiens ausüben, während die Ambitionen der USA in der Region stagnieren«, konstatiert René Cagnat, Zentralasien-Experte am Institut de relations internationales et stratégiques (Iris).

Chinas Vormarsch lässt in Kasachstan jedoch alte Feindbilder aufleben. Die Sinophobie grassiert vor allem unter den jungen nationalistischen Eliten. Seit Ende der 2000er Jahre häufen sich tätliche Auseinandersetzungen zwischen lokalen und chinesischen – aber auch indischen – Arbeitern.

Der seit 27 Jahren herrschende Staatschef Nasarbajew setzt auf das Konzept von Zuckerbrot und Peitsche. Ein Gesetz von 2012 verpflichtet mittlere und große Unternehmen, bei öffentlichen Aufträgen 90 Prozent einheimische Arbeitskräfte zu beschäftigen (70 Prozent in Leitungsfunktionen). Dieses Gesetz wird nach Möglichkeit umgangen. Was sogar offiziell abgesegnet wird, da der Staat für jede Arbeitserlaubnis in der Erdöl- und Erdgasindustrie oder im Finanz- und Beratungssektor neuerdings eine Steuer erhebt.

Im Frühjahr 2016 löste ein Gesetzentwurf, mit dem die Verpachtung von Agrarflächen an ausländische Investoren von 10 auf 25 Jahre verlängert wurde, eine Protestwelle aus. Der Zorn galt vor allem den Chinesen, die bereits 1,9 Milliarden Dollar in die kasachische Landwirtschaft (Getreide, Fleisch, Tomaten) investiert haben.[5] Nach den Protesten wurde der Gesetzentwurf zwar zurückgezogen, aber es gab harte Repressionen gegen die friedlichen Demonstranten. Deren Anführer, Max Bokajew und Talgat Ajan, wurden zu fünf Jahren Gefängnis verurteilt.

Wie rabiat das Nasarbajew-Regime mit Kritikern umgeht, weiß die Welt spätestens seit dem Massaker von Schangaösen im Dezember 2011. In der Erdölstadt wurden damals die Proteste von Arbeitern blutig niedergeschlagen. Nach offiziellen Angaben kamen dabei 17 Menschen ums Leben; Menschenrechtsorganisationen zufolge waren es deutlich mehr.

Kasachstan profitiert von den chinesischen Geldern also auf die Gefahr hin, dass Gegenleistungen fällig werden. Aber vorerst fügt sich Nasarbajew in diese Abhängigkeit. Denn sie bewahrt sein Regime vor einer sozialen Destabilisierung, die bei einem Versiegen des Investitionsstroms drohen könnte.

Aus dem Französischen von Claudia Steinitz

1 Siehe Seite 16 in diesem Heft: Sebastian Heilmann und Jan Gaspers, »Das riskante Jahrhundertprojekt«.
2 Die Zahl der Uiguren in Kasachstan wird auf 230 000 geschätzt.
3 Mitglieder der 2001 gegründeten Organisation mit Sitz in Peking sind Russland, China, Kasachstan, Kirgistan, Tadschikistan und Usbekistan, seit Juni 2017 auch Pakistan und Indien.
4 Der Begriff »Great Game« bezieht sich auf die Rivalität zwischen Großbritannien und Russland im Kaukasus und in Zentralasien im 19. Jahrhundert.
5 Was das verfügbare Ackerland pro Einwohner betrifft, liegt Kasachstan nach einer Untersuchung der Weltbank von 2014 weltweit an zweiter Stelle, hinter Australien und vor Kanada.

Erstmals erschienen in *Le Monde diplomatique* vom September 2017.
© 2017 *Le Monde diplomatique*, Berlin

EXPORTE

Für Importe: Siehe die Grafik aus Seite 11.

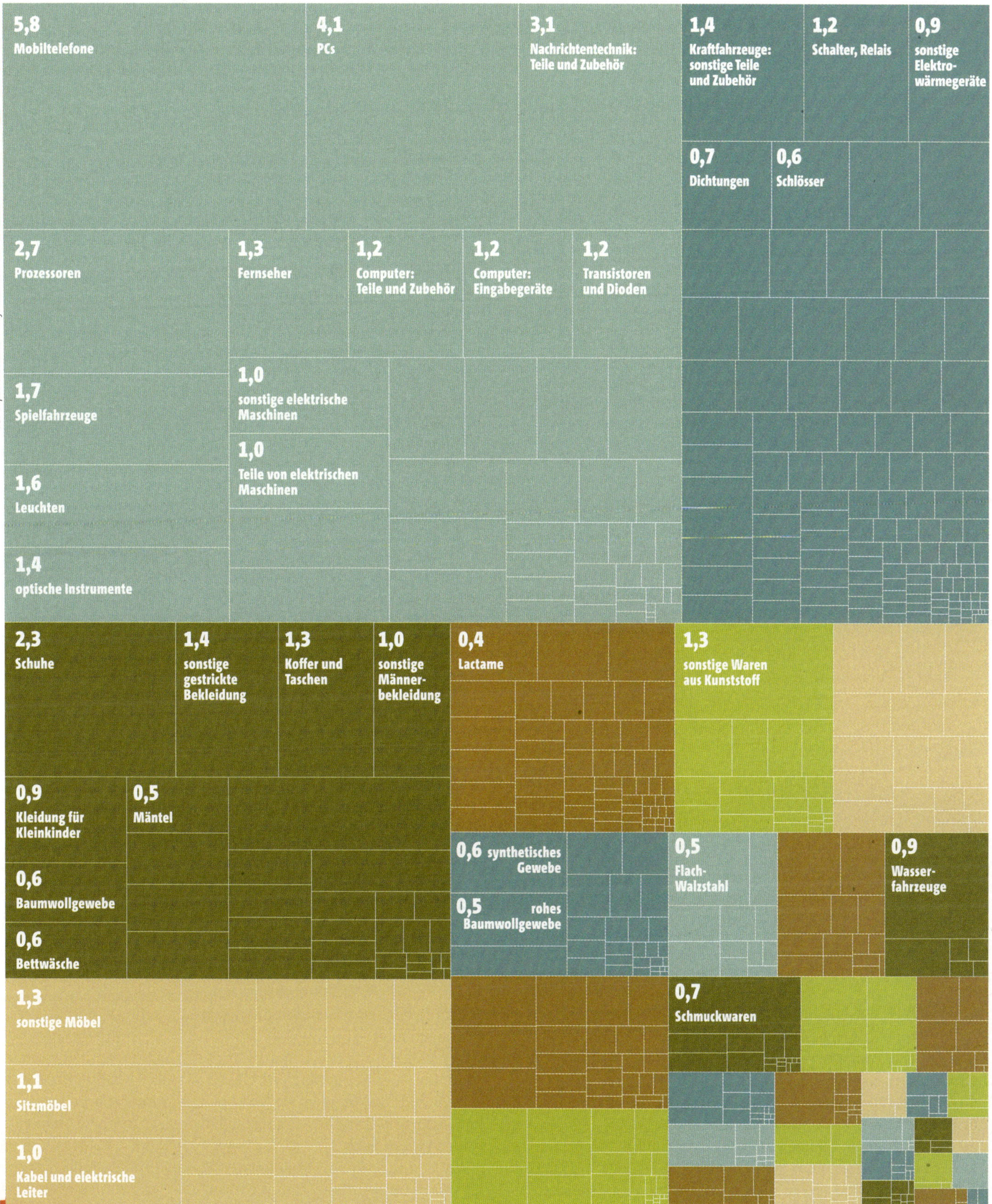

GRAFIK: LE MONDE DIPLOMATIQUE, BERLIN

Die Warengruppen in der Grafik sind nach dem internationalen Warenverzeichnis für den Außenhandel (Sitc) angeordnet. Die Sitc verzeichnet über 4000 Warengruppen, unterteilt in 9 Hauptkategorien: Von »0, Nahrungsmittel und lebende Tiere« bis »9, Waren und Warenverkehrsvorgänge, anderweitig in der Sitc nicht erfasst«. Quelle: UN-Comtrade; Berechnung: OEC, atlas.media.mit.edu.

Exporte, *2016, in Prozent des Gesamtwerts*

1 980 000 000 000 US-Dollar

Gesamtwert: **1,98 Billionen**

Tomatenmark für die Welt

Italiens Exportschlager kommt zum Großteil aus China

Tomatenernte in Xinjiang, China, August 2015. ■ XINHUA

Von Stefano Liberti

Das Kind wirkt konzentriert. Bekleidet mit einem zerrissenen Overall, die Hände in Handschuhen, gräbt es ein Loch in die Erde. Es setzt den Sämling hinein, drückt ihn fest, rückt 30 Zentimeter nach links und wiederholt die Prozedur, mechanisch und präzise. Der kleine Landarbeiter sagt, er sei zwölf Jahre alt, doch er sieht jünger aus. Um ihn herum sind ungefähr 20 Menschen beschäftigt, Frauen, Männer, ein paar ältere Jungs. Alle vollziehen die gleichen Bewegungen: Sie nehmen die Sämlinge in Plastikboxen von Paletten und setzen sie in die Erde, immer im gleichen Abstand. Wenn sie mit einer Palette durch sind, kommt die nächste dran. Sie setzen die Sämlinge in die Ackerfurche und wieder die nächste und immer so weiter. Zwischen zwei Sämlingen schaut eine Frau kurz hoch und lacht ihren zweijährigen Sohn an, der ihren Bewegungen folgt.

Der Besitzer des Felds sitzt gelangweilt auf einer Holzbank am Rand. Ein Aufseher notiert, wie viel Fläche jeder Arbeiter bepflanzt hat. Abends bekommen sie Akkordlohn ausbezahlt, 0,17 Yuan (2 Cent) pro Meter. Die Schnellsten haben dann rund 70 Yuan verdient, etwa 10 Euro.

Wir sind in Xinjiang, im äußersten Westen Chinas, 3000 Kilometer von Peking entfernt. Dieses Riesengebiet grenzt an sieben Länder – an Russland und die Mongolei im Norden, an die Republiken Mittelasiens Kirgistan, Tadschikistan und Kasachstan in der Mitte sowie an Pakistan und Afghanistan im Süden. Xinjiang ist voller Felder, auf denen eine Frucht angebaut wird, die zu den am meisten konsumierten der Welt zählt: die Tomate. Eine enorme Produktion, von der ein erheblicher Anteil nicht im Land gegessen wird, sondern für den Export bestimmt ist.

Die Tomaten, die von den Sträuchern geerntet werden, die die Tagelöhner jeden Alters einpflanzen, werden in einer Fabrik zu dreifach konzentriertem Tomatenmark verarbeitetet und weltweit vermarktet. Sie landen verarbeitet in Heinz-Ketchup oder in den Tomatenmarkdosen von Gino und Tasty Tom, die den afrikanischen Markt überschwemmen. Aber auch in italienische Markenprodukten kommen sie vor, in Fertigsoßen und Konzentraten – die Italiener sind sogar Hauptimporteure von chinesischem Tomatenmark. Gemäß den italienischen Zollbehörden wurden 2016 insgesamt 92 000 Tonnen dreifach konzentriertes Tomatenmark made in China eingeführt – 43 Prozent mehr als im Vorjahr.

Die Sämlinge werden in Gewächshäusern gezogen und im April oder Mai ins Freie gepflanzt. Eben das ist die Aufgabe der Gruppe, zu der das Kind mit dem zerrissenen Overall gehört. Zwischen Juli und September reifen die Tomaten heran, geerntet wird dann von anderen, deutlich größeren Gruppen. Zu dieser Gelegenheit ziehen tausende von Arbeitsmigranten aus anderen Teilen Chinas nach Xinjiang, darunter ganze Familien. Der Besitzer des Felds, der sich schlicht Mister Li nennt, sagt: »Die Ernte muss schnell gehen, bevor die Tomaten weich werden. Kinder sind für diese Arbeit besonders geeignet: Mit ihren kleinen Händen sind sie einfach schneller.«

Hunderte von Lastwagen sorgen dann für den Transport in die Fabriken, wo die Tomaten verarbeitet und per Zug weiter zum Hafen von Tianjin nahe Peking verbracht werden. Von dieser Sammelstelle reist die chinesische Tomate um die ganze Welt, große Mengen landen im süditalienischen Salerno. Das Tomatenmark wird in Holzfässern von 1,3 Tonnen Gewicht ausgeladen und von den weiterverarbeitenden Firmen mit Wasser und Salz zu zweifach konzentriertem Mark verdünnt oder für andere Produkte verwendet.

Aber warum importiert ausgerechnet Italien, Marktführer bei der Produktion von Industrietomaten in der EU und nach den USA zweitgrößter Produzent weltweit, solche Mengen von Tomaten aus dem Fernen Osten? »Die Tomaten, die wir aus China einführen, landen nicht auf dem inländischen Markt. Sie dienen als Rohstoff für italienische Firmen, die sie weiterverarbeiten und außerhalb der EU verkaufen«, erklärt Giovanni De Angelis, Direktor der Associazione Nazionale Industriali Conserve Alimentari Vegetali (Anicav, Nationale Vereinigung der Hersteller von Gemüsekonserven). Die weiterverarbeitende Industrie in Italien und anderen EU-Ländern muss keinen Zoll auf Importe aus Nicht-EU-Ländern zahlen, wenn die Ware zum Export außerhalb der Gemeinschaft bestimmt ist.

In seinem Büro in Neapel, dem Herz der italienischen tomatenverarbeitenden Industrie, zeigt De Angelis Tabellen, die seine Thesen bekräftigen sollen: »Wir exportieren doppelt bis dreimal so viel Konzentrat, wie wir importieren. Unsere attraktivsten Produkte, die geschälten und die passierten Tomaten stammen dagegen ausschließlich von italienischen Früchten, was immer auch an Alarmismus in den letzten Jahren verbreitet worden ist. China liefert nur den Rohstoff, aus dem unsere Firmen andere Produkte machen. Dabei setzen sie auf ihr Know-how und auf komplexe industrielle Verfahren, die völlig andere sind als bei Produkten, die für den heimischen Markt hergestellt werden. Darüber hinaus spielen diese Produkte für das Portfolio der tomatenverarbeitenden Industrie aber ohnehin nur eine untergeordnete Rolle: Wir reden hier von 145 Millionen Euro bei einem Gesamtumsatz von 3 Milliarden, also weniger als 5 Prozent der Gesamtsumme.«

»Die absoluten Mengen würde ich nicht als marginal bezeichnen«, sagt Lorenzo Bazzana, Ökonom bei Coldiretti, dem führenden italienischen Bauernverband, der angesichts der Importe aus China äußerst beunruhigt ist. »Wenn wir davon ausgehen, dass man für ein Kilo dreifach konzentriertes Tomatenmark sieben Kilo frische Tomaten benötigt, dann wurden im vergangenen Jahr etwa eine Million Tonnen importiert, was 20 Prozent der heimischen Produktion entspricht.«

Bazzana beschäftigt sich seit Jahren mit der Entwicklung des chinesischen Tomatenmarks. Er beobachtet, wie der Import mal nachlässt, mal steigt, und wird nicht müde, die Intransparenz der Industrie anzuprangern, die auf ihren Produkten nicht die Herkunft der Inhaltsstoffe ausweist. »Wenn man chinesisches Tomatenmark für italienische Produkte verwendet, beschädigt man die ganze Produktionskette, denn die Chinesen haben im Vergleich zur Europäischen Union niedrigere Standards, was den Einsatz von Pflanzenschutzmitteln angeht. Die Leute von der Industrie sagen: ›Macht euch keine Sorgen, das chinesische Konzentrat geht eh nur in den Export.‹ Aber das scheint mir keine besonders glückliche Formulierung zu sein. Denn das bedeutet ja nichts anderes, als dass wir für den heimischen Markt die Qualität hochhalten, aber nach draußen minderwertige Produkte verkaufen. So kann man den guten Ruf von »Made in Italy« natürlich auch kaputtmachen.«

Das Konzentrat, »hergestellt in Italien«, aber gefertigt aus »chinesischen Tomaten«, wird vor allem nach Afrika verkauft, zum Teil aber auch innerhalb der EU, für Fertigsoßen und Pizzatomaten (Deutschland ist der größte Abnehmer von italienischem Konzentrat, Frankreich der drittgrößte) und manchmal auch in passierten Tomaten (in Italien müssen die aus frischen Tomaten hergestellt sein, doch diese Vorschrift gilt nur für den heimischen Markt). All das muss aber nicht auf dem Etikett stehen, hier muss nur das Land angegeben werden, in dem die Tomate verarbeitet worden ist, was letztlich, sagt Coldiretti, darauf hinausläuft, dass Tomaten, die in Xinjiang durch Kinderarbeit geerntet wurden, von hier aus als italienische Tomaten an Millionen Verbraucher weltweit verkauft werden. »Wir verkaufen einen industriellen Fertigungsprozess«, betont hingegen De Angelis. »Das Dreifachkonzentrat ist ein Rohprodukt, das unsere Industrie dank ihrer über Jahre – in Süditalien seit mehr als einem Jahrhundert – erworbenen Kompetenzen und Technologien transformiert.«

Verglichen damit ist die Geschichte des chinesischen Tomatenkonzentrats noch jung. Bis Anfang der 1990er Jahre war in Xinjiang von Tomatenanbau noch kein Spur. Dann kamen ausgerechnet Italiener auf die Idee, einen Teil der Produktion dorthin auszulagern, weil bei ihnen zu Hause die Kosten stiegen und die Zuschüsse aus der Gemeinsamen Agrarpolitik der EU (GAP) reduziert wurden. Im Gepäck hatten sie zwei wesentliche Dinge: die Technologie und die Exportmärkte.

Aber warum hat China beschlossen, seine für den stetig wachsenden heimischen Markt ohnehin nicht ausreichenden landwirtschaftlichen Flächen massiv auf ein Produkt auszurichten, das für den Export bestimmt ist? Die Antwort liegt in der speziellen Region, in die die Produktion verlagert wurde. Xinjiang ist ein kompliziertes Gebiet mit sozialen Spannungen und separatistischen Bewegungen. Die Bevölkerung besteht aus Uiguren, die eine Turksprache sprechen und muslimischen Glaubens sind. Hier wird seit Jahren für die Unabhängigkeit gekämpft. Die Han-Chinesen, die dank massiver Unterstützung aus Peking politisch und wirtschaftlich das Sagen haben, haben die Uiguren zu Bürgern zweiter Klasse gemacht. Schon in den 1950er Jahren schickte Mao ein aus ganz China angeworbenes Heer von Pionieren in die Region und organisierte sie in der Xinjiang Shengchan Jianshe Bingtuan (XPCC: Xinjiang Production and Construction Corps), zumeist kurz *bingtuan* (Corps) genannt. Sie sollten die Neuankömmlinge repräsentieren, aber auch neue Siedlungen errichten und die ihnen zugewiesenen Grundstücke landwirtschaftlich nutzen. Der Bingtuan war dabei nur der Zentralregierung gegenüber verantwortlich, er ist eine Gesellschaft innerhalb der Gesellschaft von Xinjiang geblieben, mit eigenen Städten, eigenen Schulen, eigenem Grund und Boden.

Zwischen der Geschichte der Tomate in China und den Bingtuan bestehen zwei Verbindungsstränge. Im Zuge der tiefgreifenden Veränderungen, die die Volksrepublik über die Jahrzehnte erlebt hat, hat sich auch der Bingtuan gewandelt. Er löste sich von seinen Ursprüngen als ländlich-militärische Einheit und fand zu einer neuen Rolle, die eher städtisch-zivil und auf Industrie und Handel ausgerichtet war. 1998 wurden die Corps auch offiziell zur »Corporation«, eine private Struktur, deren Ziel die »Öffnung zu den westlichen Regionen« ist, ausgegeben von Präsident Jiang Zemin im Jahr zuvor.

Aus militärischen Einheiten mit landwirtschaftlichen Interessen formte sich eine profit- und exportorientierte Nahrungsmittelindustrie, die den Anbau sogenannter *cash crops* (»Bargeld-Pflanzen«) vorantreiben sollte, darunter eben die Tomate. Der große Sprung nach vorn bei der Erzeugung des »roten Goldes« fand Ende der 1990er Jahre statt – zeitgleich mit der Umwandlung des Bingtuan in ein kommerzielles Unternehmen.

In diesen Jahren wurde Chalkis aus der Taufe gehoben. Aus den Corps hervorgegangen, hatte diese Firma einen geradezu blitzartigen Erfolg. Innerhalb weniger Jahre gelang es ihr, den Umsatz zu verdoppeln, 23 Fabriken zur Tomatenverarbeitung in China zu eröffnen und außerdem noch die französische Konservenfirma Conserve de Provence-Le Cabanon zu übernehmen. Wie kam es zu diesem schwindelerregenden Höhenflug? Chalkis hatte einen entscheidenden Startvorteil: Da sie mit den Bingtuan verbunden war, gehörte ihr sowohl das Land, wo die Tomaten angebaut werden sollten, als auch die Fabriken, wo das Konzentrat hergestellt wurde. Alles war von Anfang an staatlich subventioniert und vorangebracht von Niedriglöhnern, darunter eben auch Kinder.

Als sich der Erfolg abzeichnete, stürzten sich auch andere auf das florierende Geschäft. Anfang 2000 begann eine kleine Firma namens Tunhe sich in diesem Feld zu betätigen und eröffnete nach und nach diverse Fabriken zur Tomatenverarbeitung. 2004 wurde Tunhe von Cofco gekauft. Das staatseigene Unternehmen ist der größte Lebensmittelkonzern in China, üppig subventioniert und instrumentalisiert von der Führung in Peking.

Heute haben Chalkis und Cofco den Markt unter sich aufgeteilt. Zusammen kontrollieren sie 80 Prozent der chinesischen Tomatenproduktion sowie 15 Prozent des weltweiten Handels mit Tomatenmark. Ein Großteil der verarbeiteten Tomatenprodukte basiert auf Rohstoffen von einem dieser beiden Konzerne – dem industriellen Arm einer Firma, die aus einer paramilitärischen Organisation zur Kolonisierung hervorgegangen ist, und dem staatseigenen Lebensmittelgiganten, der Geschäfte in der ganzen Welt macht.

»Unser bester Markt ist Italien«, bestätigt stolz der 39-jährige Tian Jun, einer der Verantwortlichen bei Chalkis, als er mich in einem improvisierten Konferenzraum am Firmensitz in Ürümqi empfängt, der Hauptstadt von Xinjiang. »Die Zusammenarbeit reicht weit zurück, wir verstehen uns bestens. Wir verkaufen an fast alle großen Lebensmittelfirmen in Italien. Und da der Wechselkurs des Dollars gestiegen ist, sind unsere Exportmengen seit 2015 noch mal angewachsen, dadurch gibt es noch einen Grund mehr für die Kunden, bei uns zu kaufen statt bei den US-Produzenten.«

Chalkis hat ehrgeizige Ziele. Auf Werbeplakaten ist der Spruch zu lesen: »Chalkis will tomato the world!« Von genau diesem kaum bekannten Firmensitz und den Feldern des Mister Li soll es losgehen,

Sonderwirtschaftszone Prato

4000 Firmen, alle in Schuppen ohne Schild oder Firmenzeichen: Von diesen anonymen Gebäuden aus fahren jeden Tag Dutzende von Lieferwagen in italienische und europäische Städte.

Das Textilgewerbegebiet von Prato nahe Florenz ist das neue Nervenzentrum der Bekleidungsindustrie »made in Italy« beziehungsweise des »made in Italy low cost«. Die Hersteller sind chinesische Firmen, die Rohstoffe aus China verarbeiten – und völlig zurecht »Made in Italy« aufs Etikett schreiben, denn schließlich produzieren sie in Italien.

Prato ist einzigartig in Europa: Ein ethnisch einheitliches Gewerbegebiet für Billigkleidung, in dem ausschließlich Chinesen arbeiten, etwa 30 000 in den 4000 Firmen, die zusammen täglich fast eine Million Teile produzieren. Das Gewerbegebiet gibt es seit Beginn der 1990er Jahre, der Boom setzte aber erst 2001 ein, mit dem Eintritt Chinas in die Welthandelsorganisation (WTO).

Während die italienischen Textilfirmen ihre Produktionsstätten ins Ausland – vor allem nach Rumänien – verlagerten, um Kosten zu sparen, bauten die zumeist aus Zhejiang und Fujian stammenden chinesischen Textilunternehmer ihre Nähfabriken im Gewerbegebiet von Prato aus. Seitdem können sie paradoxerweise das »Made in Italy« mit größerer Berechtigung für sich in Anspruch nehmen als ihre italienischen Branchenkollegen, die außerhalb Italiens produzieren lassen. Und ihre Material- und Personalkosten sind so niedrig, dass sie sich auf dem Markt halten können.

Um dem Geheimnis dieses Erfolgs auf den Grund zu gehen, hat der italienische Soziologe Stefano Becucci im Rahmen einer Feldforschung einen Einkäufer, der für einen in Deutschland ansässigen pakistanischen Unternehmer unterwegs war, bei seinem Rundgang durch die Schuppen und Hallen begleitet. »Die Ware wird einmal die Woche mit mittelschweren Lkw nach Deutschland verschickt, gelegentlich auch nur einmal im Monat, aber dann in einem schweren Lkw. Meistens geht es nach Stuttgart und Düsseldorf, wo der pakistanische Käufer seine beiden Geschäfte hat. Er fungiert außerdem als Zwischenhändler für deutsche Marken, von denen er eine Provision für jeden Einkauf in Prato bekommt.« Die Kleidungsstücke werden dann als italienische Produkte in Deutschland verkauft. Und das sind sie ja auch, obwohl sich die Arbeitskräfte nicht auf europäisches Arbeitsrecht berufen können und die Rohmaterialien aus Asien stammen.

Stefano Liberti

die Überschwemmung des Planeten mit Tomaten. Tian Jun ist ein Kind der chinesischen Kolonisation der Region. Er breitet die Zahlen aus, die den Erfolg belegen, zeigt Wachstumsraten und verweist auf nächste Entwicklungsschritte. Sein Fazit: »Der für uns wichtigste Mark ist immer noch Italien. In den letzten Jahren haben wir aber auch begonnen, chinesische Firmen zu beliefern, die direkt nach Afrika verkaufen.«

Seit Anfang der 1990er Jahre hat sich die Zusammenarbeit von Chinesen und Italienern entwickelt – steil nach oben. Die einen lieferten den Rohstoff, die anderen verarbeiteten ihn weiter und fügten das italienische Markenzeichen hinzu. Der Mechanismus war so eingespielt, dass mancher sich etwas zu weit aus dem Fenster lehnte. Der alte Antonino Russo, Patron der AR Industrie Alimentari S.P.A. und besser bekannt als »König der Tomate«, musste sich zu einem gewissen Zeitpunkt gut überlegen, ob er die Produkte seiner Firma weiterhin unter dem Label »Made in Italy« anpreisen wollte.

Zwei Unternehmen kontrollieren 80 Prozent der chinesischen Tomatenproduktion sowie 15 Prozent des weltweiten Handels mit Tomatenmark

Die Staatsanwaltschaft von Nocera Inferiore hatte nämlich ein Ermittlungsverfahren gegen ihn eingeleitet. 2013 wurde Russo zu vier Monaten Gefängnis und einer Geldstrafe verurteilt. Im Berufungsverfahren gelang es ihm, 200 000 seiner beschlagnahmten Dosen wieder auszulösen. Doch das Verfahren kam nie zum Abschluss: Russo starb, und die Sache wurde eingestellt. Seitdem nutzt die weiterverarbeitende Industrie in und um Neapel die zutreffendere Bezeichnung »confezionato in Italia« (abgepackt in Italien). »Aber ich bin mir sicher, dass Russo den Prozess am Ende gewonnen hätte«, bekräftigt De Angelis. »Die industrielle Verarbeitung verändert den Rohstoff substanziell. Ein ganzer Industriezweig Italiens lebt davon. Wenn wir beschließen würden, kein Konzentrat mehr aus China einzuführen, müssten wir auch Verantwortung dafür übernehmen, dass etliche Betriebe vom Markt verschwinden, zum Nutzen der internationalen Konkurrenz, vor allem aus China. Das würde Arbeitsplätze kosten, nicht zuletzt bei den Zulieferern, und unsere ökonomischen Ressourcen schwächen.«

Die chinesischen Produzenten beschränken sich in der Tat nicht mehr darauf, ihre italienischen Partner zu beliefern – sie machen ihnen Konkurrenz. Mit der Zeit hat sich die ursprünglich gute Idee, die Produktion des Dreifachkonzentrats auszulagern, erschöpft, wenn nicht gar in eine Art Frankenstein verwandelt, den seine Schöpfer nicht mehr kontrollieren können. Der Pakt beruhte ja anfangs auf einem Austausch: Die Italiener gaben die Technologie und die Anlagen und bekamen das Konzentrat zurück, das sie weiterverarbeiteten und auf ihre Märkte brachten. Aber nach und nach haben die Chinesen dazugelernt und den Italienern die Märkte streitig gemacht. Letztere können mit Staatsfirmen, die auch minderjährige Billigarbeiter beschäftigen, einfach nicht konkurrieren.

»Inzwischen können wir nicht mehr mithalten. Die Chinesen drängen uns raus.« Angelo D'Alessio ist so etwas wie das Gedächtnis des italienischen Tomatenmarks. Die Firma seiner Familie ist seit mehr als 100 Jahren im Geschäft. Das Centro Esportazioni Conservati (CEC) hat sich seit den frühen 1950er Jahren auf doppelt konzentriertes Tomatenmark für den afrikanischen Markt spezialisiert. In seinem Büro in Nocera Superiore im Landkreis Salerno erinnert er sich an die Zeiten, als man das Mark noch nicht importierte, sondern in Mittelitalien selbst herstellte; und vor allem: als das Business noch fest in italienischer Hand war.

»Niemand konnte mit uns mithalten.« Stolz zeigt D'Alessio die alten Werbebilder der Produkte, die seine Familie in die ganze Welt exportierte, vom Konzentrat »Sole d'Italia« über die geschälten Tomaten »la Chitarrella« bis zu »Pupetta nera« und »Faccetta nera« – Produktbezeichnungen aus den Zeiten des Faschismus.

D'Alessio stellt immer noch Tomatenkonzentrat her, das vollständig made in Italy ist, aus Tomaten aus Norditalien. »Aber das ist eine Nische für Leute mit mehr Geld, das kostet schon deutlich mehr.« Für das Gros der Produktion muss auch er importiere Ware verwenden, Fässer mit Dreifachkonzentrat aus verschiedenen Teilen der Welt, etwa aus den USA und Spanien. Und eben vor allem aus China. »Es ist der einzige Weg, um wettbewerbsfähig zu bleiben.«

D'Alessio kauft – so sind die Paradoxien der Globalisierung – Rohware bei der Konkurrenz, über die er kein gutes Wort verliert. »Ich kaufe höchstens 15 Prozent bei denen, aber schon das ärgert mich, denn die liefern zu Dumpingpreisen, weil ihre Firmen vom Staat unterstützt werden und ihre Arbeitskräfte praktisch nichts kosten. Nach Afrika schicken sie außerdem abgelaufene Ware mit irgendwelchen Zusätzen, die sie dann noch billiger anbieten.«

Statt Konzentrat von ihrem schärfsten Konkurrenten auf den internationalen Märkten zu kaufen, müsste die italienische Tomatenindustrie doch in der Lage sein, mit einem eigenen, authentischen Produkt aus rein italienischer Herkunft den Markt aufzumischen. »Wir reden hier von armen Märkten, in denen wir ohnehin täglich an Wettbewerbsfähigkeit verlieren. Wenn wir mit einem zu italienischen Kosten produzierten Konzentrat ankämen, wären wir raus«, sagt De Angelis und ergänzt: »Wenn wir Mauern hochziehen wollen und verhindern, dass chinesische Rohware hierher kommt – nur zu. Aber dann müssen wir auch die Verantwortung übernehmen für die Zerstörung einer gesamten Branche und der Arbeitsplätze, die an ihr hängen.«

»Wir wollen keine Mauern bauen«, sagt dazu Lorenzo Bazzana von Coldiretti. »Wir wünschen uns lediglich eine genaue Etikettierung, die die Herkunft der Rohware deutlich macht, damit die Verbraucher bewusst entscheiden können.« Darüber besteht sogar Einigkeit mit der Industrie: »Wir haben nichts gegen eine Herkunftsetikettierung«, sagt De Angelis, »wir sind immer für volle Transparenz.«

Aber was geschieht, wenn auf den Dosen, die auf den afrikanischen Markt kommen, steht »Tomatenmark in Italien hergestellt aus chinesischer Rohware«? Werden die Kundinnen dann nicht lieber gleich zum billigeren, zu 100 Prozent chinesischen Produkt greifen? Und wird es die deutschen, französischen und englischen Verbraucher nicht doch stören, dass die Tomaten auf ihrer Tiefkühlpizza in China von zwölfjährigen Kindern gepflückt wurden, für 10 Euro am Tag?

Aus dem Italienischen von Ambros Waibel

© 2017 *Le Monde diplomatique*, Berlin

Moskaus Angst vor der Nebenrolle

Rede des russischen Präsidenten Wladimir Putin auf dem Forum zur Neuen Seidenstraße, Peking, China, 14. Mai 2017. PRESSEAMT DES RUSSISCHEN PRÄSIDENTEN [CC BY 4.0]

Von Florent Detroy

Chinas Präsident Xi Jinping kann mit dem Resultat des ersten Forums zur Neuen Seidenstraße zufrieden sein. Zum Gipfel vom 14. Mai 2017 waren 30 Staats- und Regierungschefs nach Peking gereist. Nur Indien blieb fern, um gegen den Bau einer Autobahn auf der Doklam-Hochebene (Chinesisch: Donglang) zu protestieren, auf die Bhutan und China Anspruch erheben.

Wladimir Putin kam die Ehre zuteil, gleich nach dem Gastgeber das Wort ergreifen zu dürfen. Damit wurde die chinesisch-russische Annäherung unterstrichen, die sich seit dem westlichen Russlandboykott im Gefolge der Ukrainekrise beschleunigt hat. »Der Protektionismus ist inzwischen zur Regel geworden«, beklagte Putin mit Blick auf die US-amerikanischen und europäischen Sanktionen. »Eine verkappte Form sind die einseitigen und illegitimen Restriktionen, vor allem bei der Weitergabe von Technologien.«

Obwohl sich Russland und China in der Kritik an der US-Hegemonie einig sind, kam die Vorzugsbehandlung für Russland völlig unerwartet. Denn in Moskau herrschte anfangs erhebliches Misstrauen gegenüber dem chinesischen Projekt »One Belt, One Road«, das auf die traditionelle russische Einflusszone in Zentralasien zielt.

Peking ist vor allem daran interessiert, den Handel mit Europa zu sichern, der gegenwärtig zu 95 Prozent über das Meer abgewickelt wird. China fürchtet eine Handelsblockade im Fall eines Konflikts mit den USA und deren zahlreichen Verbündeten in der Region: Japan, Südkorea, Taiwan, Thailand, Australien. Deshalb will man alternative Landwege durch Zentralasien schaffen. Dabei fördern die Chinesen den Gütertransport auf der Schiene, der schneller ist als mit dem Schiff und billiger als mit dem Flugzeug. Bisher läuft der Güterverkehr vor allem über die russische Transsibirische Eisenbahn. Inzwischen wurden kürzere Teilstrecken in Kasachstan fertiggestellt, was den Transport nach Europa beschleunigt.

Heute ist die Bahnfracht im Schnitt 14 Tage unterwegs, der Seetransport über den Suezkanal dauert dagegen 40 bis 45 Tage. Dafür ist der Bahntransport fast doppelt so teuer,[1] da ein Schiff so viel befördert wie 250 Züge. Die Schiene verbindet schon heute mehrere chinesische und europäische Städte: Chengdu mit Łódź, Chongqing und Zhengzhou mit Duisburg und Hamburg, Wuhan mit Lyon, Yiwu mit Madrid und seit Anfang 2017 Yiwu mit London.[2] Die Bahn befördert bisher nur rund 2 Prozent des Transportvolumens zwischen China und Europa, das von ihr transportierte Volumen wuchs aber 2013 und 2016 um jährlich 65 Prozent.[3]

Russland setzt auf eine Steigerung des Handelsvolumens, zumal die neuen Trassen, die China mit acht der neun europäischen Zielorte verbinden, über russisches Territorium verlaufen. 2015 erhielt Russland von China einen Kredit von 400 Milliarden Rubel (5,9 Milliarden Euro) für den Bau einer Schnellzugstrecke zwischen Moskau und Kasan, die bis in die chinesische Hauptstadt verlängert werden kann.

Am 4. Juli 2017 verständigten sich Moskau und Peking auf die Förderung des Seeverkehrs über eine »Seidenstraße des Eises«, also die Schiffsroute entlang der russischen Arktisküste zu den Häfen Nordeuropas. Die Fahrzeit wäre zwar um 12 Tage kürzer als auf der Suezkanal-Route, aber der Nachteil wäre, dass die Passage nicht ganzjährig eisfrei und die Navigation unsicher ist. Da aber die Erderwärmung die Eisschmelze am Nordpol beschleunigt, könnte auch dieses – ohnehin langfristig gedachte – Projekt eines Tages realisiert werden.

Die Initiative Chinas traf in Moskau, trotz der verlockenden Investitionsaussichten, zunächst auf Skepsis. Man hatte Angst, von der chinesischen Wirtschaftsmacht erdrückt zu werden. »Russland war gegenüber China lange unentschlossen«, erläutert Mathieu Boulègue, Kenner des postsowjetischen Raums und Analyst der Beratungsfirma Aesma. »Soll man sich öffnen und auf den Wettbewerb einlassen oder sich abschotten und Widerstand leisten? Wenn die Zusammenarbeit zu weit geht, läuft Russland nämlich Gefahr, nur noch als Transitland oder Rohstofflieferant zu zählen.«

Der bilaterale Handel wächst seit Beginn der 2000er Jahre stetig, aber mit ihm auch das Ungleichgewicht: 2015 machten Rohstoffe fast 80 Prozent der russischen Exporte nach China aus, während China vorwiegend verarbeitete Produkte wie Maschinen und Ausrüstungen (37 Prozent), Chemikalien (10 Prozent) oder Textilien (6 Prozent) nach Russland exportierte.

Zudem verkoppelt Peking seine Investitionen mit Vereinbarungen über wirtschaftliche, politische und militärische Zusammenarbeit. Die aber könnten dem russischen Projekt einer regionalen Integration ehemaliger Sowjetrepubliken in Zentralasien und Europa in der Eurasischen Wirtschaftsunion (EAWU) zuwiderlaufen.[4]

Dennoch ließ Moskau im Mai 2015 bei einem Besuch des chinesischen Präsidenten verlauten, beide Projekte könnten sich ergänzen. Damit wollte man, vermutet Boulègue, dem Westen beweisen, dass Russland nicht isoliert ist. Kurz zuvor hatten die meisten EU-Staaten wie auch US-Präsident Obama aus Protest gegen Russlands Ukraine-Politik ihre Beteiligung an den Moskauer Gedenkfeierlichkeiten zum 70. Jahrestag des Sieges der Alliierten über Nazideutschland abgesagt.

Dagegen ist China laut Boulègue »intelligent genug, Russland von gleich zu gleich zu begegnen«. Allerdings betrachtet Moskau, so die Einschätzung der International Crisis Group, »seine kulturellen, militärischen und sprachlichen Verbindungen zu den Staaten der EAWU als Versicherung gegen exzessive Ambitionen Chinas«.[5]

Nun steht also die Koordinierung der Projekte an. Bei ihrem Treffen im Juli 2017 beschlossen die beiden Präsidenten die Gründung eines gemeinsamen Investitionsfonds von 10 Milliarden Dollar für die Finanzierung gemeinsamer Projekte. Außerdem haben sie Gespräche über eine Freihandelszone begonnen. Schon 2016 hatte Putin vorgeschlagen, die EAWU für andere Partner und insbesondere China zu öffnen.

Obwohl die Wege von China nach Europa durch die Weiten Russlands führen, gibt es auch alternative Routen, die das russische Territorium nicht berühren. Im Januar 2016 schickte die Ukraine einen ersten Containerzug vom Schwarzmeerhafen Illitschiwsk (seit 2016 Tschornomorsk) bis in die kasachische Stadt Dostyk an der chinesischen Grenze. Die Fahrt dauerte zwei Wochen und führte durch Georgien, Aserbaidschan und Kasachstan, wobei die Überquerung des Schwarzen und des Kaspischen Meers ein zweimaliges Umladen erforderte. Diese Route könnte auch für China interessant sein. Gegenwärtig finanziert Peking bei der Bahnlinie, die China mit dem Kaspischen Meer verbindet, die Modernisierung des Abschnitts zwischen Korgas und Aqtau.

Für Russland dient die Zusammenarbeit mit China weniger dem Ziel, sich als Transitland anzubieten. »Wichtiger ist für den Kreml, die Aktivitäten Pekings im Hinblick auf die Nachbarländer in Zentralasien und im Kaukasus unter Kontrolle zu halten«, meint der Zentralasien-Experte David Teurtrie. Aber Moskau verfolgt auch verschiedene Pläne, um Osteuropa zu umgehen. Nach der Reaktivierung des alten Belkomur-Projekts, also der Arktisroute für Handelsschiffe, durch den Bau eines Containerhafens in Archangelsk oder Murmansk möchte die EAWU den Hafen von Sankt Petersburg zum Anlaufpunkt für die chinesischen Bahnstrecken machen.

Nach den EAWU-Plänen ist als Endstation der schon weitgehend modernisierte Hafen von Ust-Luga[6] vorgesehen, der in diverse Trassen der Seidenstraße integriert werden soll. China interessiert sich durchaus für diesen Streckenverlauf und hat in Sankt Petersburg bereits in verschiedene Hafen-, Industrie- und Universitätsprojekte investiert, darunter in den großen Immobilienkomplex »Perle der Ostsee«.

Die Strategen in Peking setzen offenbar auf möglichst viele alternative Routen. Und Russland scheint erkannt zu haben, dass es geschickt agieren muss, wenn es im globalen Megaprojekt des Nachbarlands nicht in eine Nebenrolle gedrängt werden will.

Aus dem Französischen von Claudia Steinitz

1 Gabor Debreczeni, *The New Eurasian Land Bridge. Opportunities for China, Europe, and Central Asia*, London (The Public Sphere) 2015.
2 Kevin Smith, »China-Europe rail freight continues to soar«, *International Railway Journal*, New York, April 2017.
3 »China-Europe rail freight poses a growing threat to air cargo«, *Railway Gazette*, Sutton, Großbritannien, 16. März 2017.
4 Siehe Régis Genté, » Zentralasien, Region unter Einfluss«, *Le Monde diplomatique*, Dezember 2014.
5 »Central Asia's Silk Road rivalries«, International Crisis Group, Bericht Nr. 245, Brüssel, 27. Juli 2017.
6 Der multimodale Hafen in der Oblast Leningrad liegt etwa 100 Kilometer von Sankt Petersburg entfernt.

Erstmals erschienen in *Le Monde diplomatique* vom September 2017.

Rationale Planung, lenkende Hände

In der kapitalistischen Volksrepublik steuert der Staat immer noch die Wirtschaft – trotz Globalisierung

Von Philip S. Golub

China spielt heute in der Weltwirtschaft eine zentrale Rolle. Das war nicht immer so. Im 19. Jahrhundert begann für das Riesenland eine lange Phase des Niedergangs, die zwei Ursachen hatte: zum einen der Druck der europäischen Kolonialmächte und später Japans, zum anderen der innere Zerfall aufgrund von Hungersnöten, Naturkatastrophen und Aufständen.

Nach der Gründung der Volksrepublik 1949 folgte unter Mao Zedong eine Zeit der Quasi-Autarkie, die bis 1976 andauerte. Mit der Rückkehr ins Zentrum des globalen Wirtschaftssystems gewinnt China nun die Stellung zurück, die es schon im 18. Jahrhundert, vor dem globalen Auseinanderdriften von Ost und West beziehungsweise Nord und Süd, eingenommen hatte.

Chinas Wiederaufstieg, der dem demografischen Gewicht des Landes entspricht, hat weitreichende politische und strategische Auswirkungen. Davon zeugen die Gebietsansprüche im Südchinesischen Meer, das wachsende Militärpotenzial, die Erschließung neuer Seehandelsrouten und interkontinentaler Verkehrskorridore zu Land.[1] Hinzu kommt die Rolle Chinas bei der Schaffung neuer übernationaler Institutionen der Wirtschaftsförderung, wie der Asian International Investment Bank (AIIB) oder der New Development Bank (NDB). Kurzum: Bei der Neugewichtung der politisch-ökonomischen Kräfteverhältnisse, die die künftige Weltordnung bestimmen wird, spielt China eine Schlüsselrolle.

Diese Veränderungen werfen die Frage auf, wie viel Autonomie dem Staat im Rahmen des Globalisierungsprozesses noch bleibt. Bislang herrschte die Einschätzung vor, der Staat werde aufgrund der Internationalisierung der ökonomischen Prozesse und der Verdichtung von Zeit und Raum von der rasanten Entwicklung der neuen Medien überwältigt und im Grunde seiner Souveränität wie seiner Interventionsmöglichkeiten beraubt.

Diese These gibt es in einer liberalen Version, die lautet: Der moderne Nationalstaat wie auch das zwischenstaatliche System, das mit dem Westfälischen Frieden von 1648 entstanden ist, haben demnach eine postinternationale oder postmoderne Gestalt angenommen, deren Hauptmerkmal die Verlagerung der Macht auf private Akteure und »Global Governance«-Institutionen ist.

Nach den unterschiedlichen neomarxistischen Versionen dieser These ist seit 1991 wieder eine globale Sphäre für die erweiterte kapitalistische Akkumulation entstanden, weshalb die Nationalstaaten (teilweise oder vollständig) der Kapitalverwertung unterworfen sind. Diese wird von dominierenden transnationalen Akteuren vorgegeben, die heute eine transnationale herrschende Klasse darstellen. Deren Interessen und Einschätzungen sind – bei allen kulturellen oder nationalen Unterschieden – weitgehend dieselben. Daraus wird entweder gefolgert, dass der Staat im Prozess der kapitalistischen Internationalisierung nur noch einer von mehreren Akteuren sei, oder aber, dass die neu entstandenen Abhängigkeitsstrukturen seine Autonomie beseitigt haben.

Das Beispiel China stellt solche Theorien infrage. Denn hier geht die Entwicklung in eine andere Richtung. Selbstverständlich übt die Globalisierung einen systemischen Druck auf alle Gesellschaften und Staaten aus. Und manche können dem Druck des Weltmarkts, der nach der Logik der globalen Ausbreitung des Kapitalismus funktioniert, schlicht nicht standhalten.

Chinas Partei- und Staatschef Xi Jinping (vorn mitte) während der Eröffnungszeremonie des 19. Parteikongresses der Kommunistischen Partei Chinas, Peking, 18. Oktober 2017. NG HAN GUAN | AP

Viele Länder des globalen Südens haben sich jedoch auf einer unteren Position in der neuen internationalen Arbeitsteilung gehalten. Sie sind entweder Rohstofflieferanten (etwa Subsahara-Afrika) oder Lieferanten von Arbeitskräften (Philippinen, Mexiko, Bangladesch); oder sie beschränken sich auf Branchen mit geringer Wertschöpfung wie die Textilindustrie (Kambodscha, Bangladesch, Indien) und die Montage von elektrischen oder elektronischen Geräten, wobei die Komponenten mit höherer Wertschöpfung in anderen Zentren der transnationalen Produktion hergestellt werden.

Die Eingliederung in die globalisierten Strukturen hatte allerdings nicht überall dieselbe Wirkung: Die Internationalisierung der Produktion und der Warenströme führte zu einem geografisch ausdifferenzierten Wachstum, wobei bestimmte Staaten große absolute und relative Gewinne einfahren, während andere unterentwickelt bleiben oder stagnieren.

Diese Unterschiede rühren unter anderem daher, dass die globale Ausbreitung des Kapitals sich im Rahmen bestimmter politischer Gemeinschaften und unterschiedlicher, historisch gewachsener institutioneller Systeme vollzieht. Dabei verstärkt die Internationalisierung die Abhängigkeit und Verletzlichkeit der Länder mit schwachem staatlichem Potenzial. Andererseits kann sie aber auch eine relative Autonomie fördern und die Macht einzelner Länder vergrößern, wenn es ihnen gelingt, den Weltmarkt für sich zu nutzen und den internationalen Handel im Sinne ihrer eigenen ökonomischen Entwicklung zu kanalisieren (siehe Japan, Südkorea, Taiwan, Singapur oder auch Malaysia).

China war mit dieser Strategie besonders erfolgreich. Sein steiler ökonomischer Aufschwung seit den 1980er Jahren ist umso bemerkenswerter, als das Land Ende der 1970er Jahre in einer tiefen politischen, ökonomischen und sozialen Krise steckte. Damals war es unvorstellbar, dass China binnen weniger Jahrzehnte eine der größten Volkswirtschaften der Welt sein würde, die den internationalen Konkurrenten die Bedingungen diktieren kann – und nicht umgekehrt. Es sah vielmehr so aus, als stehe in China ein Systemzusammenbruch bevor, wie ihn die UdSSR 1990 erlebt hatte.

Im Gegensatz zur KPdSU, die notwendige ökonomische und gesellschaftliche Entwicklungen zu spät vorantrieb, konnten Staat und Partei in China den Zusammenbruch der Ökonomie und des Staats verhindern. Sie vollzogen rechtzeitig die Transformation vom Totalitarismus zu einem »rationalen Autoritarismus«[2] und von einer autarken Kommandowirtschaft zu einer gelenkten Marktwirtschaft, die Schritt für Schritt zunächst in die regionalen und dann in die globalen Märkte integriert wurde.

Die Post-Mao-Führung betrieb ein nationalistisches Modernisierungsprogramm. Das Streben nach Patriotismus, Wohlstand und Einfluss knüpfte an die »Selbststärkungskampagne« an, mit der ein Teil der Elite im späten 19. Jahrhunderts das Land (nach dem Vorbild der Meiji-Reformen in Japan) von oben modernisieren wollte, um die Macht der ausländischen Imperialisten zu begrenzen.

Auf der Suche nach einem dritten Weg zwischen westlichem Kapitalismus und rigider maoistischer Planwirtschaft richtete sie den Blick gen Osten: auf dirigistische Modelle, mit denen man eine Wachstumsdynamik erzeugen und die Befehlsökonomie überwinden konnte, ohne die Macht und Autorität von Staat und Partei aufzugeben.

Der Übergang zum gelenkten Kapitalismus wurde durch die Erfahrung der kapitalistischen Entwicklungsländer in der Region beeinflusst, die in der Zeit des Kalten Kriegs einen enormen Boom erlebt hatten. Nachdem Deng Xiaoping 1978 Japan und Singapur besucht hatte, übernahmen und modifizierten die chinesischen Planer die Ansätze und Erfahrungen Japans, das aus ihrer Sicht den chinesischen Bedingungen viel näher und angemessener waren als der westliche Kurs.

Japan hatte mit der administrativen Steuerung und indikativen Planung der Volkswirtschaft – die lediglich Empfehlungen bezüglich des gewünschten Verhaltens der Wirtschaftssubjekte gibt, statt es imperativ vorzuschreiben – große Erfolge erzielt. Diese Methoden, die in den 1960er und 1970er Jahren auch die ostasiatischen Schwellenländer Südkorea, Taiwan und Singapur für sich abgewandelt und übernommen hatten, fand die durch eine lange kommunistische und präkommunistische Staatstradition geprägte chinesische Führung besonders attraktiv.

> Für die chinesische Führung lautete die zentrale Frage: Wie kann man eine Liberalisierung einleiten und Märkte schaffen, ohne die politische Kontrolle zu verlieren?

In dieser Einschätzung wurde China von japanischen Ökonomen und Planern bestärkt, die in den 1980er Jahren einen regen Gedankenaustausch mit ihren chinesischen Kollegen pflegten. Die Japaner betonten dabei die Unterschiede zwischen dem neoklassischen, liberalen, regulierenden Staat nach englischem oder US-amerikanischem Modell und dem japanischen Entwicklungsstaat: einem »regulären kapitalistischen Staat mit einer dezidierten Wirtschaftspolitik, in der die staatliche Steuerung der Märkte eine unentbehrliche Rolle spielt«.[3]

Diese Unterscheidung bestimmte die innovativen Studien des US-amerikanischen Asienexperten Chalmers Johnson aus den frühen 1980er Jahren.[4] Er betont die Unterschiede zwischen der bürokratischen Rationalität des asiatischen kapitalistischen Entwicklungsstaats und sowohl der neoklassischen Theorie und Praxis, die von nach Nutzenmaximierung strebenden Individuen ausgeht, als auch der starren kommunistischen Kommandowirtschaft.

Der asiatische Entwicklungsstaat setzt auf rationale Planung und eine »lenkende Hand«, die aber die Märkte keineswegs abschafft. Allerdings bestimmt er die langfristigen Ziele, indem er strategische Branchen begünstigt oder neu schafft. Sein wichtigstes Werkzeug sind dabei Rahmeninstitutionen und Interventionsinstrumente, die auf die jeweiligen Phasen der Industrialisierung abgestimmt sind.

Dieses Modell ähnelt stark dem Dirigismus, der in Frankreich gleich nach 1945 praktiziert wurde, bemerkt der französische Ökonom Robert Boyer. Damals wurde die industrielle Dynamik maßgeblich bestimmt durch »die Rolle des Staats bei der Erneuerung der Infrastrukturen, bei der Ankurbelung der Massenproduktion durch Verstaatlichung, bei der Kontrolle des Kreditwesens durch verstaatlichte Banken wie die Banque de France und schließlich durch einen einmaligen Ausbau der sozialen Sicherung nicht nur bei den Renten- und Krankenkassen, sondern auch durch eine soziale Bildungs- und Wohnungsbaupolitik«.[5]

Für die chinesische Führung lautete die zentrale Frage: Wie kann man eine Liberalisierung einleiten und Märkte schaffen, ohne die politische Kontrolle zu verlieren? Wie kann man Chinas Wirtschaft für die Welt öffnen, ohne ihre Autonomie aufzugeben? Und wie lässt sich verhindern, dass in den Wirtschaftsbeziehungen am Ende die typische Nord-Süd-Asymmetrie entsteht?

In der ersten Phase des Übergangs (von der Ankündigung von Reformen 1978 bis zur blutigen Repression auf dem Tiananmenplatz 1989) vollzog sich die politische Öffnung nur vorsichtig und schrittweise. In den seit jeher nach außen orientierten, küstennahen Provinzen wurden bereits 1979 Sonderwirtschaftszonen geschaffen. Diese zogen in den 1980er Jahren immer mehr private internationale Investitionen aus Asien an, zunächst aus der chinesischen Diaspora und dann aus Japan. Die Investoren aus Hongkong, Macao, Taiwan und Singapur konzentrierten sich auf arbeitsintensive und technologisch anspruchslose Industriezweige (Textilien, Spielwaren, Plastikprodukte).

Damit kam eine lokale Wachstumsdynamik in Gang, die sich rasch beschleunigte. Die japanischen Investitionen im verarbeitenden Sektor flossen zur Hälfte in Joint Ventures, die sowohl für den chinesischen Markt als auch für das asiatische Ausland produzierten. Ab 1985 nahm ihre Bedeutung ständig zu: Ihr Anteil an den gesamten japanischen Investitionen in Ostasien stieg binnen zehn Jahren von 4,5 auf 44,7 Prozent. Das Kapital aus Japan und den asiatischen Tigerstaaten floss vor allem in den exportorientierten verarbeitenden Sektor. Das Ergebnis war eine starke Integration von Südchina in die Wirtschaftsordnung Ostasiens, die bis heute von Japan dominiert wird.

Eine weitere wichtige Entwicklung setzte in den 1990er Jahren ein, nachdem die Machtkämpfe im Gefolge der Studentenproteste auf dem Tiananmenplatz und ihrer gewaltsamen Niederschlagung das Land drei Jahre lang gelähmt hatten.

In den 1990er Jahren beschleunigten und vertieften die mächtigen Leute um Deng die liberale Umgestaltung und die stärkere Ausrichtung der chinesischen Wirtschaft auf die globale und nicht nur die regionale Ebene. Diese Entscheidung wurde durch weltpolitische Ereignisse beeinflusst: den Zerfall der Sowjetunion, den Golfkrieg von 1990/91 und die Stagnation in Japan nach der asiatischen Finanz- und Wirtschaftskrise von 1997/98.

All diese Entwicklungen festigten zugleich die Vormachtstellung der USA. In dieser neuen Situation entschloss sich China, in den Worten Dengs, »den wirtschaftlichen Aufbau fortzusetzen und auf dieser Linie weiterzumachen, wenn es nicht zu einem großangelegten ausländischen Überfall kommt«.[6] Für ihn blieb die Integration in die globale kapitalistische Ökonomie die zentrale Aufgabe für sein Land – was freilich auf die Notwendigkeit hinauslief, ein friedliches Verhältnis zu den USA aufzubauen.

1992 unterzeichnete Peking eine Vereinbarung mit Washington über Zolltarife, Patente und Urheberrechte. Aus Sicht der USA eröffnete die Eingliederung Chinas in die Weltwirtschaft neue und weite Investitionsfelder – zugleich aber auch Möglichkeiten, Einfluss auf den ökonomischen und politischen Kurs des Landes zu nehmen.

China stand damit vor demselben Problem wie alle Staaten des globalen Südens: Soll man die ökonomische Entwicklung vorantreiben, indem man auf den Weltmarkt drängt, wo internationale

Konzerne das Sagen haben und wo die seit jeher mächtigen Staaten die Regeln und Strukturen bestimmen?

Das Hauptmotiv für die Öffnung war die Aussicht gewesen, sich neue Technologien anzueignen. 1980 hatte Deng verkündet: »Die Technologie, die Wissenschaft und sogar die hoch entwickelte Organisation der Produktion, die auch eine Art Wissenschaft ist, werden in jeder Gesellschaft, in jedem Land nützlich sein. Wir haben die Absicht, technologische, wissenschaftliche und Managementkompetenzen zu erwerben, um unserer sozialistischen Produktion zu dienen.«[7]

Allerdings wurden China beim Beitritt zur Welthandelsorganisation (WTO) im Dezember 2011 strengere Bedingungen auferlegt als zuvor anderen Ländern. Zum Beispiel hatten Japan, Südkorea und Taiwan ihre dirigistische Politik fortsetzen und damit ihre nationalen Märkte schützen können. China hingegen musste seinen Markt – unter gewissen Bedingungen – für ausländische Investoren öffnen, die sich entweder direkt oder über Beteiligungen an Joint Ventures engagieren konnten. Die Direktinvestitionen ausländischer Unternehmen in China lagen im Zeitraum 1984 bis 1989 bei durchschnittlich 2,2 Milliarden Dollar im Jahr, stiegen im Zeitraum 1992 bis 2000 bereits auf 30,8 Milliarden Dollar und erreichten im Zeitraum von 2000 bis 2013 die 170-Milliarden-Dollar-Grenze.

In den 1990er Jahren brachten die Investitionen im Hinblick auf Technologietransfer und Wertschöpfung nicht die erwarteten Ergebnisse. Die Effekte für die nationale Wirtschaft blieben bescheiden. Das lag unter anderem daran, dass der Großteil der Gewinne bei den »geistigen Eigentümern« von Lizenzrechten hängen blieb. Damals verkündeten skeptische Stimmen bereits das Scheitern des staatlichen Modernisierungsprogramms.

Eine grundlegende Kritik an der Post-Mao-Führung hat der an der London School of Economics lehrende Jianyong Yue formuliert. Für ihn hat das Zusammenwirken von chinesischem Marktsozialismus und globalem Kapitalismus einen »sich selbst verstärkenden Prozess eingeleitet, der China auf einen Entwicklungspfad drängt und beschränkt, der durch eine Industrialisierung ohne technologischen Fortschritt gekennzeichnet ist«.[8] Solche Bedenken sind bis heute aktuell, wobei es in den letzten 15 Jahren Kurskorrekturen gab: Unter Staatspräsident Hu Jintao und seinem Ministerpräsidenten Wen Jiabao (2002–2012) wurde eine ehrgeizige Industriepolitik auf Basis mehrjähriger branchenübergreifender zentralisierter Programme betrieben; hinzu kamen gewaltige Anstrengungen »einer Orientierung und umfassenden Koordinierung der industriellen und technologischen Modernisierung Chinas«.[9]

Dank der Schaffung eines weit gespannten Netzes von Institutionen für Forschung und Entwicklung (F&E) erhöhte sich der Anteil von F&E-Ausgaben am Bruttoinlandsprodukt zwischen 1995 und 2012 von 0,5 auf 1,98 Prozent und erreichte damit den Durchschnittswert der OECD-Länder. Bei den Patentanmeldungen liegt China heute weltweit an vierter Stelle, hinter den USA, Japan und der EU.

Das britische Wirtschaftsmagazin *The Economist* beklagte vor fünf Jahren, der in den 1990er Jahren verzeichnete »Rückzug des Staats« habe sich verlangsamt oder gar ins Gegenteil verkehrt. Die neuerliche »Zentralisierung der Industrie- und Technologiepolitik« betreffe vor allem Schlüsselsektoren wie Energie und Telekommunikation, den Schiffsbau oder den Ausbau der Schienennetze für Hochgeschwindigkeitszüge.[10]

Auch in der Rangliste der Wertschöpfung klettert China immer weiter nach oben. Gary Gereffi, Analyst der globalen Wertschöpfungsketten und der Internationalisierung der Produktion, schrieb schon 2014, die wachsende Bedeutung alternativer Zentren für ökonomische und politische Macht« sowie das Ende des Washington Consensus (Liberalisierung, Privatisierung, Deregulierung) bedeute einen Systemwechsel.

Aufgrund der »geografischen Konsolidierung und neu entstandener Zentren der Wertschöpfung« verschiebe sich die Balance zwischen internationalen Konzernen und einigen großen aufstrebenden Staaten. Als künftige Wachstumspole der Weltwirtschaft identifiziert er »eine zunehmende Anzahl aufsteigender Mächte, die sowohl über relativ stabile nationale Märkte, qualifizierte Arbeitskräfte und kompetente Hersteller verfügen als auch einen Drang zu eigenständiger Innovation entwickeln«.

Nach Gereffi haben diese Länder nicht nur ihre Position innerhalb der Wertschöpfungskette verbessert, sondern auch den Übergang von einer auf externe Nachfrage gestützten Industrialisierung zu einem Modell geschafft, das sich auf die Binnennachfrage und regionale Märkte konzentriert.[11] Dazu passt, dass China seit ein paar Jahren versucht, seine Währung Renminbi (oder Yuan) zu internationalisieren, um so seine Finanzierungsquellen diversifizieren und sich aus der Abhängigkeit vom Dollar lösen zu können.

Mithilfe eines starken Entwicklungsstaats, der in einer langen Tradition bürokratischer Strukturen wurzelt, bemüht sich China seit über hundert Jahren, sein altes Modernisierungsprojekt zu verwirklichen. In schwächeren Ländern muss sich die Politik auf die Rolle eines »Agenten der Anpassung der nationalen Ökonomie an die Bedürfnisse der Weltökonomie«[12] beschränken. Der chinesische Staat hingegen hat es verstanden, sich in die Weltwirtschaft zu integrieren und dennoch seine Autonomie einigermaßen zu bewahren – wenn auch um den Preis großer sozialer Spannungen und Umweltbelastungen. Das Beispiel China sollte uns – obwohl es kaum wiederholbar ist – dazu bringen, die Rolle des Staats in der globalisierten Welt zu überdenken.

Aus dem Französischen von Claudia Steinitz

1 Siehe Seite 16 in diesem Heft: Sebastian Heilmann und Jan Gaspers, »Das riskante Jahrhundertprojekt«.
2 Vgl. Peter Nolan, *Transforming China: Globalization, Transition and Development,* London (Anthem Press) 2004.
3 Sebastian Heilmann und Lea Shih, »The rise of industrial policy in China, 1978–2012«, Harvard-Yenching Institute Working Paper Series, 2013.
4 Chalmers Johnson, *MITI and the Japanese Miracle: The Growth of Industrial Policy,* Stanford (SUP) 1982.
5 Robert Boyer, »Heurs et malheurs de l'industrie française: 1945–1995. Essor et crise d'une variante étatique du modèle fordiste«, Centre pour la recherche économique et ses applications (Cepremap), Paris 1998.
6 Zitiert in Suisheng Zhao, »Deng Xiaoping's southern tour: Elite politics in post-Tiananmen China«, *Asian Survey,* Berkeley, August 1993.
7 Zitiert in Yasheng Huang, »The role of foreign-invested enterprises in the Chinese economy: An institutional foundation approach«, in: Shuxun Chen und Charles Wolf (Hg.), *China, the United States and the Global Economy,* Santa Monica (Rand Corporation) 2001.
8 Jianyong Yue, »Dilemma of national development in globalization: The politics behind China's accession to the WTO«, PHD-Dissertation, London School of Economics, 2011.
9 Heilmann und Shih, siehe Anmerkung 3.
10 »State-owned enterprises: The state advances«, *The Economist,* London, 19. Oktober 2012.
11 Gary Gereffi, »Global value chains in a post-Washington consensus world«, *Review of International Political Economy,* Heft 1, 2014.
12 Gregory Chin, »Between ›outside-in‹ and ›inside-out‹: The internationalization of the Chinese state«, in: David Zweig und Chen Zhimin (Hg.), *China's Reforms and International Political Economy,* New York (Routledge) 2007.

Erstmals erschienen in *Le Monde diplomatique* vom Dezember 2017.

Mit Kalligraphie und Kalkül

Die Konfuzius-Institute tragen als Joint Ventures die chinesische Kultur in die Welt und betreiben Imagepflege im Sinne der Parteiführung

Von Sven Hansen

»Wunschlos glücklich. China im Glück – Glück in China« lautete der Titel einer Fotoausstellung, zu der das Konfuzius-Institut an der Freien Universität Berlin zum »Internationalen Tag der Konfuzius-Institute« eingeladen hatte. Dieser 23. September 2017 stand unter dem Motto »Glück und Glückssymbolik«. An dem Tag gab es im Institut im Stadtteil Dahlem auch einen Löwentanz, chinesische Kalligraphie, Qigong und Tai Chi zum Mitmachen, dazu eine Teezeremonie, einen Vortrag über das Glück in der Peking-Oper sowie Chinesisch-Schnupperunterricht für Kinder und Erwachsene.

Benannt nach Chinas bedeutendstem Philosophen, der von 551 bis 479 v. Chr. lebte und eine auf Hierarchie und Harmonie aufbauende Morallehre schuf, sind die Konfuzius-Institute heute das freundliche Gesicht der Volksrepublik im Ausland. Die Idee zu den Instituten soll auf Lu Qiutian zurückgehen, der von 1997 bis 2001 Botschafter in Deutschland war. Sie wurden ab 2004 mit dem ersten in Südkoreas Hauptstadt Seoul weltweit gegründet, also noch zu Regierungszeiten Hu Jintaos. Inzwischen gibt es 525 Institute in 92 Ländern, hinzu kommen mehrere hundert Konfuzius-Klassen an den Gymnasien. Die meisten Institute gibt es in den USA (101), in Deutschland sind es 19.[1]

Die Konfuzius-Institute versuchen über die Vermittlung der chinesischen Sprache und Kultur die Volksrepublik in einem positiven Licht zu zeigen. Nach den Worten von Li Changchun, der von 2002 bis 2012 als oberster Propagandachef Mitglied im Ständigen Ausschuss des Politbüros und damit die Nummer fünf der Parteihierarchie war, sind die Institute »ein wichtiger Teil von Chinas Propagandaapparat in Übersee«.[2]

Chinas Regierung hat wiederholt die verzerrte Darstellung des Landes in westlichen Medien beklagt. Dem »verfälschten« Blick wolle sie ein »realistisches« Bild entgegensetzen. Doch auch die Konfuzius-Institute vermitteln kein realistisches Bild von China, sondern geben eher die von Peking als »korrekt« definierte Sichtweise wieder.

Die Nutzung eigener Kultur- und Sprachinstitute im Ausland ist nichts Ungewöhnliches. Mit seinen 159 Goethe-Instituten in 98 Ländern wirbt auch Deutschland für die deutsche Sprache und Kultur. Ähnliches macht Großbritannien mit dem British Council, Frankreich mit den Instituts Français sowie auch andere Länder, die entsprechende Einrichtungen haben. Kulturinstitute werden in der Regel vom Entsendeland finanziert und haben die Aufgabe, für dessen Sprache, Kultur und Werte zu werben. Sie sind damit Teil der »Soft Power« und prägen das Image des jeweiligen Landes mit.

Wenn es nach der Regierung in Peking ginge, würden die Konfuzius-Institute genauso wahrgenommen werden wie die anerkannten Kulturinstitute der europäischen Staaten. Doch gibt es einen entscheidenden Unterschied: Während etwa die Goethe-Institute als eigenständige deutsche Einrichtungen im Gastgeberland erkennbar sind und allein von Deutschland verantwortet werden, sind die Konfuzius-Institute Joint Ventures an sinologischen Fakultäten der Hochschulen der Gastgeberländer. Das rückt die Institute ab vom chinesischen Einparteienstaat, der in westlichen Ländern ein schlechtes Image hat, und verleiht ihnen, zumal bei der Kooperation mit renommierten Unis, mehr Glaubwürdigkeit. Umgekehrt kann, wie Kritiker befürchten, der chinesische Staat Einfluss auf die jeweilige Bildungseinrichtung nehmen, da die Konstruktion als Joint Venture China ein Mitspracherecht gibt.

Die Konstruktion ist einmalig. Während etwa Deutschland für seine Goethe-Institute ganz allein aufkommt, werden die Kosten bei den Konfuzius-Instituten in der Regel zwischen der jeweiligen Universität des Gastgeberlands und dem chinesischen Staat geteilt. Das Gastgeberland stellt die Räume, China entsendet Lehrkräfte und -material, die Uni des Gastgeberlands stellt den Direktor, die Chinesen den Vizedirektor.

Zuständig auf chinesischer Seite ist neben der jeweiligen Partneruniversität das »Büro für chinesische Sprachausbildung«, kurz Hanban (auf Parteichinesisch: »Staatliches Führungsgruppenbüro für die internationale Verbreitung der chinesischen Sprache«). Diese dem Bildungsministerium angegliederte Behörde leiten wie üblich Parteikader, in diesem Fall aus insgesamt zwölf Ministerien und Behörden. Vorsitzende ist Liu Yandong. Sie ist Vizepremierministerin und Mitglied im Politbüro der KP. Von 2002 bis 2007 war sie Leiterin der Einheitsfrontabteilung im Zentralkomitee, die Freunde im Ausland gewinnen und Gegner isolieren soll.

Für ausländische Universitäten hat die Zusammenarbeit mehrere Vorteile. Die Konfuzius-Institute erweitern das sinologische Angebot, ermöglichen offizielle Kooperationen mit chinesischen Hochschulen und werben in Zeiten knapper Kassen Drittmittel aus China ein. In der Regel entscheiden beide Seiten gemeinsam über Veranstaltungen und Programm des jeweiligen Instituts. Im Konfliktfall hat die chinesische Seite – in Gestalt des Vizedirektors, des Hanbans oder womöglich sogar der Botschaft – das Recht, ein Veto gegen missliebige Veranstaltungen einzulegen.

»Internationaler Tag der Konfuzius-Institute« an der Autonomen Universität Yucátan, Mexiko, 22. September 2014. INSTITUTO CONFUCIO DE LA UNIVERSIDAD AUTÓNOMA DE YUCATÁN

Bisher gingen die chinesischen Verantwortlichen vorsichtig vor, um dem Eindruck vorzubeugen, sie würden Veranstaltungen an Konfuzius-Instituten zensieren. Sie machen sich meist für eher unpolitische Themen stark und halten sich mit offensiver Propaganda zurück, um ihre Partner und ihr Publikum nicht zu verschrecken. Umgekehrt versuchen deutsche Verantwortliche, Konflikte von vornherein zu vermeiden, indem sie Themen vorschlagen, die wenig Angriffsfläche bieten. Kein Wunder, dass man sich im beiderseitigen Einverständnis eher der klassischen Kalligraphie widmet als etwa der Kunst des prominenten Regimekritikers Ai Weiwei.

Generaldirektorin des »Büros für chinesische Sprachausbildung« (Hanban) Xu Lin (links).
CFAU

Zwar wurden in Konfuzius-Instituten auch schon sensible Themen angesprochen, meist dank lokaler Direktoren, die Rückgrat bewiesen. Aber das sind Ausnahmen. Veranstaltungen zu den »3 Ts« (Taiwan, Tibet, Tiananmen-Massaker) oder zur Falun Gong-Sekte, über die westliche Medien relativ oft berichten, sucht man an den Konfuzius-Instituten vergeblich. Als im Dezember 2010 der inhaftierte Schriftsteller und frühere Universitätsdozent Liu Xiaobo als erster Chinese den Friedensnobelpreis bekam, wurde dies in kaum einem Konfuzius-Institut thematisiert.

Die Konfuzius-Institute seien für Kontroversen auch gar nicht gedacht, so die Begründung ihrer Protagonisten. Solche Themen sollten besser an den sinologischen Fakultäten der Universitäten behandelt werden.[3] Doch dürfte angesichts der wachsenden Abhängigkeit der sinologischen Fakultäten und ihres Personals von chinesischen Geldern die Gefahr der Selbstzensur zunehmen. Da in vielen Fällen die Direktoren der sinologischen Fachbereiche gleichzeitig Leiter der dortigen Konfuzius-Institute sind, dürften sie wenig Interesse haben, durch Kritik im Rahmen ihrer universitären Rolle ihren Posten am Konfuzius-Institut zu gefährden.

»Das Problem ist nicht, dass China sich gut darstellen und für Chinesischunterricht zahlen will. Das Problem ist, dass es auf dem Campus präsent und an den Fakultäten und Lehranstalten angesiedelt sein will,« kritisiert Professor Robert Barnett vom Programm für moderne Tibet-Studien der New Yorker Columbia University, die ein Konfuzius-Institut beherbergt.[4]

Inzwischen haben Universitäten mehrerer Ländern die Kooperation mit dem Hanban nicht mehr verlängert und die bei ihnen angesiedelten Konfuzius-Institute geschlossen. Die Anlässe waren unterschiedlich, doch im Kern ging es stets darum, die akademische Unabhängigkeit oder demokratische Standards zu wahren. So beendete die kanadische McMaster-Universität in Hamilton (Ontario) die Zusammenarbeit, nachdem eine Angestellte des dortigen Konfuzius-Instituts erfolgreich gegen Diskriminierung geklagt hatte. Die Anhängerin der Falun-Gong-Sekte hatte ihren Glauben verbergen müssen, weil in China die ursprünglich von dort stammende Sekte im Gegensatz zu vielen anderen Ländern als »gefährlicher Kult« verboten ist. Falun-Gong-Anhänger dürfen nach den Vorgaben des Hanban nicht eingestellt werden, was nach kanadischem Recht aber diskriminierend ist.[5]

An der Universität von Chicago gab es eine große Debatte über die Gefährdung der akademischen Unabhängigkeit, als die Verlängerung der Kooperation anstand. Der in Chicago lehrende Geschichtsprofessor und Korea-Experte Bruce Cumings sagte: »Amerikanische Universitäten sollten von Regierungen, die selbst Professoren inhaftieren und ihrerseits die akademische Freiheit nicht respektieren, kein Geld und keine Förderung annehmen.«[6]

Kurz vor der Entscheidung der Universitätsleitung in Chicago war im Schanghaier KP-Blatt *Jiefang Daily* ein Interview mit der Hanban-Generaldirektorin Xu Lin erschienen. Darin erklärte sie, mit einem kurzen Anruf beim Universitätspräsidenten in Chicago ein Machtwort für die Verlängerung gesprochen zu haben. Doch das Interview, das auf die chinesische Öffentlichkeit zielte, ging nach hinten los. Die Universitätsleitung in Chicago erfuhr davon und beendete die Kooperation. Sie wollte nicht als Befehlsempfängerin Pekings dastehen.[7]

Xu Lin hatte schon zuvor für einen Eklat gesorgt, der zeigte, was passieren kann, wenn das Hanban seine Macht ausspielt. Bei der Konferenz der Europäischen Vereinigung für China-Studien (EACS), die im Juli 2014 im portugiesischen Braga stattfand und vom Hanban mitfinanziert war, hatte Xu die Konferenzunterlagen für die Teilnehmer wieder einsammeln lassen. Sie ließ daraus mehrere Seiten, die auf die taiwanische »Chiang Ching-kuo Foundation for International Scholarly Exchange« verwiesen, von chinesischen Mitarbeitern des örtlichen Konfuzius-Instituts herausreißen. Die Stiftung, die nach dem früheren Präsidenten Chiang Ching-kuo der von Peking als abtrünnige Provinz betrachteten Republik China (Taiwan) benannt ist, war wie Hanban ein Sponsor der Konferenz.

Die Zensur durch die Hanban-Chefin wurde von der EACS als Eingriff in die akademische Freiheit verurteilt. Im Dezember 2014 sprach sich daraufhin die Universität Stockholm, die als erste ein Konfuzius-Institut in Europa eingerichtet hatte, gegen den Fortbestand des Instituts an ihrer Hochschule aus. Zur Begründung sagte der Universitätskanzler: »Es ist generell fragwürdig, innerhalb der Universität ein Institut zu haben, das von der Regierung eines anderen Landes mitfinanziert wird.«[8] Auch die Universität Zürich nahm nach dem Vorfall in Portugal von ihren Plänen zur Gründung eines Konfuzius-Instituts Abstand.[9]

Von deutschen Konfuzius-Instituten sind ähnliche Versuche der Einflussnahme nicht bekannt. Bisher wurde in Deutschland auch kein Konfuzius-Institut wieder geschlossen. Allerdings kam für das in Stuttgart von der dortigen Hochschule der Medien und der Universität Hohenheim geplante und groß angekündigte Konfuzius-Institut doch nicht genug Geld von deutscher Seite zusammen, so dass die Sache wieder abgeblasen wurde.[10]

Auffällig ist, dass manche renommierten und finanziell gut ausgestatteten Universitäten von vornherein auf eine Kooperation mit dem Hanban verzichten. So fehlen in den USA, wo fast ein Fünftel aller Konfuzius-Institute weltweit angesiedelt sind, die Elitehochschulen Harvard und Princeton. Und die kalifornische Stanford University hat die vom Hanban gestellten Bedingungen angeblich abgelehnt. Da die Chinesen aber unbedingt mit der prestigeträchtigen Universität kooperieren wollten, konnte diese sich durchsetzen.[11]

Die Einrichtung der Konfuzius-Institute wirkt wie eine strategisch durchdachte Großoffensive der Regierung in Peking. Dabei sind die Institute in ihrer jetzigen Form eher zufällig entstanden. Dass sie als Joint Ventures angelegt wurden, hatte ursprünglich vor allem mit der Geldknappheit auf seiten Chinas zu tun, erklärt Falk Hartig. Der Sinologe von der Universität Frankfurt am Main hat die Konfuzius-Institute als Instrumente von Chinas Public Diplomacy in seiner Doktorarbeit gründlich untersucht.[12] Er kommt zu dem Ergebnis, dass die Institute Chinas Regierung erlaubten, ausländische Gelder für die eigene Public Diplomacy einzusetzen. Dabei sieht er auch Parallelen zur wirtschaftlichen Modernisierung der 1970er und 1980er Jahre. So wie damals für Chinas Wirtschaftsreformen gezielt ausländische Expertise über Joint Ventures ins Land geholt worden sei, greife Peking nun auch bei seiner Außendarstellung auf ausländische Experten zurück. Dies sei erfolgversprechender und glaubwürdiger.

Hartig sieht bei den Konfuzius-Instituten einen größeren Nutzen auf Seiten Pekings, weil China dadurch viel mehr Institute gründen konnte, als es sonst nach dem international üblichen Prinzip von »ein Land, ein Kulturinstitut« möglich wäre. Während Peking die Zahl ausländischer Kulturinstitute in der Volksrepublik selbst stark begrenzt, fallen die Konfuzius-Institute als Kooperationsprojekte lokaler Universitäten nicht unter die zwischenstaatlichen Abkommen für offizielle Kultureinrichtungen. Deutschland unterhält in Festland-China auch aufgrund chinesischer Restriktionen nur in Peking und Schanghai Goethe-Institute. China kann dagegen außer auf sein offizielles Kulturinstitut in Berlin auch auf die 19 Konfuzius-Institute in Deutschland zu seiner Imagewerbung bauen.

Auf die Frage eines US-Senatsausschusses an die damalige Außenministerin Hillary Clinton, warum die USA in China nur vier Kulturinstitute betrieben, China aber in den USA mehrere Dutzend, verwies sie im April 2010 auf Chinas Bereitschaft, das nötige Geld zur Verfügung zu stellen: »Chinas Regierung lässt sich die Gründung jedes Konfuzius-Institutes eine Million Dollar kosten und zahlt dann noch zwischen 100 000 bis 200 000 Dollar pro Jahr für das laufende Budget. Wir haben dieses Geld nicht.«[13] Mehrere Direktoren von Konfuzius-Instituten widersprachen den von Clinton genannten Zahlen. Doch gibt es nur wenige und veraltete Angaben darüber, was China die Institute genau kosten. Lotus Ruan nennt in Foreign Policy für 2013 die Summe von 278 Millionen Dollar.[14]

Peking setzt mit dem Sprachunterricht in den Konfuzius-Instituten, der lediglich die in der Volksrepublik üblichen Kurzzeichen vermittelt, eigene Standards. Die in Taiwan, Hongkong, Malaysia, Singapur und vielen Diasporas üblichen Langzeichen der chinesischen Schrift vermitteln die Konfuzius-Institute nicht. Ohnehin werden mit der Sprache stets auch pekingnahe Inhalte transportiert.

Erstaunlich ist, dass die Institute überhaupt nach Konfuzius benannt wurden. Der große Gelehrte war zu Zeiten Maos Zedongs verteufelt und für die Rückständigkeit des Landes verantwortlich gemacht worden. Laut Mao gehörte Konfuzius »auf den Müllhaufen der Geschichte«. Doch die Institute etwa nach Mao oder dem im Ausland beliebteren Wirtschaftsreformer Deng Xiaoping zu benennen, hätte den Zusammenhang mit der Kommunistischen Partei betont und weniger an Chinas große Kultur angeknüpft.

Hartig bezeichnet die Einrichtung der Konfuzius-Institute als »pragmatisch und strategisch smart«. Deren Wirkung sei jedoch begrenzt, solange Chinas Regierung Menschenrechtsanwälte verhafte, Medien zensiere und asiatische Nachbarländer drangsaliere.[15] Auch in China selbst gibt es Kritik, allerdings aus ganz anderen Gründen: Mit den Instituten bezahle die Volksrepublik für die Bildung ausländischer Mittelschichten, während sich in China zehn Millionen Menschen keine Bildung leisten könnten.[16]

Zweifellos sind die Konfuzius-Institute eine Bereicherung für die Gastländer. Um jedoch eine politische Einflussnahme auf Wissenschaft und akademische Lehre in den Gastländern auszuschließen – entsprechende Befürchtungen sind berechtigt –, sollten sie grundsätzlich nicht an Universitäten angesiedelt werden.

Für den Bochumer Sinologieprofessor Heiner Roetz kommen die Institute ihrer von Peking zugedachten propagandistischen Aufgabe vor allem dadurch nach, dass sie von politischen Fragen ablenken und sich ganz auf kulturelle Themen konzentrieren. Die Institute seien schon erfolgreich, so Roetz, wenn sie das »Negativbild Chinas als Land der Parteidiktatur, der Repression von Bürgerrechtlern, der Korruption und eines rohen Kapitalismus hinter einer bunten Fassade der Harmlosigkeit verstecken können.«[17] Genau diesen Zweck dürfte die eingangs erwähnte Ausstellung »Wunschlos glücklich. China im Glück – Glück in China« des Berliner Konfuzius-Institutes erfüllt haben.

1 Liste der Konfuzius-Institute: english.hanban.org/node_10 971.htm.
2 Zitiert nach: »A message from Confucius«, *Economist*, 22.Oktober 2009.
3 So argumentiert etwa der Sinologieprofessor Michael Lackner vom Vorstand des Konfuzius-Instituts Nürnberg-Erlangen laut *Süddeutscher Zeitung* vom 10.Dezember 2010.
4 Zitiert nach: *Colombia Spectator*, 11.November 2011.
5 »McMaster closing Confucius Institute over hiring issues«, *The Globe and Mail*, 7.Februar 2013.
6 Zitiert nach: »Confucius Institute protested by faculty«, *Chicago Maroon*, 2. Mai 2014.
7 Statement on the Confucius Intitute at the University of Chicago, 25. September 2014.
8 Zitiert nach: »Kontroversiellt institut läggs ned«, *Dagens Nyheter*, 19.Dezember 2014.
9 »Konfuzius im Dornröschenschlaf«, *Neue Zürcher Zeitung*, 8. August 2016.
10 »Absage für chinesisches Kulturinstitut«, *Stuttgarter Zeitung*, 3.Juni 2015.
11 »China Says Not Talking Tibet as Confucius Funds U.S. Universities«, *Bloomberg News*, 2. November 2011.
12 Falk Hartig: *Chinese Public Diplomacy. The rise of the Confucius Institute*, London/New York (Taylor and Francis) 2015.
13 Zitiert nach: »China 60, U.S. 0: Culture Centers in Other's Country«, *Washington Times*, 8. April 2010.
14 »Chinese Doubt Their Own Soft Power Venture«, *foreignpolicy.com/2014/10/17/chinese-doubt-their-own-soft-power-venture.*
15 Hartig, siehe Anmerkung 12.
16 Siehe Anmerkung 14.
17 Heiner Roetz: »Die Chinawissenschaften und die chinesischen Dissidenten: Wer betreibt die ›Komplizenschaft mit der Macht?‹«, in: *Bochumer Jahrbuch zur Ostasienforschung* 2011, S. 51.

© 2018 *Le Monde diplomatique*, Berlin

四大发明

Westliche Firmen klagen oft über chinesische Patentrechtsverletzungen, und so berechtigt das auch nach wie vor sein mag, dürften sie sich demnächst noch mehr über chinesische Patentanmeldungen ärgern: Nach den jüngsten Zahlen der Weltorganisation für geistiges Eigentum (Wipo) wurden 2016 in China 1,3 Millionen Patente beantragt – mehr als in den USA (605 571), Japan (318 381), Südkorea (208 830) und Europa (159 358) zusammen. Gegenüber dem Vorjahr verzeichnete China einen Anstieg um 21,5 Prozent. Zwar liegt es bei den Patentanmeldungen pro Kopf immer noch hinter den anderen genannten Staaten und Regionen. Doch China ist längst wieder auf dem Weg zu der Erfindernation, die es einmal war.
Vor allem vier Erfindungen aus dem alten China haben die Welt geprägt, ohne dass es damals schon den Begriff des Geistigen Eigentums oder Patentrechte gab: Kompass, Papier, Schwarzpulver und Drucktechnik. Als weitere Erfindungen von Chinesen gelten etwa Nudeln, die Schubkarre, das Schmelzen und Legieren von Metallen, Seidenweberei und Porzellanherstellung.

指南针
Kompass

Nachdem man festgestellt hatte, dass sich Splitter von Magneteisenstein stets in Nord-Süd-Richtung drehen, sollen Magneten in China bereits im 4. Jahrhundert zur Erkennung von Himmelsrichtungen genutzt worden sein. So wurde der Si'nan genannte Magnetkompass erfunden, was so viel heißt wie »die Südrichtung anzeigen«. Bei Hellsehern und Anhängern der taoistischen Harmonielehre Feng Shui soll der Si'nan als Erstes zum Einsatz gekommen sein.

Hinweise darauf, dass dieser neue »Südweiser« zur Orientierung und Navigation benutzt wurde, finden sich erstmals in Aufzeichnungen aus den Jahren 1040 bis 1044. Demnach handelte es sich um eine eisenhaltige Figur in der Form eines Goldfisches, die in einer Schale schwimmend (daher auch der Name »nasser Kompass«) stets nach Süden zeigte.

Der Kompass ermöglichte die Orientierung auch bei Nacht oder stark bewölktem Himmel, was für die Schifffahrt und Kriegsführung revolutionäre Folgen haben sollte. Der Beamte Shen Kuo, der als der bedeutendste Wissenschaftler der Song-Dynastie (960–1279) gilt, hat den Kompassbau erstmals 1088 en detail beschrieben und perfektioniert, indem er den Kompass in 24 Richtungen einteilte.

In der darauffolgenden Yuan-Dynastie (1279–1368) wurde auch der sogenannte trockene Kompass genutzt, eine aufgehängte, frei drehende magnetische Nadel, die gen Norden zeigt. Doch setzte sich diese Kompassart in China im Unterschied zu anderen Ländern lange nicht durch. Erst als der trockene Kompass im 16. Jahrhundert über Japan, wo ihn Piraten von den Europäern übernommen hatten, wieder nach China zurückgekehrt war, setzte er sich auch dort allmählich durch.

Sven Hansen

Rekonstruktion eines Löffelkompasses (Si'nan).
JINFENG ZHANG | DREAMSTIME

造纸术
Papier

Die Herstellung von Papier im modernen Sinn gilt als zweitälteste chinesische Erfindung, die auf das zweite Jahrhundert v. Chr. zurückgeht. Zuvor waren Papyrus, Pergament, Knochen sowie Wachs-, Bambus- und Schiefertafeln als Schriftträger verwendet worden. Das erste »Papier«, das die Ägypter um 3000 v. Chr. aus Sumpfgras (Papyrus) hergestellt haben, hat mit unserem heutigen Papier nur wenig gemein. Das Sumpfgras wurde in Streifen geschnitten und gewässert, um es weich zu machen. Danach wurden die Streifen zu einer Matte verarbeitet und getrocknet.

Die Herstellung von chinesischem Papier hat erstmals Cai Lun, der oberste Eunuch am Hof von Kaiser Ho Ti, um 105 v. Chr. beschrieben. Cai Lun, der als Beamter für die Fertigung von Instrumenten und Waffen verantwortlich war, gilt deshalb als Erfinder des Papiers.

In dem von Cai Lun beschriebenen Verfahren werden die gereinigten Fasern aus Lumpen, Bambusgras, Maulbeerbast und anderen Pflanzenfasern zerstampft, durchmischt und zu einem Brei verkocht. Danach wird die Fasermasse schichtweise mit einem Sieb abgeschöpft. Die Masse wird gepresst, getrocknet und geglättet. Zwar hat dieses Papier zwei Seiten, eine durch das Sieb aufgeraute und eine glatte, doch die Gesamtstruktur ist recht homogen, glatt und fest. Es eignet sich nicht nur zum Beschreiben, sondern auch für Tapeten.

Bereits ab dem 2. Jahrhundert soll es in China Papiertaschentücher gegeben haben. Im 3. Jahrhundert wurde dem Faserbrei Stärke beigemischt, um das Papier glatter und wasserabweisender zu machen. Auch wurde Papier gefärbt. Im 6. Jahrhundert wurde für den Kaiserhof erstmals Toilettenpapier aus Reisstroh hergestellt. Dieses Papier soll hellgelb, weich und parfümiert gewesen sein. Ebenfalls im 6. Jahrhundert soll das Schöpfpapier nach Japan und Korea gelangt und dort weiterentwickelt worden sein.

Als es für die Herstellung von Münzen zeitweise nicht genug Kupfer gab, ließ Kaiser Gaozon (650–683) erstmals Papiergeld in Umlauf bringen. Während der Song-Dynastie setzten sich Banknoten dann ab dem 10. Jahrhundert als Zahlungsmittel durch. 1298 berichtete der venezianische Händler Marco Polo über die große Verbreitung von Papiergeld in China. Doch als die Banknoten später zu einer starken Inflation beigetragen haben sollen, wurden sie 1425 wieder abgeschafft.

Ab Mitte des 8. Jahrhunderts gelangte das Wissen über die Papierherstellung durch gefangene Chinesen in die arabische Welt und von dort ab dem 11. Jahrhundert nach Südeuropa. Die ersten mechanischen Papiermühlen Europas standen in Amalfi. In Deutschland soll die erste Papiermühle in Nürnberg 1389/90 die Arbeit aufgenommen haben.

Sven Hansen

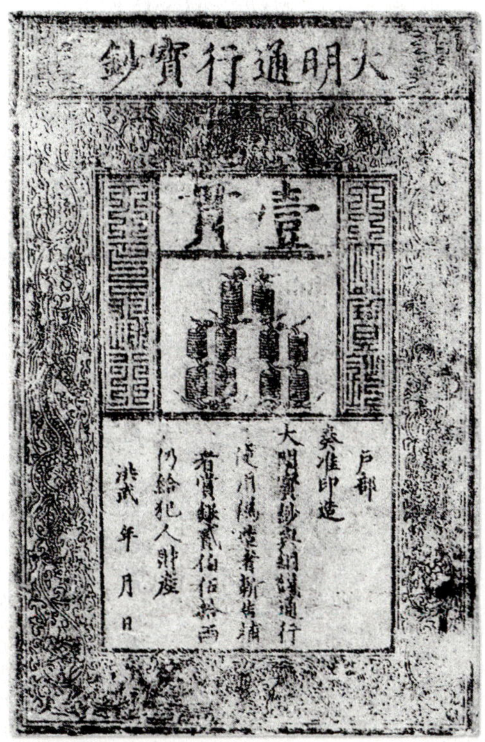

Chinesisches Papiergeld, um 1375.
GAKKEN

Gefährliches Misstrauen

Die Konflikte zwischen Indien und China erreichen immer neue Höhepunkte

Der chinesische Präsident Xi Jinping (hinten) und der indische Ministerpräsident Narendra Modi auf dem Brics-Gipfeltreffen in Goa, Indien, Oktober 2016. MANISH SWARUP | PICTURE ALLIANCE/AP

Von Britta Petersen

Als der chinesische Präsident Xi Jinping im September 2014 in Indien eintraf, sah es für einen kurzen Augenblick so aus, als ob die Beziehungen zwischen den beiden asiatischen Großmächten vor einem neuen Aufschwung stünden.

Indiens Premierminister Narendra Modi war zu dem Zeitpunkt vier Monate im Amt und ein erklärter Bewunderer Chinas. In seiner Zeit als Ministerpräsident von Gujarat hatte er die Volksrepublik mehrfach besucht, um sich mit eigenen Augen ein Bild vom chinesischen Entwicklungsmodell zu machen. »China und seine Menschen haben einen besonderen Platz in meinem Herzen«, hatte Modi bereits 2011 erklärt. »Ich bewundere ihre hart arbeitende, disziplinierte, widerstandsfähige Natur und besonders ihren Sinn für Geschichte.«

Er wollte seinem Gast aus Peking daher mehr bieten als das übliche Protokoll eines Staatsbesuchs. Modi lud Xi in seinen Heimatstaat Gujarat ein und zeigt ihm persönlich die Sehenswürdigkeiten der Hauptstadt Ahmedabad, darunter die Siddi-Sayedd-Moschee und natürlich den Sabarmati-Ashram. Dort hatte Mahatma Gandhi 1930 seinen legendären Salzmarsch begonnen, der die britischen Kolonialherren in Bedrängnis brachte und siebzehn Jahre später schließlich zur Unabhängigkeit Indiens führte. Doch als Modi und Xi noch lächelnd auf einer traditionellen Schaukel für die Fotografen am Ufer des Sabarmati-Flusses posierten, drangen 1000 Soldaten der chinesischen Volksbefreiungsarmee auf indisches Staatsgebiet vor. Die militärische Konfrontation in Chumar, einem indischen Außenposten ganz im Südosten Ladakhs, an der Grenze zu Tibet, hatte sich über Wochen hinweg aufgebaut.

Chumar liegt in einer der beiden Himalaya-Regionen, die zwischen China und Indien umstritten sind und um die die beiden asiatischen Mächte 1962 schon einmal Krieg geführt haben. Seitdem kommt es immer wieder zu Rangeleien entlang der sogenannten Line of Actual Control. Aber dass sich der Konflikt ausgerechnet an dem Tag zuspitzte, als Xi in Indien eintraf, kann kaum Zufall gewesen sein.

»Es war klar, dass die Chinesen ihren Gastgeber blamieren wollten«, meint Nitin A. Gokhale, Autor des im September 2017 erschienenen Buchs »Securing India the Modi Way. Pathankot, Surgical Strikes and More«. Doch anders als in früheren vergleichbaren Situationen, reagierte Indien dieses Mal nicht zögerlich und abwartend, sondern schnell und entschlossen. Die indische Armee flog kurzerhand zwei Brigaden, etwa 6000 Soldaten, nach Chumar. Dann sah Modi Xi Jinping tief in die Augen und forderte ihn auf, seine Truppen zurückzuziehen, wie der indische Journalist Uday Mahurkar berichtet. Der Vorfall in Chumar war das Vorspiel zu einer größeren Konfrontation, die Peking und Neu-Delhi im Sommer 2017 auf dem Doklam-Plateau zwischen Tibet, Bhutan und dem indischen Bundesstaat Sikkim an den Rand eines Kriegs bringen sollte.

In der indischen Öffentlichkeit wird die Konfrontation in Doklam (Donglan) als Wasserscheide wahrgenommen, als der Moment, in dem China vielleicht zum ersten Mal nicht mehr nur als Rivale gesehen wird, sondern als Feind.

Der Konflikt begann im Juni 2017, als die chinesische Armee mit dem Bau einer Straße in der umstrittenen Region nahe des Donga-La-Passes anfangen wollten. Das kleine Bhutan sah darin eine Verletzung bilateraler Abkommen zum Status quo der Region und bat Indien um Unterstützung. Wie bereits in Chumar reagierte Neu-Delhi auch dieses Mal entschlossen und militärisch. Am 18. Juni drangen 270 indische Soldaten mit Bulldozern in das Gebiet vor, das sowohl China als auch Bhutan für sich beanspruchen, um den Straßenbau zu stoppen.

Indiens Beistand für den kleinen Nachbarn war allerdings nicht nur altruistisch motiviert. Neu-Delhi fürchtete, dass China scheibchenweise das strategische Gleichgewicht am wichtigen Siliguri-Korridor (auch Hühnerhals genannt) verschieben würde, der Indiens Nordosten mit dem Rest des Landes verbindet. Zugleich schien die hindunationalistische Regierung von Narendra Modi spätestens seit Chumar der Meinung zu sein, dass Appeasement gegenüber China nicht mehr die richtige Strategie ist.

»Die indisch-chinesischen Beziehungen waren Ende 2017 in einem Zustand des Verfalls«, sagt C. Raja Mohan, Direktor der indischen Filiale der US-Denkfabrik Carnegie Endowment for International Peace und einer der wichtigsten strategischen Denker im Land. »Delhi und Peking standen im Sommer am Abgrund. Doklam hätte sich leicht zu einem verheerenden Krieg entwickeln können.«

Auf die Intervention der indischen Truppen in Doklam folgte eine zwei Monate lange Konfrontation, während der die Volksbefreiungsarmee ihre Präsenz in der Region auf Divisionsstärke (15 000 Soldaten) und 150 Panzer aufstockte, begleitet von unfreundlichen Worten und abgesagten Gipfeltreffen. Schließlich einigen sich beide Seiten auf ein Ende der militärischen Konfrontation.

Doch über kurz oder lang sind weitere Konflikte zu erwarten. Denn derzeit werden nicht nur in Asien, sondern weltweit die geostrategischen Karten neu gemischt. Und die Regierungen Chinas und Indiens sind entschlossen, dabei eine Rolle zu spielen.

Bereits 2016 hatte Peking Neu-Delhis Antrag auf Mitgliedschaft in der Nuclear Suppliers Group (NSG) blockiert. Zu dieser Gruppe gehören die 48 Kernmaterial-Lieferländer, die sich für die Nichtweiterverbreitung von Nuklearwaffen einsetzen. Es war ein weitgehend symbolischer, aber unfreundlicher Akt, der Indien zu verstehen gibt, dass Peking keineswegs gewillt ist, Indien auf Augenhöhe zu begegnen.

Im Sommer 2017 weigerte sich umgekehrt Neu-Delhi, an einem Forum zur Neuen Seidenstraße (»Belt and Road«-Initiative, BRI) in Peking teilzunehmen. Denn die ambitionierten chinesischen Infrastrukturpläne bedrohten die »Souveränität und territoriale Integrität« Indiens, erklärte das Außenministerium in Neu-Delhi.

»Seit 2008 nehmen die Probleme zwischen China und Indien ständig weiter zu«, sagt Raja Mohan und listet auf, was die beiden asiatischen Giganten voneinander trennt: Spannungen an der Grenze, Ungleichgewichte im Handel, strategischer Wettbewerb in der Region und unterschiedliche Auffassungen in wichtigen Fragen der internationalen Zusammenarbeit. All dies habe zu massivem Misstrauen geführt.

Die Entwicklung ist insofern nicht überraschend, als sich mit Chinas Aufstieg zur Großmacht dessen globales Auftreten verändert hat. Während Peking früher bemüht war, international nicht anzuecken, um sich ganz auf die Entwicklung seiner Wirtschaft konzentrieren zu können, agiert es heute im Bewusstsein seiner neu gewonnenen Stärke. Zugleich hat Indien mit Narendra Modi einen Premierminister, dem Leisetreterei charakterlich fern liegt.

Doch auch mit einem anderen indischen Premier wäre der Konflikt programmiert. Für Manoj Joshi von der indischen Denkfabrik Observer Research Foundation (ORF) ist beim 19. Kongress der Kommunistischen Partei Chinas im Herbst 2017 in Peking vor allem eines klar geworden: »Xi Jinpings starker Ehrgeiz, China zum Zentrum der Welt zu machen.«

Neu-Delhi ist darüber mindestens so beunruhigt wie die USA, deren relative Schwäche weltweit eine Lücke hinterlassen hat, die Peking nur zu gern füllen will. Für Asien bedeutet dies, dass China zur unumschränkten regionalen Vormacht würde, eine Vorstellung, die für Indien inakzeptabel ist.

Dabei ist Delhi in der prekären Situation, dass seine Wirtschaft zwar inzwischen schneller wächst als die Chinas. Gemessen an der Wirtschaftsleistung und dem Pro-Kopf-Einkommen ist China jedoch fünf Mal so groß wie Indien. Ein Abstand, der sich nicht aufholen lässt, auch wenn Indiens Bruttoinlandsprodukt weiterhin zwischen 7 und 8 Prozent im Jahr wächst.

Auf besonderen Widerstand stößt deshalb Chinas Initiative einer Neuen Seidenstraße, ein massiver Plan zum Bau neuer Infrastruktur in insgesamt 60 Ländern Asiens und Europas. Während China sich bemüht, das Projekt als »Win-win-Situation« für alle Beteiligten darzustellen und damit weltweit in der Wirtschaft auf positive Resonanz stößt, sieht Indien darin einen langfristigen Plan, die chinesische Vorherrschaft in Asien zu zementieren.

Besonderes Misstrauen weckt dabei einer der sechs Korridore, entlang derer China massiv in den Bau von Infrastruktur investieren will, der China–Pakistan Economic Corridor (CPEC).[1] Während Indien über die anderen Teile der Initiative womöglich noch mit sich reden lassen würde, sieht es in den Investitionen bei seinem Erzfeind Pakistan viel mehr als ein Wirtschaftsprojekt, und das nicht nur, weil der geplante Korridor durch das zwischen beiden Ländern geteilte und umstrittene Kaschmir führt.

China will mit Investitionen von rund 50 Milliarden Euro die Wirtschaft von Indiens Erzfeind stärken und durch den Ausbau des

Fortsetzung auf Seite 55

Die zwischen China und Indien umstrittenen Gebiete liegen im Hochland des Himalaya.

GRAFIK: LE MONDE DIPLOMATIQUE, BERLIN

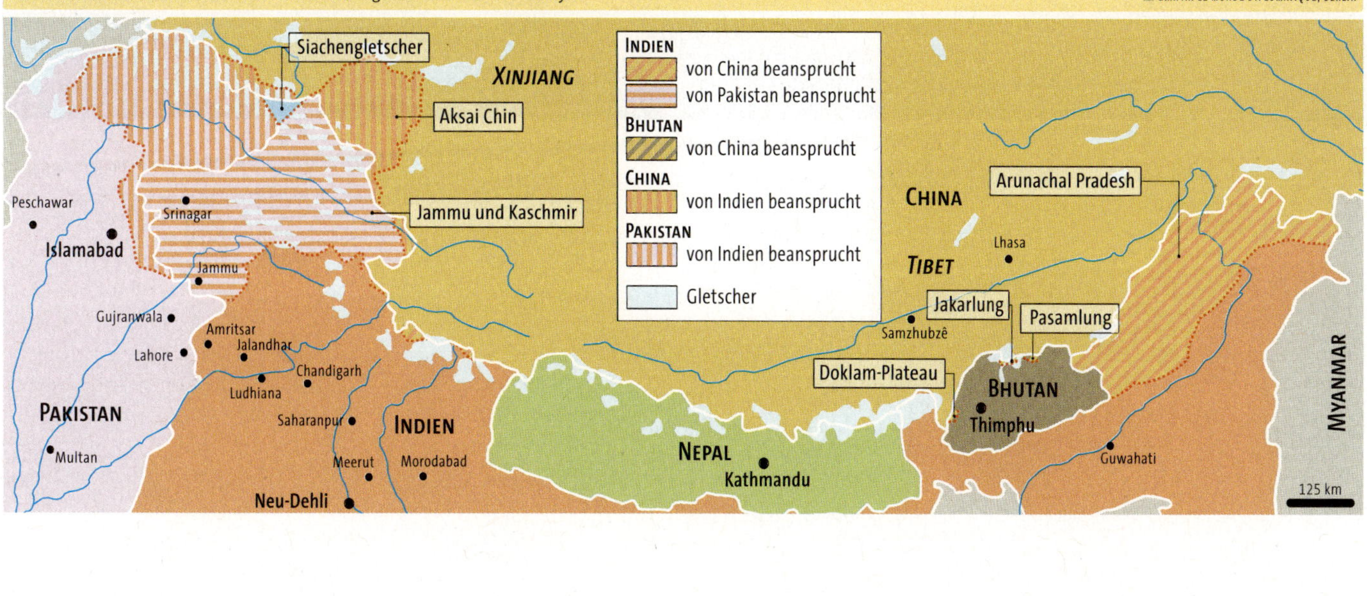

Drei Felsen, fünf Inseln

Auf Kollisionskurs mit Japan

Von Olivier Zajec

The Glorious Mission« heißt das Computerspiel, das die chinesische Jugend seit seinem Erscheinen im August 2013 in den Bann schlägt. Es ist die erste Online-Kriegssimulation, die offiziell in Zusammenarbeit mit der Volksbefreiungsarmee entwickelt wurde.[1] Besonders beliebt in diesem Spiel ist eine militärische Mission, bei der es darum geht, dem Nachbarland Japan eine Inselgruppe abzunehmen, die in China Diaoyu heißt und in Japan Senkaku.

Das Spiel lässt es an nichts fehlen, um realistisch zu wirken: Landungsoperationen mit Amphibienfahrzeugen, Straßenkämpfe zwischen Spezialeinheiten und große Seegefechte. Auch den neuen chinesischen Flugzeugträger »Liaoning«, der erst seit September 2012 in Dienst steht, können die Spieler schon einsetzen.

Der Werbetext für das Spiel lässt ahnen, worum es hier geht: »Die Spieler kämpfen an der Seite der chinesischen Streitkräfte und verwenden deren Waffen, um den Japanern klar zu sagen, dass Japan das uns gestohlene Land zurückgeben muss!«[2] Diese Rhetorik ist bekannt. Wenn es um die Senkaku-/Diaoyu-Inseln geht, die von beiden großen ostasiatischen Mächten beansprucht werden, zeigt sich, dass nur ein schmaler Grat die virtuellen Fantasiewelten von der realen Geopolitik trennt.

Lange waren sich beide Seiten einig, den Status der Inseln nicht anzutasten. Wer trägt nun die Schuld daran, dass diese stillschweigende Übereinkunft nicht länger gilt? Der japanische Staat, der am 11. September 2012 drei Inseln des Archipels von ihren privaten Besitzern gekauft hat? Die Regierung in Tokio behauptet, sie habe damit lediglich dem bekannten Nationalisten und damalige Gouverneur der Hauptstadt, Ishihara Shintaro, zuvorkommen wollen. Der habe die Ausgabe einer nationalen Anleihe geplant, um den Kauf zu finanzieren, was Peking unnötig provoziert hätte.

Die chinesische Antwort fiel nicht gerade zurückhaltend aus. Chinesische Schiffe sind seither regelmäßig in die Zwölfmeilenzone der Inselgruppe eingedrungen. Es wurden drohende Reden geschwungen. Weil die chinesische Regierung fürchtete, ihr Gesicht zu verlieren, billigte sie sogar im Nachhinein Ausschreitungen bei Kundgebungen gegen die japanische Regierung.[3]

Liegt die Schuld an der Zuspitzung der Krise also vielleicht bei China? Am 22. November 2013 hat die Regierung in Peking unilateral die Einrichtung einer »Luftverteidigungszone« verkündet. Damit weitete China seine Kontrolle über das Südchinesische Meer zumindest symbolisch auf das Gebiet der umstrittenen Inseln aus und hob die Eskalation auf eine neue Stufe.

Dieser Schritt ist in Zusammenhang mit weiteren Ansprüchen zu sehen, die China im Südchinesischen Meer erhebt. So übernahm die chinesische Marine im April 2012 de facto die Kontrolle über das zu den Philippinen gehörende Scarborough-Riff. Die eingeschüchterte philippinische Regierung begnügte sich mit der Anrufung eines Schiedsgerichts im Rahmen des Seerechtsübereinkommens der Vereinten Nationen.

Im Fall der Senkaku-/Diaoyu-Inseln fiel die Antwort sowohl aus Washington als auch aus Tokio sehr viel entschiedener aus. Ende November 2013 entsandten die USA zwei B-52-Bomber, alsbald gefolgt von japanischen und südkoreanischen Flugzeugen. Sie durchflogen ostentativ Chinas neue Luftverteidigungszone und unterstrichen damit deren Nichtigkeit. Die chinesische Regierung hatte zwar gedroht, jedes Flugzeug, das in die Zone eindringe, ohne sich zu identifizieren, mit »Notwehrmaßnahmen« rechnen müsse. Doch sie unternahm nichts. Zu entschlossen erschienen die anderen Pazifikmächte, dem strategischen Aufstieg Chinas Grenzen zu setzen.

Nie zuvor hatten die Spannungen in der Inselfrage eine solche Stufe erreicht. Anfang Oktober 2013 erneuerten die USA und Japan ihr Verteidigungsabkommen, durch das beide Staaten seit dem Ende des Zweiten Weltkriegs verbündet sind. Dabei schlug die Ankündigung der Vereinigten Staaten, neue Hightechwaffen nach Japan zu liefern, weniger hohe Wellen als die Äußerungen des damaligen US-Außenministers John Kerry, der persönlich zur Unterzeichnung des Abkommens nach Japan gereist war: »Wir erkennen die japanische Verwaltung [über die Senkaku-Inseln] an«, sagte Kerry – ohne freilich von einer »Souveränität« zu sprechen, wie es sich die japanischen Verbündeten gewünscht hätten.[4]

Mitte Dezember 2013 kündete dann die Regierung des japanischen Ministerpräsidenten Shinzo Abe an, den Verteidigungshaushalt für den Zeitraum 2014 bis 2019 um 5 Prozent aufzustocken. Japan richtet seine militärischen Prioritäten klar in Richtung der Seestreitkräfte neu aus. Im August 2013 nahm die japanische Marine den neuen Hubschrauberträger »Izumo« in Betrieb, mit 248 Metern Länge das größte Kriegsschiff, das Japan seit dem Ende des Zweiten Weltkriegs gebaut hat. Japan betrachtet den Ryukyu-Archipel (dessen Verlängerung nach Westen die Senkaku-Inseln darstellen) als neue Front zur Verteidigung seiner geostrategischen Interessen.

Was steckt hinter dieser neuen Stufe der Eskalation? Geografisch gesehen sind diese Inseln nicht von großem Interesse: sieben Quadratkilometer großes, einsam im Ostchinesischen Meer gelegenes Land, 330 Kilometer von der chinesischen Küste entfernt, 170 Kilometer von Taiwan und 410 Kilometer von den japanischen Ryukyu-Inseln. Der Senkaku-Archipel besteht aus drei Felsen und fünf Inseln. Der Name der größten Insel, Uotsuri-jima (Fischfanginsel), lässt erahnen, worin lange Zeit das einzige Interesse an diesem Haufen aus Sandstein und Korallen bestand. Angesteuert wurden sie weniger von Zerstörern und Bombern als vielmehr von den bedrohten Kurzschwanzalbatrossen, die hier brüten.

Die Senkaku-/Diaoyu-Inseln, September 2012. ■ KYODO

Erst in den 1970er Jahren begannen sich Chinesen und Japaner heftig um diese Inselgruppe zu streiten. Sie war den Chinesen zwar bereits in der Zeit der Ming-Dynastie im 14. Jahrhundert gut bekannt. Über Jahrhunderte blieb sie jedoch unbewohnt, bis im Jahr 1884 ein umtriebiger Japaner begann, hier Guano abzubauen. Keines der beiden Länder hatte die Inseln je offiziell besetzt. Gemäß internationalem Recht war der Archipel immer noch *terra nullius,* Niemandsland.

Die Senkaku-/Diaoyu-Inseln werden von China, Japan und Taiwan beansprucht.

GRAFIK: LE MONDE DIPLOMATIQUE, BERLIN

Im Krieg von 1894/95 kämpfte das imperiale Japan gegen ein sklerotisches, im Niedergang begriffenes China und besetzte die Senkaku-Inseln. Einige Monate später waren die Chinesen gezwungen, den Vertrag von Shimonoseki zu unterzeichnen, in dem sie unter anderem den nordchinesischen Hafen Port Arthur (Dalian) und die Insel Taiwan an Japan abtraten. Nach dem Zweiten Weltkrieg fiel Taiwan zurück an China. Doch von den Senkaku-/Diaoyu-Inseln war damals ebenso wenig die Rede wie später im Friedensvertrag von San Francisco (1951), der die US-amerikanische Besatzung Japans beendete und dem Land seine Souveränität zurückgab. Dabei listete Artikel 2 dieses Vertrags sämtliche Territorien auf, auf die Japan für seine diplomatische Wiederanerkennung verzichtete. Der 1952 unterzeichnete Vertrag zwischen Japan und Taiwan, das zu dieser Zeit China an Stelle der Volksrepublik bei den Vereinten Nationen vertrat, bestätigte die in San Francisco festgelegten Gebietsaufgaben – wiederum ohne die Senkaku-/Diaoyu-Inseln zu erwähnen.

Nominell stand die Inselgruppe damals unter US-amerikanischer Verwaltung. Erst 1971 wurde sie zusammen mit den Ryukyu-Inseln an Japan zurückgegeben. Ein wichtiges Detail zeigt jedoch, dass Washington damals über umsichtige Juristen und Kartografen verfügte: Die Senkaku-Inseln wurden bei dieser Rückgabe nicht explizit genannt. Die Vereinigten Staaten wollten nicht in einen Territorialkonflikt hineingezogen werden, bei dem es gute Gründe für die Annahme gab, dass er gerade erst begonnen hatte.

Ein vertraulicher CIA-Bericht aus dem Jahr 1971, der seit 2007 zugänglich ist, liefert eine gute Übersicht der damaligen Situation[5] Er kommt zwar zu dem historisch abgeleiteten Ergebnis, dass Tokios Souveränitätsanspruch rechtmäßig sei. Für die CIA-Analysten spielte ein anderer Aspekt jedoch ein viel wichtigere Rolle: die Entdeckung von Ölvorkommen rund um die Senkaku-/Diaoyu-Inseln durch die UN-Wirtschafts- und Sozialkommission für Asien und den Pazifik (Escap) im Jahr 1968, die ein Jahr später von Japan bestätigt wurde. Durch diese Entdeckung sei der Archipel dazu verdammt, zum Gegenstand eines Konflikts zwischen Taiwan, Japan und China zu werden, so die Einschätzung der CIA. Sie sollte recht behalten. 2014 sind alle drei Staaten genauso sehr auf Öl aus wie in den 1970er Jahren.[6]

Aber auch der energiepolitische Faktor kann das Ausmaß der politischen Spannungen nicht erklären, die jetzt zu beobachten sind. Im Jahr 2008 haben die Regierungen Chinas und Japans Verträge über die gemeinsame Ausbeutung eines Teils der fossilen Energiereserven im Ostchinesischen Meer abgeschlossen, deren Umfang auf mehr als 200 Milliarden Kubikmeter geschätzt wird. Auch wenn diese Verträge bislang nicht umgesetzt wurden, bilden sie doch die Grundlage für einen möglichen Modus Vivendi. Schließlich ist das wirtschaftliche Wohlergehen beider Vertragspartner eng miteinander verknüpft.

China versucht nicht, mit militärischen Mitteln die Welt zu erobern. Aber es will seine Vormachtstellung im Westpazifik durchsetzen – ohne dass irgendjemand in dieser Region, die von China mit seinen mehr als eine Milliarde Einwohnern und seiner expandierenden Wirtschaft dominiert wird, dies infrage stellen könnte.[7]

Für Peking stehen dabei vor allem vier strategische Fragen im Mittelpunkt: die Rückkehr Taiwans in den Schoß der Nation, die Mitsprache bei einer künftigen Wiedervereinigung Koreas, die Territorialansprüche im Südchinesischen Meer (die Paracel-Inseln, das Spratley-Archipel, das Scarborough-Riff und die Pratas-Inseln) und schließlich die Frage der Senkaku-/Diaoyu-Inseln. Diese sind nämlich auch ein Glied in der Inselkette, die Pekings aufgerüstete Flotte am freien Zugang zum offenen Pazifik hindert.[8] Die Anerkennung der chinesischen Souveränität über die Inseln, selbst wenn sie nur vorübergehend sein sollte, wäre ein wichtiger Schritt in Richtung der angestrebten Machtposition.

Diese neu entfachten geopolitischen Ambitionen stoßen in der chinesischen Gesellschaft auf positive Resonanz. Der Geschichtsunterricht in der Volksrepublik neigt ohnehin dazu, die Vorbehalte gegenüber dem alten japanischen Imperium zu verstärken – wobei Japan in Sachen Geschichtsklitterung China in nichts nachsteht. Die chinesische Regierung spielt die nationalistische Karte bewusst: In einer Gesellschaft, die von den durch das autoritäre Kapitalismusmodell hervorgerufenen Ungleichheiten zerrissen wird, will sie die innenpolitische Debatte auf Bedrohungen von außen lenken. Das Computerspiel »The Glorious Mission« ist ein Paradebeispiel für diese Art von Ablenkung durch nationalistische Polemik.

In der japanisch-chinesischen Auseinandersetzung nimmt die Debatte um die historischen Rechte teilweise pittoreske Formen an.

Um die Ansprüche ihrer Staaten zu untermauern, zücken seriöse Botschafter mittelalterliche Seekarten von hauptsächlich kunsthistorischem Wert und zitieren antike Gedichte, in denen von den vergessen Fahrten der Fischer des Königreichs Okinawa berichtet wird. Doch jenseits dieser Symbolpolitik: Um die ganze Tragweite des Konflikts zu verstehen, darf man dessen geopolitische Dimension und die innenpolitische Bedeutung für China nicht vergessen.

Aus Anlass der Verhandlungen über den Friedens- und Freundschaftsvertrag zwischen der Volksrepublik und Japan 1978 verkündete Deng Xiaoping, der damals kurz davor stand, die Macht in China zu übernehmen, die Frage der Diaoyu-Inseln könne »für einige Zeit, vielleicht sogar für ein Jahrzehnt« offengelassen werden. »Wenn unsere Generation nicht die nötige Weisheit besitzt, um diese Frage zu lösen, wird sie die nächste Generation sicher besitzen. Und dann wird eine Lösung gefunden werden können, die alle zufrieden stellen wird.«[9]

Zur damaligen Zeit war Chinas militärische Aufmerksamkeit vor allem gegen die Sowjetunion gerichtet. Die Marine wurde vernachlässigt, und wirtschaftlich war die Volksrepublik schwächer als Argentinien. Heute holt sich China den – nach seinem Selbstverständnis – »wahren« Platz zurück, was bei seinen Nachbarn Sorge auslöst. Die Senkaku-/Diaoyu-Inseln liegen dabei genau auf der strategischen Bruchlinie der aktuellen geopolitischen Plattentektonik – eine schlechte Nachricht für alle Kurzschwanzalbatrosse.

Aus dem Französischen von Jakob Farah

1 Das Spiel wurde von Giant Interactive in Schanghai veröffentlicht: plagame.cn.
2 Jonas Pulver, »Guerre virtuelle sino-japonaise autour des îles Senkaku«, *Le Temps*, Genf, 9. August 2013.
3 Vgl. Shi Ming, »Rasseln ohne Säbel. Im Konflikt mit Japan überschätzt China seine Kräfte«, *Le Monde diplomatique*, Mai 2013.
4 Kerrys Amtsvorgängerin Hillary Clinton hatte sich im Januar 2013 ähnlich geäußert und damit den Zorn Pekings geweckt. Traditionell hatten die USA bei diesem Territorialstreit, ebenso wie bei der Taiwanfrage, nicht öffentlich Position bezogen, solange beide Seiten den Status quo respektierten.
5 Vgl. »The Senkaku Islands dispute: Oil over troubled waters?«, CIA-Bericht vom Mai 1971.
6 Vgl. Stephanie Kleine-Ahlbrandt, »Chinas Expansion ins Meer«, *Le Monde diplomatique*, November 2012.
7 Vgl. Olivier Zajec, »Admiral Zheng He kehrt zurück. Die Handelsmacht China sichert ihre Seewege und knüpft an alte maritime Traditionen an«, *Le Monde diplomatique*, Oktober 2008.
8 Vgl. James R. Holmes und Toshi Yoshihara, *Chinese Naval Strategy in the 21st Century: The Turn to Mahan*, New York (Routledge) 2008. Alfred Thayer Mahan (1840–1914) war ein Admiral der U.S. Navy und gilt als großer Theoretiker der Marine.
9 Pressekonferenz vom 25. Oktober 1978, abrufbar auf der Seite der japanischen Botschaft in Paris: fr.emb-japan.go.jp.

Erstmals erschienen in *Le Monde diplomatique* vom Januar 2014.

Fortsetzung von Seite 51: Britta Petersen, Gefährliches Misstrauen

pakistanischen Hafens Gwadar eine Exportroute für seine Produkte nach Afrika und in den Nahen Osten schaffen. Damit tritt es in direkte Konkurrenz zu Indien, das seinerseits die deutlich geringere Summe von rund 80 Millionen Euro in den iranischen Hafen Chabahar investiert. Aus indischer Sicht ist dies notwendig, vor allem weil Pakistan indischen Gütern bis heute den direkten Landweg zu den wichtigen Exportmärkten in Zentralasien verweigert.

Besonders in Afghanistan, das Pakistan als sein Einflussgebiet betrachtet, ist dies nicht nur ein Wirtschaftsfaktor, sondern ein Politikum. Denn Indien nimmt die Taliban und andere extremistische Gruppen in Afghanistan als ein Instrument Islamabads wahr, um in Kabul eine pakistanfreundliche Regierung an die Macht zu bringen – was Neu-Delhi mit aller Macht verhindern will. China, das sich bisher in Afghanistan neutral verhalten hat, bezieht in diesem Konflikt neuerdings immer deutlicher Stellung zugunsten seines langjährigen Verbündeten Pakistan. Das schließt man in Indien zum Beispiel aus der Tatsache, dass China auf der Ebene der Vereinten Nationen regelmäßig ein schärferes Vorgehen gegen die pakistanischen »Terrorchefs« Hafiz Saeed (Lashkar-e-Taiba, Jamaad-ud-Dawa) und Masud Azhar (Jaish-e-Mohammed) blockiert. Deren islamistische Terrororganisationen führen im indischen Teil Kaschmirs einen Stellvertreterkrieg gegen die vermeintliche Besatzungsmacht Indien.

Der Kaschmirkonflikt ist zwar nicht neu, gewinnt durch Chinas ökonomische Stärke und den neuen Willen zu globaler Macht an Intensität. Auf dem 19. Kongress der Kommunistischen Partei in Peking betonte Xi Jinping unter anderem, dass er die Volksbefreiungsarmee »bis Mitte des 21. Jahrhunderts zu einer Weltklassearmee« ausbauen will. Das ist eine ungemütliche Vorstellung, wenn man mit China eine umstrittene Grenze teilt.

Hinzu kommt, dass Chinas ökonomische Interessen in Afrika und Nahost nun auch dazu geführt haben, dass die chinesische Marine im Indischen Ozean präsent ist, was »Indien zutiefst verstört«, wie Manoj Joshi beobachtet. Neben »besseren Schiffen, besserer Technologie und neuen Basen« könnte China in Zukunft auch versuchen, Allianzen und Partnerschaften in der maritimen Region zu schmieden, um seine Interessen zu fördern. Indien würde sich mit einer Kraft konfrontiert sehen, »deren Kapazität weitaus größer ist als unsere«, warnt Joshi und fordert eine schnellere Modernisierung der indischen Marine.

Neben all diesen handfesten Interessenkonflikten nehmen sich weltanschauliche Fragen über die Zukunft der globalen Ordnung beinahe bedeutungslos aus. Doch das sind sie nicht. Während Indien auf eine multipolare Welt hofft, in der es selbst eines der Machtzentren ist, arbeitet China nach Joshis Auffassung darauf hin, »langsam die USA als globale Führungsmacht zu ersetzen«. Doch das hat seinen Preis. »Während unter der Vorherrschaft der USA liberale Werte und Demokratie hochgehalten wurden, verweist China immer wieder darauf, dass illiberale Methoden besser funktionieren. Eine Botschaft, die in vielen Entwicklungsländern auf positive Resonanz stößt«, warnt Joshi.

Doch Indien ist bei Weitem zu groß und inzwischen auch zu selbstbewusst, um vor China zu kuschen. »Peking und Neu-Delhi erkennen endlich an, dass ihre Beziehung zutiefst problematisch ist«, sagt Raja Mohan. Dies sei eine »willkommene Veränderung« gegenüber der bisherigen Praxis, Differenzen unter den Teppich zu kehren und »Probleme mit einer grandiosen Rhetorik zu maskieren, wie man ein neues asiatisches Jahrhundert« schaffen wolle.

In China meinen derzeit einige, man könne alles im Alleingang machen. Aber nur wenn die Interessen beider Seiten berücksichtigt werden, lässt sich verloren gegangenes Vertrauen zurückgewinnen. Wenn nicht, wird sich die Kluft zwischen beiden Ländern wohl vertiefen.

1 Siehe Sven Hansen, »Hintereingang Pakistan«, Seite 26 in diesem Heft.

© 2018 *Le Monde diplomatique*, Berlin

Rote Blauhelme

Peking macht neuerdings bei UN-Friedensmissionen mit

Chinesische Soldatinnen der Unmiss-Mission, Juba, Südsudan, Januar 2016. JC MCILWAINE | UN PHOTO

Von Mathieu Duchâtel

Bei der UN-Generalversammlung im September 2015 machte Präsident Xi Jinping eine Ankündigung, die damals selbst seine engere Umgebung und die Militärs in Peking überraschte: China werde eine 8000 Mann starke ständige Bereitschaftstruppe zur Friedenssicherung aufbauen und dabei alle Anforderungen und Ziele erfüllen, die von den Vereinten Nationen im Rahmen ihres Systems einer Verfügungsbereitschaft namens PCRS (Peacekeeping Capability Readiness System) vorgegeben werden.

Viele Beobachter waren skeptisch, ob China sein Versprechen halten würde. Doch inzwischen steht die chinesische Friedenstruppe. Sie muss jetzt noch von der UN-Hauptabteilung für Friedenseinsätze inspiziert und begutachtet werden, um zu ermitteln, wie schnell die Truppe tatsächlich eingesetzt werden kann.

Als einziges der fünf ständigen Mitglieder des UN-Sicherheitsrats hat China in den vergangenen Jahren seinen Beitrag zur Friedenssicherung kontinuierlich aufgestockt. Es stellt sich allerdings die Frage, ob Peking damit nur sein internationales Image aufpolieren will oder ob solche Friedenseinsätze auch für geheimdienstliche Aktivitäten genutzt werden sollen. Letztere Vermutung äußern jedenfalls viele kritische Beobachter, so auch das US-Verteidigungsministerium in seinen jährlichen Reports über die militärische Stärke der Chinesen. Zu fragen ist allerdings auch, inwieweit der chinesische Beitrag geeignet ist, für mehr Frieden und Sicherheit in der Welt zu sorgen.

Zuallererst muss man freilich festhalten, dass die verstärkte Beteiligung an der UN-Friedenssicherung ein bemerkenswertes Beispiel dafür ist, wie sehr sich die chinesische Außen- und Sicherheitspolitik seit Mao gewandelt hat. Heutzutage ist weitgehend in Vergessenheit geraten, dass China unter dem »Großen Steuermann« die UN-Friedenssicherung explizit aus ideologischen Gründen abgelehnt hat. Das hatte nicht nur mit den traumatischen Erinnerungen an den Koreakrieg (1950–1953) zu tun, in dem die chinesische Armee aufseiten Nordkoreas gegen UN-Truppen kämpfte, die faktisch eine von den USA geführte Koalition darstellten.[1]

Noch Jahrzehnte später beharrte Peking auf seiner prinzipiellen Ablehnung ausländischer Militärinterventionen und betrachtete UN-Friedenssicherungsmissionen als eine Form des Imperialismus. Diese strikt antiinterventionistische Haltung begann sich erst abzuschwächen, als die Volksrepublik den Sitz der »Republik China« übernahm, die 1945 zu den Gründungsmitgliedern der Vereinten Nationen gehört hatte und ab Ende 1949 nur noch von Taiwan repräsentiert wurde. Das geschah 1971, als China zugleich zum fünften ständigen Mitglied des UN-Sicherheitsrat wurde (neben Frankreich, Großbritannien, Russland, USA).

In den ersten zehn Jahren ihrer UN-Mitgliedschaft haben sich die chinesischen Vertreter bei Abstimmungen über Friedensmissionen konsequent enthalten. Dann aber kam es 1981 zu einem überraschenden Sinneswandel. Als wieder einmal die Verlängerung des seit 1964 bestehenden UN-Mandats für die Friedenstruppe in Zypern (UNFICYP) anstand, stimmte China im Sicherheitsrat zum ersten Mal dafür. Seit 1982 beteiligt sich China auch finanziell am Etat für UN-Friedensmissionen.

Peking hat seine Antihaltung über viele Jahre mit der Ein-China-Politik (Festlandchina plus Macau, Hongkong und Republik China/Taiwan) begründet. Ende der 1990er Jahre hatte Peking sein Veto gegen die Verlängerung der Einsätze in Guatemala (1997) und Mazedonien (1999) nur deshalb eingelegt, weil beide Länder diplomatische Beziehungen mit Taiwan unterhielten. Und 2003 benutzte man die Drohung, das Friedenssicherungsbudget für Liberia zu blockieren, als Druckmittel, um das afrikanische Land zwingen, seine Beziehungen zu Taiwan aufzugeben und die Volksrepublik China anzuerkennen.

Diese harte Gangart änderte sich erstmals 2004. Nach dem Sturz von Haitis Präsident Jean-Bertrand Aristide unterstützte China die UN-Mission Minustah (Mission des Nations unies pour la stabilisation en Haïti) mit einer Polizeieinheit, obwohl Haiti diplomatische Beziehungen zu Taiwan unterhielt. Da Taipeh inzwischen diplomatische Beziehungen nur noch mit 21 Ländern unterhält, ist es ziemlich unwahrscheinlich, dass Peking seine Einstellung zu Blauhelm-Missionen im UN-Sicherheitsrat noch einmal als Instrument benutzt, um »die abtrünnige Republik« Taiwan zu isolieren.

Mittlerweile ist der chinesische Beitrag zu UN-Missionen beachtlich. Im Januar 2018 lag es mit 2634 Blauhelmen in neun UN-Missionen auf dem 12. Rang derjenigen Mitgliedsländer, die an Friedenseinsätzen beteiligt sind. Von den fünf ständigen Sicherheitsratsmitgliedern hat sich China sogar am stärksten engagiert. Das größte chinesische Kontingent ist Teil der seit 2011 laufenden UN-Mission im neuen Staat Südsudan (Unmiss), der sich nach einem jahrzehntelangen Bürgerkrieg vom Sudan abgespalten und für unabhängig erklärt hatte.[2]

China leistet heute mit 10,2 Prozent den zweitgrößten Beitrag zum Gesamtetat für UN-Friedensmissionen, nachdem es Japan schon 2015 als Beitragszahler überholt hat. Mit 28,4 Prozent sind die USA zwar größter Beitragszahler, aber sie stellen nur wenige Truppen. Voraussichtlich wird China seine Zahlungen zwischen 2019 und 2021 noch erhöhen, sodass es für die Kapazitäten der Vereinten Nationen auch insgesamt eine immer wichtigere Rolle spielen dürfte.

In den letzten fünf Jahren hat sich China endlich dazu durchgerungen, auch bewaffnete Einheiten abzustellen, was mit großen Gefahren für Leib und Leben verbunden ist. 2012 entsandten die Chinesen einen Infanteriezug in den Südsudan, der 2015 auf Bataillonstärke aufgestockt wurde, und 2013 eine Infanteriekompanie zur Minusma (Mission multidimensionnelle intégrée des Nations Unies pour la stabilisation au Mali) nach Mali.[3] Der chinesische UN-Stützpunkt in Gao wurde mehrfach von Islamisten angegriffen; im Mai 2016 kam ein chinesischer Blauhelmsoldat in Mali ums Leben; im Juli 2016 wurden zwei Chinesen im Südsudan getötet.

Die chinesische Volksbefreiungsarmee (VBA) hat den Vereinten Nationen auch hochrangige Generäle als Missionsleiter angeboten – einer dieser Generäle übernahm 2016 die Leitung der bereits seit 1991 operierenden Minurso (Mission des Nations Unies pour l'organisation d'un référendum au Sahara occidental) in der Westsahara, wo die Sahauris seit 1975 für die Unabhängigkeit vom Königreich Marokko kämpfen.

2017 erreichte das Engagement Pekings ein neues Niveau. Zum einen mit der am Anfang erwähnten 8000 Mann starken Bereitschaftstruppe, zum anderen mit der Eröffnung der ersten chinesischen Militärbasis im Ausland, in dem Ministaat Dschibuti am Horn von Afrika.[4]

Der Aufbau der von Xi Jinping versprochenen Bereitschaftstruppe begann 2016 mit zwei jeweils 150 Mann starken Einheiten der Bewaffneten Volkspolizei. Ende 2017 kündigte das chinesische Verteidigungsministerium die Aufstellung einer 8160 Mann starken VBA-Truppe an. Sie besteht aus 28 Einheiten und deckt folgende Bereiche ab: Infanterie, Pioniere, Transport- und Sanitätseinheiten, Wachmannschaften, schnelle Eingreiftruppen, Hubschrauber und Drohnen.

Die Gewichtung der Truppenteile belegt einen Mentalitätswandel in Chinas UN-Engagement. Die Aufstellung von sechs Infanteriebataillonen verändert die Balance zwischen Kampf- und Sicherheitstruppen und ist ein weiteres Indiz dafür, dass China bei friedenssichernden Operationen zu höheren Risiken bereit ist.

Die zweite wichtige Entwicklung ist der Aufbau der Marinebasis Tadjoura in Dschibuti. Zwar hat Peking am Horn von Afrika sicher mehr im Sinn als regionale Friedenssicherung und Kampf gegen Piraterie, aber eine Funktion dieser Flottenbasis der VBA ist die einer logistischen Drehscheibe für die Einsätze chinesischer Friedenstruppen. Sie wird also künftige Einsätze chinesischer Blauhelme in Afrika oder im Nahen Osten auf jeden Fall erleichtern.

Die Unterstützung Pekings für UN-Missionen, die sich in den 1980er und 1990er Jahren anbahnte, entsprach der Losung des »Pragmatikers« Deng Xiaoping, dass ein neues prosperierendes China auch »einen gewissen Beitrag« (yousuozuowei) zum Weltfrieden und zur internationalen Sicherheit leisten müsse. 2004 war es dann Staatspräsident Hu Jintao (2003–2013), der nichtkriegerische Militäroperationen zu einer der »neuen historischen Aufgaben« der Volksbefreiungsarmee erklärte – neben den Hauptfunktionen »Verteidigung der territorialen Integrität« und Abschreckung. Sowohl Deng als auch Hu wollten, dass sich China international als verantwortungsbewusst agierende Macht profiliert, die sich für das Wohl aller einsetzt.

Als Hu Jintao 2013 von Xi Jinping abgelöst wurde, verfolgte dieser noch ehrgeizigere Pläne. Im Oktober 2017 verkündete er in seinem Arbeitsbericht an den 19. Parteitag der KPCh, dass für China auf der internationalen Bühne eine »neue Ära« anbreche. Er präsentierte den Delegierten einen Fahrplan, der vorsieht, dass China bis zum Jahr 2050 »zu einem globalen Führer im Hinblick auf nationale Stärke und internationalem Einfluss« geworden ist. Deng Xiaopings Credo, China dürfe »nie eine Führungsfunktion ausüben« (juebudangtou), ist damit endgültig begraben.

Die neuen Bekenntnisse lassen erwarten, dass jener Wandel in der chinesischen Außenpolitik weitergeht, den schon Xi Jinping in seiner ersten Amtszeit eingeleitet hat. Der wichtigste Aspekt ist dabei, dass China die eigene Sicherheitspolitik in globaler Perspektive betrachtet. Zum Beispiel müsste man in Peking endlich zugeben, dass man in Afrika auch Sicherheitsinteressen verfolgt oder dass man in Drittländern eine gemeinsame Sicherheitspolitik mit Europa anstreben könnte. In beiden Punkten tut sich die chinesische Führung bislang noch sehr schwer.

> Chinas Mitwirkung an den friedenssichernden UN-Operationen ist mehr als eine globale diplomatische Show, die nebenbei noch nachrichtendienstliche Gewinne abwirft

Gleichwohl hat sich unter Xi Jinping etwas Entscheidendes verändert: das Bild, das China von sich selbst hat. Xi betrachtet sein Land – auch militärisch – als Weltmacht, die globale Präsenz zeigt. Die chinesische Außenpolitik operiert heute in einem Umfeld, das im Gegensatz zu Dengs Zeiten als wesentlich bedrohlicher wahrgenommen wird. Peking verfolgt mittlerweile starke globale Interessen, die verteidigt werden müssen; das gilt speziell für den Schutz der eigenen Staatsbürger und der chinesischen Vermögenswerte im Ausland. Unter Xi Jinping hat die chinesische Außenpolitik eine neue Dimension erlangt, was sich auch darin äußert, dass die chinesische Unterstützung für UN-Friedensmissionen immer wichtiger und sichtbarer wird. Wobei man die Fehltritte der Trump-Administration ausnutzen kann, um die eigene »Soft Power« auszubauen.

Doch eines hat sich unter Xi nicht geändert: Die Volksbefreiungsarmee soll der Welt als Friedenssicherungsarmee präsentiert werden. Diese Selbstdarstellung ist schlicht zu attraktiv: Eine aufstrebende Militärmacht hilft weltweit den Frieden zu wahren, wirkt für die Sicherheit der Menschheit statt für engstirnige Eigeninteressen und setzt sich mit ihrem ganzen Gewicht für eine multilaterale Ordnung ein, die auf dem Völkerrecht und einer gerechten Verteilung der Lasten basiert.

Ein Wendepunkt war in dieser Hinsicht das 15. Zentralkomitee (2007–2012), als China erstmals die Vorteile einer PR-wirksamen Diplomatie erkannte, die den Beitrag Pekings zur Friedenssicherung hervorhebt. Und das mit Erfolg: Ausländische Beobachter fühlten sich durch dieses chinesischen Bemühen durchaus eingeladen, mit der Volksbefreiungsarmee zu kooperieren. Zum Beispiel erklärte ein hochrangiger schwedischer Diplomat 2012 in einem Interview, die Zusammenarbeit bei Friedensoperationen sei für Schweden der Hauptgrund, in seiner Pekinger Botschaft eine Militärabteilung zu unterhalten.

Kritik kommt hingegen aus den USA. Das Pentagon wirft dem chinesischen Militär vor, dass es die Friedensmissionen für geheimdienstliche Erkundungen nutze. Tatsächlich kursieren zahlreiche Gerüchte über chinesische Soldaten, die die Ausrüstungen und Pläne ausländischer Kontingente fotografieren. Höchstwahrscheinlich sind auch Offiziere des Militärgeheimdienstes zu Gange.

Chinas Mitwirkung an friedenssichernden UN-Operationen ist jedoch mehr als eine globale diplomatische Show, die nebenbei auch noch nachrichtendienstliche Gewinne abwirft. Die Entscheidung des chinesischen Präsidenten, Chinas Engagement zu erhöhen, ist auch eine Reaktion auf zwei altbekannte Defizite in der Organisation der UN-Missionen. Das ist zum einen die Schwierigkeit, die Einheiten für eine beschlossene Missionen zügig aufzustellen und einzusetzen. Ebenso schwierig ist es zum anderen, von den Mitgliedstaaten modernes und technisch anspruchsvolles Gerät geliefert zu bekommen, wie zum Beispiel Hubschrauber oder Feldlazarette, die für Operationen in unsicheren Regionen gebraucht werden, aber auch Infanterieeinheiten.

Andererseits beschränkt sich Chinas Rolle in der internationalen Sicherheitspolitik nicht auf friedenssichernde Maßnahmen. Und diese taugen auch auf keinen Fall dazu, das hohe Modernisierungstempos der Volksbefreiungsarmee zu rechtfertigen. Chinas Beitrag zum UN-Etat für Friedensmissionen macht nicht einmal 0,5 Prozent seines Verteidigungsetats aus. 2017 beliefen sich die Militärausgaben offiziell auf 152 Milliarden US-Dollar, damit liegt China hinter den USA weltweit an zweiter Stelle. Das Land ist dabei, eine erstklassige Militärmacht aufzubauen, die geeignet ist, sowohl eine regionale Dominanz zu sichern als auch die Fähigkeit zu globalen Einsätze zu erwerben. Vor diesem Hintergrund wirkt die Friedenssicherung mit Blauhelmen eher wie ein Nebenschauplatz.

Was die Beteiligung an den UN-Friedensmissionen betrifft, so muss die Volksbefreiungsarmee allerdings noch einiges lernen. Erfolgreiche und effiziente Friedenssicherung ist weit mehr als Personal und Geldsummen. Was die Truppe vor Ort leisten kann, hat viel mehr mit Erfahrung zu tun, mit strategischem Know-how, mit Kommandostrukturen und kommunikativen Kompetenzen.

Dass auf diesen Gebieten noch Nachholbedarf besteht, zeigte sich etwa bei der Unmiss-Mission im Juli 2016 in der südsudanesischen Hauptstadt Juba. Nachdem die chinesischen Blauhelme, die einen von der UN eingerichteten Schutzraum für Zivilisten bewachen sollten, ohne ersichtlichen Grund plötzlich abgezogen waren, vergriffen sich die Soldaten der südsudanesischen Armee an den Zivilisten. Die Ursache für dieses tragische und peinliche Fehlverhalten war dem Vernehmen nach eine Kombination aus Sprachproblemen, restriktiven Einsatzregeln und einer Befehlshierarchie, die offensichtlich verhindert, dass die Kommandeure vor Ort schnelle Entscheidungen treffen können.

Eine Analyse dieses Vorfalls hat ergeben, dass China seine Soldaten auf die Friedensmissionen noch wesentlich besser vorbereiten muss. Die sprachliche Verständigung ist zum Beispiel ein echtes Problem. Tatsächlich haben nur wenige Offiziere ausreichende Englischkenntnisse, und die meisten können überhaupt kein Französisch. Vertrauen aufbauen geht natürlich nicht ohne Kommunikation, und zwar nicht nur mit den Blauhelmen aus anderen Ländern, sondern auch mit der einheimischen Bevölkerung. Nichts schadet dem Ruf der chinesischen Blauhelme mehr als die Gewohnheit, in ihrem Camp unter sich zu bleiben. Ein europäischer Offizier hat es so ausgedrückt: »Die chinesischen Camps sind wunderschön, aber sie hocken immer nur drinnen.«

Von diesen nicht unerheblichen Vorbehalten abgesehen, ist die stärkere Beteiligung Chinas an der UN-Friedenssicherung insgesamt als eine positive Entwicklung zu sehen. Die Europäer sollten dieser Entwicklung weiterhin unterstützen und auf sie aufbauen. Doch leider neigen Chinesen wie Europäer eher dazu, aneinander vorbei als miteinander zu arbeiten. 2016 haben die EU und China immerhin beschlossen, dass sie den Informationsaustausch in Mali besser koordinieren wollen, um diese schwierige UN-Mission effizienter zu gestalten, bei der schon mehrere Blauhelme ums Leben gekommen sind.

Der neue Koordinierungsplan soll die Kommunikation zwischen den politischen Abteilungen und Militärattachés in den europäischen und chinesischen Botschaften erleichtern, aber auch den Austausch der an den Missionen direkt beteiligten Offiziere. Bislang existiert dieser Plan allerdings lediglich auf dem Papier. Was nur besagt, dass auf chinesischer Seite – ungeachtet der politischen Zusicherungen von oben – auf der operativen Ebene zu wenig Interesse an mehr Offenheit besteht.

Aus dem Englischen von Andreas Bredenfeld

1 Im Koreakrieg haben die USA zum Beispiel mehr Napalmbomben abgeworfen als in Vietnam. Siehe Bruce Cummings, »Napalm über Nordkorea«, *Le Monde diplomatique,* Dezember 2004.

2 Siehe Gérard Prunier, »Kleine Geschichte des Südsudan«, *Le Monde diplomatique,* Februar 2011.

3 Zu den Hintergründen der Stationierung von UN-Blauhelmen in Mali siehe Charlotte Wiedemann, »Mission Mali«, *Le Monde diplomatique,* September 2014.

4 In Dschibuti, das als Hort des Friedens in einer unruhigen Nachbarschaft gilt, gibt es bald mehr ausländische als einheimische Soldaten. Neben der ehemaligen Kolonialmacht Frankreich unterhalten vor allem die USA, Japan und neuerdings auch China Militärbasen vor Ort. Siehe Gérard Prunier, »Rivalen auf engstem Raum«, *Le Monde diplomatique,* September 2016.

Erstmals erschienen in *Le Monde diplomatique* vom März 2018.
© 2018 *Le Monde diplomatique,* Berlin

Fortsetzung von Seite 39: Wladislaw Inosemzew, Russische Optionen

eine entsprechende Bildung nach anerkannten internationalen Standards sicherstellen. Darüber hinaus müsste Russland mit China um die Ansiedlung von Produktionsstätten konkurrieren, die die entwickelten Länder der asiatisch-pazifischen Region ins Ausland auslagern. Russland könnte einen solchen Wettbewerb durchaus gewinnen. In den USA jedenfalls sind zurzeit sehr deutlich Stimmen zu vernehmen, die vor der wachsenden Abhängigkeit der USA von China warnen. Wenn Russland seinen potenziellen Partnern attraktive Alternativen bieten kann, bestehen gute Aussichten, im Wettbewerb erfolgreich zu bestehen.

Die russische Außenpolitik müsste entsprechende Signale aussenden. So könnten wir etwa aktiver und produktiver am Prozess der Wiedervereinigung Koreas mitwirken. Sie entspricht den strategischen Interessen Russlands. Zudem kann es keinen Zweifel daran geben, dass Russland einen Friedensvertrag mit Japan braucht. Zu diesem Zweck wäre die Übergabe eines Teils der Kurilen an Japan keinesfalls Landesverrat, sondern würde vielmehr eine Verteidigung nationaler Interessen bedeuten. Zu dieser Einschätzung kann man in Moskau allerdings nur dann kommen, wenn man verstanden hat, welche Vorteile in einer wirtschaftlichen wie politischen Zusammenarbeit mit Japan liegen.

Auch vonseiten der Vereinigten Staaten könnten im Rahmen von bilateralen wie multilateralen Kooperationen Vorschläge kommen, die die strategische Umorientierung Russlands befördern würden. Ich bin überzeugt: Die Formierung des russischen Fernen Ostens als eine Region der Kooperation zwischen Japan, Korea und den USA mit dem Ziel der Einhegung Chinas wäre die beste Voraussetzung für das Gelingen der Modernisierung in diesem Teil Russlands – eine Perspektive, die in den Plänen unserer chinesischen Partner naturgemäß keinen Platz findet. Dasselbe gilt für die Möglichkeit eines politischen Bündnisses in Gestalt einer Achse Moskau–Tokio–Delhi, die zum wesentlichen Element einer Sicherheitsarchitektur im gesamten asiatischen Raum werden kann.

Eine derartige Wende der russischen Außenpolitik könnte in ferner Zukunft auch in die Gründung einer, wie man sie vielleicht nennen könnte, »Nördlichen Allianz« münden. Diese würde die Europäische Union, die Russische Föderation, die Vereinigten Staaten und Japan vereinen und damit die mächtigsten, industriell entwickelten demokratischen Staaten der Welt. Für die gesamte Macht eines solchen Zusammenschlusses gäbe es in der Geschichte keinen Präzedenzfall.

Das Erscheinen eines derart starken Akteurs auf internationaler Bühne, der die Nato durch eine viel breiter angelegte NTO (Northern Treaty Organization) ablösen könnte, zwänge alle antiwestlichen Kräfte, ihre Ansprüche und Ambitionen zurückzunehmen. Russland hätte eine derartige Allianz dringend nötig, denn eine Modernisierung des Landes aus eigener Kraft – dies haben die letzten Jahrzehnte gezeigt – ist ausgeschlossen, zumal angesichts der ständig steigenden Ausgaben für Verteidigung und Sicherheit. Russland kann nur durch ein Bündnis mit anderen westlichen Mächten zu einem modernen Land werden.

Zwischen Russland und China existieren keine Gegensätze, die sie zu Feinden machen würden, aber auch keine Grundlagen für ein dauerhaftes Bündnis. Es wäre naiv, darauf zu hoffen, dass das chinesische Kapital an der Entwicklung des russischen Fernen Ostens und Ostsibiriens interessiert ist. Dagegen ist die Annahme begründet, dass eine weitere russische Annäherung an Peking den Dialog Moskaus mit praktisch allen anderen Hauptstädten dieser Welt wesentlich erschweren würde. Es ist an der Zeit, eine ernsthafte Debatte anzustoßen, *sine ira et studio* (ohne Zorn und Eifer) und auf der Grundlage von Fakten statt Mutmaßungen, um einen Konsens darüber herzustellen, welche Richtung die russische Außenpolitik einschlagen und welchen Charakter sie annehmen soll.

Aus dem Russischen von Falk Bomsdorf

Erstmals erschienen in *Le Monde diplomatique* vom Mai 2013.
© 2013 *Le Monde diplomatique,* Berlin

Von Peking ins Silicon Valley und zurück

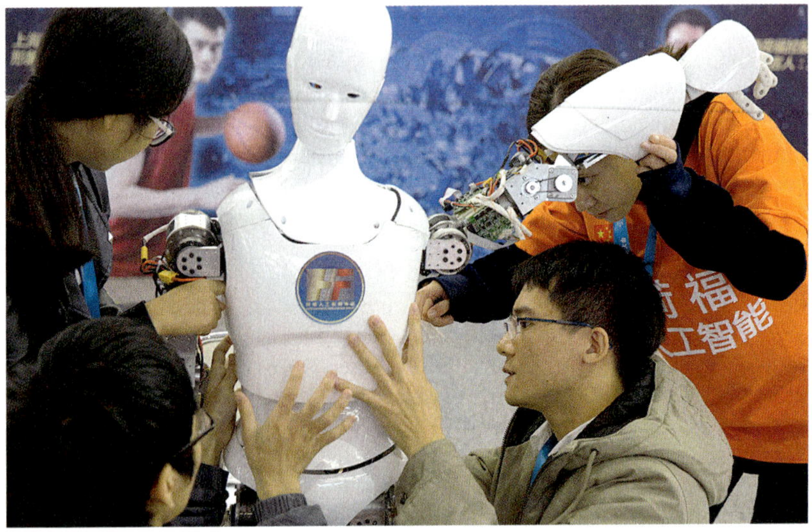

Chinesische Studenten auf der Welt-Roboter-Konferenz, Peking, Oktober 2016. NG HAN GUAN | AP

Die neue Diaspora ist jung, mobil und hochqualifiziert

Von John Lee

In einem vor Kurzem bei der Finanznachrichtenagentur Bloomberg veröffentlichten Artikel ging es um chinesische Firmen, die versuchen Chinesen von den US-amerikanischen IT-Firmen, bei denen sie arbeiten, abzuwerben.[1] Seit China sich in vielen Bereichen zu einer Konkurrenz für die westlichen Industrieländer entwickelt hat, wird mehr und mehr darüber nachgedacht, wie hochqualifizierte Chinesinnen und Chinesen, die in westlichen Ländern gelebt und gearbeitet haben, zu Wachstum und technologischer Entwicklung daheim beitragen können. Schließlich ist seit Mitte der 1990er Jahre eine neue, weltweit mobile chinesische Diaspora entstanden: Studierende, Freiberufler und Unternehmerinnen und Unternehmer, die im Ausland leben, aber enge Bindungen zu China haben.

Chinas Wirtschaftsboom verdankte zu Anfang viel der »alten« Diaspora. Sie war vor allem in »Großchina« und Südostasien fest etabliert und sorgte in den ersten beiden Jahrzehnten der Reform- und Öffnungspolitik unter Deng Xiaoping seit 1978 für den Löwenanteil der Auslandsinvestitionen in der Volksrepublik China. Heute ist die »neue« Diaspora vielleicht noch wichtiger: gut ausgebildete, oft in Festlandchina aufgewachsene Menschen, die bei Chinas Übergang zu einer wissensbasierten Hightech-Ökonomie ganz vorn dabei sind. Sie sind das Gesicht von Chinas heutiger Rolle in der Welt, und die internationalen Verbindungen, die sie knüpfen, sind komplexer als einfache Import-Export-Beziehungen.

Die »alte Diaspora« half mit, dass China zu einer dienstleistungsorientierten Volkswirtschaft mit höherer Wertschöpfung werden konnte – so gaben taiwanische Ingenieure das Wissen aus dem Silicon Valley an Chinas jungen IT-Sektor weiter, und die südchinesische Hafenstadt Guangzhou profitierte von bilateralen Projekten mit Singapore wie der Guangzhou Knowledge City.

Bei der »neuen Diaspora« verstärken sich mehrere Faktoren gegenseitig. Auf der einen Seite lassen die Anstrengungen des chinesischen Staats, den technologischen Rückstand zu den hochentwickelten Ländern aufzuholen oder diese gar zu überholen, den Bedarf an qualifizierten jungen Leuten ansteigen. Und auf der anderen Seite führen die enorme Ausweitung der Hochschulbildung in China[2] und die zahlreichen chinesischen Absolventen ausländischer Hochschulen zu einem gestiegenen Angebot an Hochqualifizierten, von denen viele auch noch Berufserfahrungen in Unternehmen oder an Universitäten im Ausland gesammelt haben.

Die »alte Diaspora« erlebte ihre Glanzzeit in den frühen Reformjahren, als das Land auf ausländisches Investitionskapital und den Zugang zu internationalen Lieferketten und Märkten angewiesen war, die Chinesen in Hongkong, Taiwan und Südostasien bieten konnten. Heute braucht China seinerseits Investitionsmöglichkeiten für sein Kapital und Absatzmärkte für Technologien von Firmen, die in ihren Branchen führend sind – wobei beides immer noch vor allem in den westlichen Ländern zu finden ist. Die hochqualifizierten chinesischen Arbeitskräfte in diesen Ländern sitzen an der idealen Stelle, um die Geld- und Informationsflüsse in beide Richtungen zu lenken.

Schon vor zehn Jahren nannte man sie die »neuen Argonauten«: Menschen, die in den – durch die digitale Kommunikation und billige Flugverbindungen plötzlich erreichbaren – Weiten der Weltwirtschaft zu Geld kommen wollen. Anders als frühere Migranten können sie in zwei (oder mehr) Ländern ein Standbein haben und die Chancen nutzen, die sich ihnen dank ihrer hohen Qualifikation und der ständigen Kontakte über alle Grenzen hinweg bieten. Weil qualifizierte Migranten heute in einem beständigen Austausch zwischen ihrer Herkunftsgesellschaft und ihrer neuen Heimat stehen, sprechen manche schon nicht mehr von »brain drain« (Talentabfluss), sondern von »brain circulation« (Talentzirkulation). Sie seien die Sehnen der »neuen Form der Hyperkonnektivität«[3] der Welt.

Das gilt erst recht auf dem Feld der IT-Dienstleistungen, wo chinesische Firmen das Zeug zur Weltmarktführerschaft haben. Ein prominentes Beispiel ist der Suchmaschinengigant Baidu, der ein innovatives Projekt für künstliche Intelligenz (KI) mit Beteiligung von Labors in Peking und im Silicon Valley entwickelt hat.[4] Die Baidu-Gründer haben ihre Ausbildung in den USA absolviert und dort auch erste Berufserfahrung gesammelt, genau wie der heutige Geschäftsführer Qi Lu (der zuvor für Microsoft gearbeitet hat) und der ehemalige Leiter des Baidu-Big-Data-Labors Zhang Tong (der inzwischen für die Konkurrenz arbeitet, nämlich den chinesischen Technologiegiganten Tencent). Auch der kürzlich zurückgetretene Leiter des KI-Projekts von Baidu, Andrew Ng, hat das US-amerikanische Collegesystem durchlaufen. Mittlerweile ist er Lehrbeauftragter in Stanford – nachdem er zuvor bei Google ein KI-Projekt für Deep Learning ins Leben gerufen hat.

Der chinesisch-US-amerikanische Informatiker Andrew Ng ist heute weltweit das Gesicht des Maschinenlernens, während sein ehemaliger Google-Kollege Kai-Fu Lee berühmt dafür ist, dass er für China als digitale Supermacht wirbt. Lee, geboren in Taiwan, ausgebildet in den Vereinigten Staaten, ist der Vorzeigetyp eines Mitglieds der »neuen Diaspora«: Er arbeitete zunächst für Microsoft, leitete dann das Chinageschäft von Google und steht heute an der Spitze einer Risikokapitalfirma, die Büros in drei chinesischen Städten sowie in Seattle und im Silicon Valley unterhält.

Inzwischen gibt es mehr und mehr IT-Firmen, die ihre Firmensitze und Finanzquellen sowohl in China als auch im Silicon Valley haben, wo die Hälfte der Beschäftigten keine US-Staatsbürgerschaft besitzt. Chinesisch ist dort nach Spanisch die am häufigsten gesprochene Fremdsprache.

Auch andere Länder wollen von Chinas boomendem Technologiesektor und seinen rasch ansteigenden Auslandsinvestitionen profitieren. So haben sich die chinesischen Investitionen in Israel sich 2016 verzehnfacht.[5] Finanziert wurden Projekte wie ein gemeinsames Netz von Zentren für KI und Forschung und Entwicklung, das an der Universität Haifa angesiedelt ist und zahlreiche chinesische Studierende von Hightech-Fächern anzieht.[6] Auch Australiens Bemühungen um grenzüberschreitende Industriekooperationen locken chinesische Expats und Angehörige der Diaspora an. Dieser Zustrom wird weiter zunehmen, da die meisten australischen Einwanderer inzwischen aus China kommen.

Zwar treibt die »neue Diaspora« Chinas Aufstieg in keinem anderen Sektor so energisch voran wie in der Informationstechnologie. Doch auch in anderen wissenschaftlichen und technologischen Bereichen leisten im Ausland ausgebildete Chinesen wichtige Beiträge. Ein bekanntes Beispiel ist die Molekularbiologin Nieng Yan. Sie erregte kürzlich Aufsehen mit ihrer Entscheidung, als Professorin an die US-Universität Princeton zu gehen. Davor hatte sie zehn Jahre an der Tsinghua-Universität in China gearbeitet und dort die Arbeitsgruppe geleitet, die als weltweit Erste ein Membrantransportprotein entschlüsselte.

Nieng Yan hat in Princeton promoviert – bei einem Professor, der ebenfalls aus China stammte und später nach Tsinghua zurückkehrte. Sie erklärte ihre Entscheidung für Princeton mit ihren Hoffnungen auf neue berufliche Anregungen. Beobachter sahen darin allerdings auch eine Reaktion auf die Probleme der chinesischen Wissenschaftskultur. Der entscheidende Punkt ist jedoch, dass Nieng Yan nun die Möglichkeit hat, zwischen den beiden Ländern hin und her zu wechseln und hier wie dort bahnbrechende Forschungen zu betreiben und die nächste Generation von Wissenschaftlern heranzuziehen. Schließlich besetzen in den USA ausgebildete Forscher heute wichtige Positionen in allen Forschungs- und Entwicklungseinrichtungen Chinas, sogar in sicherheitsrelevanten Bereichen: Inzwischen arbeiten so viele ehemalige Beschäftigte einer staatlichen US-Forschungseinrichtung an chinesischen Universitäten, dass sie ein Netz von »Los-Alamos-Clubs« gegründet haben.[7]

Mit den Kompetenzen, die sich diese Menschen in westlichen Ländern aneignen, können sie helfen, die Lücken zu schließen, die das chinesische Bildungssystem und die Forschungskultur in Firmen und an Universitäten reißen. Seit einigen Jahren kehren die allermeisten Chinesinnen und Chinesen nach dem Studium oder einem längeren Auslandsaufenthalt, vorzugsweise in den USA, wieder nach China zurück.[8]

Das entspricht dem allgemeinen Trend, dass ausländische Absolventen westlicher Universitäten in ihre Heimatländer zurückgehen oder sich dort zumindest beruflich engagieren. Chinas langes und intensives Werben um qualifizierte rückkehrwillige Emigranten scheint sich allmählich auszuzahlen. Dazu beigetragen hat wohl, dass sich die ökonomischen und technologischen Bedingungen deutlich verbessert haben – inzwischen hat China teils ähnlich gute Jobs anzubieten wie die westlichen Industrieländer.[9] So sind beispielsweise am Jangtse-Delta Dutzende Biotech-Start-ups entstanden, die Medikamente gegen Diabetes, Hepatitis B, Krebs und andere Krankheiten entwickeln.

Zu den Gründen für die neue Attraktivität Chinas gehören sicher auch der Anstieg der Arbeitslosigkeit in westlichen Ländern nach 2008, eine rigide Einwanderungspolitik (die es zumindest in den USA schwerer macht, ausländische Talente zu halten) und die »Bambus-Decke«, die die Karrieren von asiatischen Beschäftigten bremst.

Nach einer Reihe von Ermittlungen gegen chinesischstämmige Forscher in den USA wegen Spionagevorwürfen – die meisten wurden wieder eingestellt – fürchten Beschäftigte in sicherheitsrelevanten Bereichen außerdem eine Benachteiligung aufgrund der ethnischen Zugehörigkeit. Ein Trend, der viele an die McCarthy-Ära erinnert und am Ende ähnlich negative Auswirkungen für das Gastland haben könnte wie damals: wegen Spionageverdachts wiesen die USA 1955 den in Hangzhou geborenen Wissenschaftler Qian Xuesen aus, der an der privaten Eliteuniversität Caltech in Pasadena arbeitete und später zum »Vater des chinesischen Raketen- und Raumfahrtprogramms« wurde. Ein Pentagon-Mitarbeiter bezeichnete die Ausweisung als »das Dümmste, was dieses Land jemals getan hat«.

Angesichts der zunehmenden internationalen Vernetzung spielen Ängste, dass chinesischstämmige Mitarbeiter sich als »Maulwürfe« entpuppen könnten, eine immer größere Rolle. Westliche Konzerne siedeln immer mehr Forschung und Entwicklung (F&E) in China an, während chinesische Firmen zahllose F&E-Zentren in westlichen Ländern aufbauen.

Im neuen Jahrtausend hat die grenzüberschreitende Zusammenarbeit in der Forschung stetig zugenommen. Aus China stammen mittlerweile immer mehr wissenschaftliche Veröffentlichungen, immer mehr Chinesinnen und Chinesen studieren an westlichen Universitäten. Mehr als die Hälfte der Doktortitel in den Ingenieur- und Computerwissenschaften, die heute in den USA verliehen werden, geht an ausländische Studierende, und jeder dritte ausländische Studierende kommt aus China. Angesichts wachsender Ressentiments gegen Zuwanderung warnen Universitäten und Industrie je-

Fortsetzung auf Seite 67

Einkaufen in Australien

Ob Farmen, Wohnungen oder Politiker – Chinas Kapital sorgt für Unruhe

Chinesisches Neujahr in Sydney, 8. Februar 2017. JORDAN HATCH [CC-BY-SA 2.0]

Von Urs Wälterlin

Es war das ungewöhnliche Ende der Karriere eines ungewöhnlichen Politikers. »Ich habe immer integer gehandelt. Und ich werde immer ein patriotischer Australier bleiben«, sagte Sam Dastyari bei seinem Rücktritt im Dezember 2017 vor Journalisten. In Iran geboren, als Kind nach Australien gekommen, war er der Hoffnungsträger für viele muslimische Australier. Schon früh war er ein ebenso eloquenter wie öffentlichkeitswirksamer Wortführer in der Labor-Partei. Mit 30 saß er bereits im Senat.

Vier Jahre später dann der Schock: Dastyari sei, so der Vorwurf, ein »Agent des Einflusses« Chinas. Verdächtig oft hatte er Chinas Position im Territorialkonflikt im Südchinesischen Meer öffentlich verteidigt und sich damit gegen die konservative australische Regierung sowie gegen seine eigene Partei gestellt. Dann wurde bekannt, dass er sich von chinesischen Geschäftsleuten hatte bezahlen lassen. Außerdem soll er einem australisch-chinesischen Unternehmer verraten haben, dass dessen Telefon vom australischen Inlandsgeheimdienst Asio abgehört werde.

Für die meisten Experten kamen die Enthüllungen nicht überraschend. »China zielt auf Australien, und das seit Langem«, sagt beispielsweise der ehemalige australische Geheimdienstagent Mark Myers (Name geändert) im persönlichen Gespräch. Myers hat für einen australischen Nachrichtendienst die Aktivitäten seiner Kontrahenten in Peking analysiert. »Die Chinesen sind weltweit führend bei der Spionage«, sagt er nicht ohne Bewunderung. Doch auch diese Profis hätten Grenzen. »Selbstverständlich können sie unsere Telefone abhören, Computer hacken, E-Mails lesen, Nachrichten ent- und verschlüsseln. Was sie aber am meisten suchen, ist der direkte Draht zur politischen Führung eines Landes.« Laut Myers orientiert sich die chinesische Führung noch heute an dem Jahrhunderte alten Buch »Die Kunst des Krieges«. Darin beschreibt der General und Militärstratege Sunzi (ca. 544–496 v. Chr.) die verschiedenen Arten der Kriegsführung: mit dem Schwert – und mit Manipulation, der Lieblingswaffe der Chinesen, wie Myers glaubt. Dastyari sei ein idealer Kandidat gewesen, um »Agent des Einflusses« zu werden. »Ein Mann mit einem starken Bedürfnis nach Anerkennung. Einer, der sich beeindrucken lässt von Einladungen, Geschenken – und von Chinas spektakulärem Wirtschaftswachstum.« Einer, der sich manipulieren lasse, weil er selbst ein Strippenzieher sein möchte.

Seit einigen Jahren stationieren die USA in Nordaustralien eine wachsende Zahl von Marinesoldaten, trotz anfänglicher Proteste aus Peking. Zusammen mit der australischen Armee trainieren sie in der Savanne für den Kampf gegen den Feind. Und der hat – zumindest inoffiziell – einen Namen: China. Die Elitekrieger sind Teil des »Gürtels aus Stahl«, mit dem sich die USA und ihre Verbündeten gegen die vermeintliche Expansion Chinas abzuschirmen versuchen. Von Darwin sind es gerade mal 3000 Kilometer bis zum Südchinesischen Meer. Nach Melbourne sind es 4000.

Seit 1951 geben die USA über den Anzus-Pakt eine Sicherheitsgarantie für Australien. Sie lösten quasi die frühere Kolonialmacht Großbritannien als Schutzmacht ab. Seither marschiert Canberra Hand in Hand mit Washington – durch Kriege und Krisen – als einer der wichtigsten und treuesten Verbündeten überhaupt. Der frühere australische Premierminister John Howard hatte sein Land einmal als »Hilfssheriff« der USA im Pazifik bezeichnet. Dabei dürfte es auch bleiben, wie aus einem jüngst veröffentlichten Weißpapier der Regierung hervorgeht. Als militärische und ökonomische Großmacht in der Region werde China zwar für Australien immer wichtiger. Doch das Bündnis mit den USA sei unverbrüchlich, und Washington werde auch in Zukunft seine schützende Hand über Australien halten.

Nicht alle Experten finden diese Haltung sinnvoll, erst recht, seit in Washington der unberechenbare Donald Trump regiert. Hugh White, ehemaliger Analyst beim australischen Geheimdienst Office of National Assessment (ONA) und Professor für Verteidigungsstrategie an der Australian National University in Canberra kritisiert schon seit Jahren die angebliche USA-Hörigkeit von Australiens Politikern. Er warnt davor, die Welt weiter »mit den Augen Amerikas« zu sehen. Was sich zwischen Washington und Peking seit gut zwei Jahrzehnten abspiele, sei »Machtpolitik der härtesten Art«. Und Australien stehe dazwischen. Australien gehe »einer beispiellosen Zukunft entgegen, ohne einen englischsprachigen großen und mächtigen Freund, der uns Sicherheit gibt und unsere Interessen schützt«. White glaubt zu wissen, wie es enden wird: »Amerika wird verlieren, China gewinnen.« Die Frage sei nur, auf welche Seite sich Australien schlägt.

Was die Wirtschaft angeht, hat sich Australien längst entschieden – und zwar für China. Ob Kohle oder Eisenerz, das rapide Wachstum der Volksrepublik im Norden bescherte Australien jahrelang einen enormen Rohstoffboom. Außerdem ist China der wichtigste Abnehmer australischer Exporte, nicht zuletzt von Agrarprodukten. Butter, Fleisch und Milchpulver »made in Australia« gilt bei chinesischen Verbrauchern als Garant für gesunde, saubere Ware. Von dieser Entwicklung profitiert auch Australiens Weinindustrie. China ist der wichtigste einzelne Abnehmer von Shiraz und Chardonnay. Vor fünf Jahren war es noch Großbritannien.

Während die chinesische Nachfrage nach mineralischen Rohstoffen in den letzten fünf Jahren wieder etwas zurückgegangen ist, legen die chinesischen Direktinvestitionen in Australien zu. Zwar sind die USA immer noch der größte Investor, während China Platz sieben belegt. Doch chinesische Anleger pumpen – anscheinend oft mit Unterstützung der Kommunistischen Partei Chinas – Milliarden Dollar ins Land.

Seit Jahren fließen große Teile dieses Geldes in den Immobiliensektor, weshalb der Immobilienmarkt in allen australischen Großstädten inzwischen dramatisch überhitzt ist. Angaben der US-Finanzdienstleistungsfirma CoreLogic zufolge sind die Immobilienpreise in Sydney seit der Finanzkrise 2008 um 98 Prozent gestiegen, in Melbourne um 84 Prozent – parallel zur Zunahme des Interesses chinesischer Investoren. Laut Credit Suisse gehen im Bundesstaat New South Wales (NSW) ein Viertel der neu gebauten Immobilien an ausländische Käufer. 87 Prozent davon sind Chinesen. Dass Australier bei Auktionen gegen die finanzstarken Bieter aus Fernost oft keine Chance haben, sorgt in der Bevölkerung für wachsenden Unmut.

Die Regierung von NSW reagierte mit einer Verdoppelung der Grunderwerbssteuern für ausländische Käufer, woraufhin das Interesse chinesischer Millionäre an einer Zweitwohnung in Sydney allerdings kaum nachließ. Als normal verdienende Familie kann man sich inzwischen jedenfalls keine Wohnung in einer Großstadt mehr kaufen. Australien, das bis vor zwei Jahrzehnten noch zu den OECD-Spitzenreitern bei selbst genutztem Wohneigentum gehört hat, entwickelt sich zu einem Volk von Mietern.

Dabei verlagert sich das Interesse vor allem der chinesischen Großanleger: Statt in Luxusapartments in Sydney investieren sie neuerdings lieber in Rinderfarmen im Outback, Molkereien, Getreidesilos, Schlachthöfe und Verladehäfen. Zwischen 2016 und 2017 sind die Investitionen chinesischer Anleger in den australischen Agrarsektor von 300 Millionen auf rund 1 Milliarde US-Dollar gestiegen.

Von den ausländischen Unternehmen halten zwar nach wie vor die britischen den größten Anteil an Agrarland. Aber die chinesischen Investoren holen auf. 2017 kontrollierten sie 14 Millionen Hektar oder 2,5 Prozent der landwirtschaftlichen Nutzfläche Australiens. Schließlich braucht China die Anbauflächen und Farmen im Ausland, um Nahrungssicherheit für seine schnell wachsende Mittelklasse zu schaffen.

Ihre Farmen sind den Australiern allerdings heilig. Bei einer Umfrage der Denkfabrik Lowy Institute sprachen sich 2016 über 80 Prozent der Befragten prinzipiell gegen die Übernahme von Agrarland durch Ausländer aus. Meinungsforscher stellen immer wieder fest, dass die europäischstämmige Bevölkerungsmehrheit ein bestenfalls gespaltenes Verhältnis zu China hat. Man schätze zwar die ökonomischen Vorteile, die der Handel mit dem großen Land im Norden bringt, fürchte aber zugleich die Dominanz, meinte der frühere Premierminister Tony Abbott einmal. »Habgier und Angst« – so nannte er diese ambivalente Haltung.

Die Unsicherheit machen sich rechtspopulistische Parteien wie One Nation zunutze. Sie warnen vor einem angeblichen »Ausverkauf der Heimat« und kommen mit ihren fremdenfeindlichen und rassistischen Sprüchen gut an. In ländlichen Gebieten muss man lange suchen, bis jemand ein positives Wort über China verliert.

Die Abneigung der Australier gegenüber Chinesen ist nicht neu. Schon 1850, in Zeiten des großen Goldrauschs im Bundesstaat Victoria wurden die asiatischen »Eindringlinge« von den europäischstämmigen Glückssuchern ausgegrenzt und zeitweise sogar regelrecht verfolgt. Die wahre Ursache für die Antipathie war nicht selten Neid. Denn die Chinesen arbeiteten nicht nur Tag und Nacht und wurden folglich auch oft fündig. Sie entwickelten auch bald rentable Nebengeschäfte, indem sie vor allem Gemüse anbauten oder mit Werkzeug und anderen Gegenständen Handel trieben.

Heute sind 5,6 Prozent der Australier – 1,2 Millionen Menschen – chinesischen Ursprungs. China ist eines der wichtigsten Herkunftsländer von qualifizierten Einwanderern. Darüber hinaus kommen tausende Studenten aus der Volksrepublik. Sie alle nehmen, so die Einschätzung vieler Experten, Einfluss auf die öffentliche Meinung in Australien. Für die KP gelten »alle Chinesen als Chinesen, egal wo sie sind«, erklärt Mark Myers. »Wer einmal Chinese ist, bleibt für immer Chinese.« Das verpflichte.

Clive Hamilton vom Australia Institute nennt Dutzende chinesischer Gemeinde- und Studentenorganisationen in Australien, die vom United Front Department der KP in Peking gesteuert würden. Diese von Deng Xiaoping 1979 wiederbelebte Parteiorganisation arbeitet auf Anweisung des Zentralkomitees an der Beeinflussung von Einzelpersonen im In- und Ausland.

Das Department pflegt Kontakte mit Organisationen und Personen, die über Einfluss in Gesellschaft, Wirtschaft und Wissenschaft verfügen, »inklusive der Rekrutierung von Agenten aus der chinesischen Diaspora«. Wie das abläuft, haben die Kanadier Fabrice de Pierrebourg und Michael Juneau-Katsuya schon 2009 ausführlich beschrieben.[1] Mit seiner aktuellen Untersuchung bestätigt auch Clive Hamilton das, wovor der damalige Geheimdienstchef des chinesischen Konsulats in Sydney schon 2005 warnte, nachdem er ich in den Westen abgesetzt hatte. Der Diplomat Chen Yonglin hatte ein Netzwerk von Informanten und Stimmungsmachern geführt, bevor er die Arbeit nicht mehr mit seinem Gewissen vereinbaren konnte. Er lebt seither in Sydney.

In seinem noch unpublizierten Buch »Silent Invasion: How China Is Turning Australia into a Puppet State«[2] schreibt Clive Hamilton von 37 Studenten- und Akademikerorganisationen, über die Peking Einfluss auf Australiens Universitäten ausüben. Selbst das staatliche industrielle Forschungsinstitut CSIRO sei Ziel eines Systems, mit dem die chinesische Führung »ins Leben chinesischer Studenten eingreift und die Freiheit der Forschung beschränkt«. 2013 kehrte ein am CSIRO beschäftigter chinesischer Wissenschaftler unvermittelt nach China zurück, nachdem er sich offenbar unerlaubt Zugang zu sensiblen Daten verschafft hatte. Laut anderen Quellen mobilisiert China häufig Studenten, die gegen Demonstrationen beispielsweise für die Unabhängigkeit Tibets antreten. So kam es auch im Vorfeld der Olympischen Spiele in Peking 2008 in Canberra zu Auseinandersetzungen zwischen Menschenrechtsaktivisten und aus dem ganzen Land per Bus angereisten chinesischen Gegendemonstranten.

Aus einer Eingabe an das australische Parlament, aus der Hamilton in seinem Buch zitiert, geht hervor, dass auch Australiens Wirtschaft für den wachsenden Einfluss Pekings verantwortlich ist. Sie ermögliche chinesischen Organisationen, enge persönliche Beziehungen zu australischen Geschäftsleuten aufzubauen und deren Einstellung in eine Richtung zu drängen, die den Interessen der KP

Fortsetzung auf Seite 67

Ein Anruf von Frau Li

Chinas Auslandspropaganda ist plump, aber effektiv

Von David Bandurski

Im Oktober letzten Jahres lief auf dem Kabelfernsehsender Discovery Channel die gut gemachte Dokumentarserie »China: Time of Xi«. Darin wurde China unter der Führung seines gütigen und visionären Präsidenten Xi Jingping als ein dynamisches Land präsentiert, das an der Spitze des Fortschritts marschiert. Als Moderatoren traten namhafte internationale Persönlichkeiten auf, darunter der US-amerikanische Architekt Danny Forster und der vietnamesisch-australische Biomediziner Jordan Nguyen. Produziert hatte die von Discovery in Auftrag gegebene Serie Meridiane Line Films, eine »unabhängige Produktionsfirma mit Sitz im Vereinigten Königreich«. Sie lief in 37 Ländern und Regionen in ganz Asien und erreichte Zuschauerzahlen im zweistelligen Millionenbereich.[1]

Den meisten Kommentatoren zufolge war die Serie einfach ein Beweis für gute Programmplanung – eine geschickt platzierte Reaktion auf das politische Großereignis des vergangenen Jahres in China, den 19. Parteitag der Kommunistischen Partei (KPCh), der wenige Tage nach der Ausstrahlung begann. *The Straits Times,* die englischsprachige Tageszeitung in Singapur, zitierte Liz McLeod, die Mitgründerin von Meridian Line Films und heutige Kreativdirektorin, mit den Worten: »Dies ist natürlich ein Zeitpunkt, zu dem das Publikum von Discovery mehr über Präsident Xi und die chinesische Politik erfahren will, und deshalb war das ein sehr guter Moment, um diese Serie zu drehen«.[2]

Nach einem genaueren Blick auf die Umstände der Entstehung von »China: Time of Xi« wird jedoch schnell klar, wie die Sache wirklich abgelaufen ist. Die Serie war in Wahrheit das Ergebnis eines Dreijahresvertrags, unterzeichnet im März 2015 von der asiatisch-pazifischen Discovery-Tochter und dem China Intercontinental Communication Center (CICC), einer Firma, die vom Presseamt des chinesischen Staatsrats (State Council Information Office, SCIO) betrieben wird. Und bei der wiederum handelt es sich um eine Regierungseinrichtung, die die gleiche Adresse hat wie das Büro für Auslandspropaganda der Zentralen Propagandaabteilung der KPCh (Central Propaganda Department's Office of Foreign Propaganda, OFP).[3]

Aufgabe des OFP ist es, die offiziellen Parteibotschaften im Ausland zu verbreiten. Die Berichterstattung rund um die Serie fand fast ausschließlich in chinesischen Staatsmedien statt, die sich allerdings große Mühe gaben, die Leserschaft von ihrer Unabhängigkeit zu überzeugen.[4] Selbst der Artikel in der *Straits Times* mit dem Zitat von Liz McLeod war aus *China Daily* übernommen, der offiziellen englischsprachigen Tageszeitung des SCIO.

Die Meridian Line Films mit Sitz in Großbritannien ist nur eines von vielen Beispielen für die verschachtelten Strukturen, die am Ende allesamt zum CICC und dem Presseamt des Staatsrats führen.

In seinem Geschäftsbericht vom Juli 2015 nennt Meridian Line als Direktoren Jing Shuiqing, den stellvertretenden Leiter des CICC, sowie dessen Kreativdirektor Wang Yuanyuan. Dem Bericht ist weiter zu entnehmen, dass 85 Prozent der Anteile an Meridian Line der »China International Communication Center Ltd.« gehören. Aus Unterlagen über chinesische Unternehmen geht hervor, dass sich das CICC unter seinem Chef Jing Shuiqing vollständig im Besitz einer Firma ähnlichen Namens befindet, die wiederum der »Zentralen Propagandaabteilung (Presseamt des Staatsrats)« gehört. Der gesetzliche Vertreter dieser Firma ist Chen Lujun, gegenwärtig stellvertretender Direktor des Nachrichtenbüros der Zentralen Propagandaabteilung – und damit einer der wichtigsten Aufseher des Landes für Film und Medien (obwohl er regelmäßig als »Manager der Filmbranche« auftritt).

Der kurze Überblick über die Hintergründe dieses cleveren Propagandamanövers soll deutlich machen, auf welch handfeste Weise die KPCh versucht, die Debatten über die Rolle Chinas und seinen Einfluss in der Welt an sich zu reißen, während das Land seine Rolle als internationale Großmacht weiter ausbaut.

Während die Welt im letzten Jahr mit Verwunderung und Besorgnis auf die USA blickte, die unter Donald Trump schnell von ihrer internationalen Führungsrolle abrückten und damit ein womöglich gefährliches Machtvakuum hinterließen, propagierten chinesische Politiker eine globale Führungsrolle für China. Sie sprachen von einer »chinesischen Lösung« für die Probleme der Welt, einer einzigartigen, stabilisierenden Alternative zu dem Chaos, vor dem die westlichen Demokratien angeblich standen.[5]

Aber wenn Chinas Erfolge etwas Wesentliches zur Lösung der aktuellen Probleme in der Welt beitragen sollen, wenn sie den Weg zu dem weisen sollen, was chinesische Politiker mittlerweile als »eine Gemeinschaft mit einer gemeinsamen Zukunft für die Menschheit« bezeichnen, dann muss man diese Erfolge zunächst unvoreingenommen und genau unter die Lupe nehmen. Und da zeigt die »chinesische Lösung« ihr wahres Gesicht: dass nämlich Kontrolle der Information und der öffentlichen Meinung für die KPCh unverzichtbar sind. Schließlich sind das seit jeher die wichtigsten Instrumente gewesen, mit denen die Partei ihre Legitimität im Einparteiensystem auch nach innen absichert. Um das zu verstehen, genügt ein Blick auf Chinas aggressive Bemühungen, der eigenen Version der Wahrheit Geltung zu verschaffen und alle widersprechenden und komplexeren Ansichten von Ökonomen, Sozialwissenschaftlern, Journalisten und anderen zum Schweigen zu bringen.

Im Jahr 2017 erschütterten zwei vielsagende Skandale die akademische Welt. Im August wurde bekannt, dass das renommierte britische Verlagshaus Cambridge University Press gegenüber der chinesischen Regierung eingeknickt war und den Onlinezugang zu hunderten Artikeln aus *China Quarterly*[6] gesperrt hatte. *China Quarterly* ist eine wissenschaftliche Zeitschrift, in der weltweit führende China-Experten veröffentlichen und deren Beiträge zuvor durch ein unabhängiges Gutachterverfahren geprüft werden. Die Blockade traf auch das *Journal of Asian Studies.* Die 315 blockierten Artikel behandelten viele unterschiedliche Themen, die in den Augen der chinesischen Regierung als heikel gelten, darunter die Kulturrevolution, die Demokratie in Hongkong und die Demonstrationen auf dem Tiananmen-Platz 1989. Nach einem internationalen Proteststurm hob Cambridge University Press die Sperre wieder auf. Doch der Fall ist für den Verlag damit wahrscheinlich noch nicht erledigt: Weil er sich der Zensurbehörde am Ende nicht gebeugt hat, wird er das Geschäft in China womöglich komplett einstellen müssen.

Im Herbst 2017 deckte die *Financial Times* einen weiteren Zensurskandal auf.[7] Diesmal ging es um den weltweit tätigen deutschen Wissenschaftsverlag Springer Nature, der auf Druck der Regierung in Peking einen Teil seines Angebots für Internetnutzer in China gesperrt hatte. Anders als Cambridge University Press blieb Springer

Videostill aus der Dokumentarserie »China: Time of Xi«, 2017. DISCOVERY CHANNEL

Nature bei seiner Entscheidung, sich den chinesischen Zensoren zu beugen. »Diese Maßnahme ist zutiefst bedauerlich«, hieß es in einer Stellungnahme des Verlags. »Sie wurde jedoch ergriffen, um deutlich gravierendere Auswirkungen auf unsere Kunden und Autoren zu verhindern und steht im Einklang mit unseren Regularien.«[8]

Wenn die chinesische Führung mit Zuckerbrot nicht weiterkommt, setzt sie auf Behinderung und Einschüchterung. Im Juni 2017 kündigte die Stadt Weimar an, ihren jährlich vergebenen Menschenrechtspreis an Ilham Tohti zu verleihen, einen Wirtschaftswissenschaftler. Er war 2014 zu lebenslanger Haft verurteilt worden, nachdem er die Repressionen der chinesischen Regierung gegen die – mehrheitlich muslimischen – Uiguren in der nordwestlichen Provinz Xinjiang angeprangert hatte. Nach der Bekanntgabe des Preisträgers wurde die Internetseite der Stadt gehackt. Die Hacker entfernten alle Informationen zur Preisverleihung. Außerdem rief eine »Ms Li« von der chinesischen Botschaft in Berlin beim Preiskomitee in Weimar an und protestierte gegen die Preisverleihung an einen »chinesischen Kriminellen«.

Was besagt die Situation in Xinjiang über die Wirksamkeit von »chinesischen Lösungen«? Aus Berichten, die seit der Verhaftung von Ilham Tohti vor vier Jahren in internationalen Medien erschienen sind, geht hervor, dass sich die Situation der Uiguren in Xinjiang seither dramatisch verschlechtert hat. Sie sind Bürger zweiter Klasse, werden aufgrund ihrer Kultur und Religion verfolgt, mit Überwachungskameras und Computerprogrammen kontrolliert oder es wird ihnen ihr Ausweis abgenommen.[9]

Doch die Regierung hält an ihrem offiziellen Narrativ fest: Ende August 2017 erklärte einer der wichtigsten Verantwortlichen für Auslandspropaganda in der Region, Ailiti Saliyev, »in Xinjiang leben die glücklichsten Muslime der Welt«. Und am 20. Oktober 2017 meldete *China Daily,* das Wirtschaftswachstum in Xinjiang habe über dem Landesdurchschnitt gelegen.

Wenn westliche Medien auf solche Widersprüche aufmerksam machen, wirft Peking ihnen unweigerlich Voreingenommenheit und ungerechte Behandlung vor. Dabei ist es eine unbestreitbare Tatsache, dass internationale Medien kaum Zugang zum chinesischen Markt haben und dass die Arbeit ausländischer Korrespondenten immer schwieriger wird, während gleichzeitig Chinas Staatsmedien ungehinderten Zugang zu den Medienmärkten in Europa und den Vereinigten Staaten genießen. Partei- und Staatsmedien wie beispielsweise *People's Daily* oder *China Daily* können ihre Geschichten ungehindert über Facebook und Twitter verbreiten, die beide in China seit 2009 verboten sind.

China gibt schätzungsweise jedes Jahr die ungeheuerliche Summe von 10 Milliarden US-Dollar für Außenpropaganda aus – und findet überall auf der Welt willige Märkte und Partner. Der staatliche Fernsehsender China Central Television (CCTV) betreibt seit 2012 einen englischsprachigen Ableger in den USA. Die Berichterstattung des Senders, der kürzlich in CGTN America umbenannt wurde, folgt der Linie der chinesischen Regierung, besonders wenn China selbst das Thema ist. *China Daily,* das Flaggschiff des SCIO, erscheint weltweit, wird in 34 Druckereien außerhalb Chinas gedruckt und oft als kostenlose Beilage von einflussreichen Zeitungen wie der *Washington Post* und dem *Daily Telegraph* in Umlauf gebracht.

Gleichzeitig gelten für die Berichterstattung ausländischer Medien in China nach wie vor strenge Einschränkungen. 2016 hieß es in einem Bericht des Clubs der Auslandskorrespondenten in China, die chinesischen Behörden drohten oft damit, Korrespondenten kaltzustellen, wenn ihnen deren Berichterstattung nicht passte. Ein Korrespondent wurde mit den Worten zitiert: »Das Außenministerium spricht laufend vage Drohungen aus, unsere ›Beziehung‹ werde Schaden nehmen, falls ihnen unsere Berichterstattung nicht gefallen sollte.« Die *New York Times,* die *Financial Times,* der *Economist,* der *Guardian* und die BBC durften im Oktober 2017 keine Vertreter zur Abschlusspressekonferenz von Xi Jingping auf dem 19. Parteitag schicken. Dabei lud der Präsident die Journalisten lächelnd ein, sie sollten doch »herkommen und sich mehr von China anschauen«.[10]

China drängt auf eine aktivere globale Führungsrolle und will die Welt überzeugen, dass seine Erfolge den Weg »zu einer Gemeinschaft mit einer gemeinsamen Zukunft« weisen. Doch wir sollten hartnäckiger nachfragen, wie sein Narrativ zustande kommt und verkauft wird.

In der angeblich unabhängigen Serie auf dem Discovery Channel sagt ein chinesischer Experte, »Präsident Xi stellt auf ganz und gar einzigartige Weise das Volk in den Mittelpunkt«. Er kümmere sich um die Armen. Es folgt eine Szene, die Xi bei einem Besuch auf dem Land zeigt. Mit einem beruhigenden Lächeln verspricht der Staatschef den versammelten Dorfbewohnern: »Die Partei und die Regierung werden allen helfen!« Die Leute applaudieren begeistert.[11]

Einen Monat nach dem Ende des 19. Parteitags, bei dem Xi mit einer Machtfülle ausgestattet wurde, wie es sie seit den Zeiten Mao Zedongs nicht gegeben hatte, ordneten die Behörden in Peking die brutale Vertreibung von zehntausenden Wanderarbeitern an, um die Hauptstadt von »illegalen Strukturen« zu säubern. Viele dieser Menschen, die in offiziellen Dokumenten abfällig als »low-end population«, als Bodensatz der Gesellschaft, bezeichnet werden, blieben danach in der eisigen Winterkälte obdachlos zurück.

Das war wieder einmal eine typisch chinesische Lösung für ein Problem, das die Stadtplanungsfunktionäre loswerden wollten. In den sozialen Medien weckten die Vertreibungen für kurze Zeit Mitgefühl und dann Zorn. Doch die endgültige Lösung bestand nicht darin, das Problem anzugehen, sondern die Diskussion zu begraben.

Aus dem Englischen von Ursel Schäfer

1 PR Newswire, »Discovery Channel Delves into Time of Xi«, 13. Oktober 2017.
2 »Documentary by Discovery Channel highlights Xi Jinping's key role in China's growth«, *The Straits Times,* 16. Oktober 2017.
3 David Gitter, »The CCP Plants the China Dream Abroad. The CCP's arms of influence are targeting foreign societies in ways that have seldom been fully considered«, *The Diplomat,* 9. Dezember 2017.
4 Zhang Niansheng und Hu Zexi, »China was on the brink of entering a new chapter«, Interview mit Vikram Channa, Vizepräsident von Discovery Networks Asia-Pacific, *People's Daily,* 19. Oktober 2017.
5 Will Edwards, »The ›China Solution‹: Beijing Aims for Global Leadership«, *The Cipher Brief,* 2. Mai 2017.
6 Maev Kennedy und Tom Phillips, »Cambridge University Press backs down over China censorship«, *The Guardian,* 21. August 2017.
7 Ben Bland, »Outcry as Latest Global Publisher Bows to China Censors«, *Financial Times,* 1. November 2017.
8 Benedicte Page und Natasha Onwuemezi, »Springer Nature blocks journal articles in China«, *The Bookseller,* 2. November 2017.
9 Siehe unter anderem: »China Uighurs: Ban on long beards, veils in Xinjiang«, Al Jazeera, 1. April 2017; Josh Chin und Clément Bürge, »Twelve days in Xinjiang. How China's surveillance state overwhelms daily life«, *The Wall Street Journal,* 19. Dezember 2017.
10 Sue-Lin Wong, »China says foreign media welcome, as some media outlets excluded from key event«, Reuters, 25. Oktober 2017.
11 youtube.com/watch?v=xrV5GpogjDg.

Erstmals erschienen in Le Monde diplomatique vom März 2018.
© 2018 *Le Monde diplomatique,* Berlin

Fortsetzung von Seite 61: John Lee, Von Peking ins Silicon Valley und zurück

doch, dass die technologische Führungsrolle der USA gefährdet sei, wenn es nicht gelinge, die Zuwanderer im Land zu halten.

Während die transnationale chinesische »kreative Klasse« größer wird, setzt Peking auf mehr Repression zu Hause und ein energischeres Auftreten im Ausland. Dazu gehört auch, dass China verstärkt ideologische Loyalität von seinen Staatsbürgern einfordert und neue Ziele vorgibt, um den eigenen Anteil an der Produktion zu steigern und in Schlüsselbereichen eine technologische Führungsrolle einzunehmen.

Junge Chinesen im Ausland demonstrieren einen neuen patriotischen Eifer – ein Beispiel dafür ist die »Little Pink«-Bewegung[10] –, was zu Spannungen mit der Bevölkerung der Gastländer führt, aber auch mit chinesischstämmigen Menschen, die einen anderen Hintergrund und andere Überzeugungen haben. Seit Peking seine Auslandsinvestitionen zunehmend in die Übernahme von Technologiefirmen lenkt, wächst in westlichen Ländern die Sorge vor der neuen Konkurrenz, die man sich da womöglich heranzieht.

In den 1980er- und 1990er Jahren trieb die »alte Diaspora« Chinas Entwicklung zur Drehscheibe der Produktion im asiatisch-pazifischen Raum an und setzte damit eine Verschiebung der Kräfteverhältnisse in der Region in Gang. Die neue chinesische Diaspora steht im Mittelpunkt einer Transformation, die womöglich noch einschneidendere Folgen haben wird. In einer Zeit, in der die Zweifel an den Vorteilen der Globalisierung lauter werden und die Zuversicht schwindet, ein dank der Globalisierung aufstrebendes China ließe sich in die Strukturen der entwickelten Welt einbinden, spielen diese meist jungen Leute – die so etwas wie die Verkörperung der globalisierten Welt sind – eine extrem wichtige Rolle.

Aus dem Englischen von Ursel Schäfer

1 »Chinese Workers Abandon Silicon Valley for Riches Back Home«, Bloomberg News, 10. Januar 2018.
2 Von 2000 und 2013 stieg die Anzahl der Studierenden in China von 12,3 Millionen auf 34,6 Millionen; siehe: William John Morgan und Bin Wu, »The Chinese dream for higher education and the dilemma it presents«, *The Conversation*, 15. Dezember 2014.
3 »Weaving the world together. Mass migration in the internet age is changing the way that people do business«, *The Economist*, 19. November 2011.
4 Gil Press, »Faster Artificial Intelligence: Baidu Benchmarks Hardware For Deep Learning«, Forbes.com, 30. September 2016.
5 Max Schindler, »Chinese investors flock to Israel for unlikely reasons«, *The Jerusalem Post*, 20. Dezember 2017.
6 Rebecca Fannin, »China And Israel Tech Ties Grow Closer With $10M Deal For 3 AI Center,« Forbes.com, 21. März 2017; sowie Sarah Levi, »Chinese enrollment at Israeli universities skyrockets«, *The Jerusalem Post*, 14. August 2017.
7 Stephen Chen, America's hidden role in Chinese weapons research, *South China Morning Post*, 29. März 2017.
8 Kenneth Rapoza, »China's ›Best And Brightest' Leaving U.S. Universities And Returning Home«, Forbes.com, 17. April 2017.
9 Viwek Wadhwa, »Fewer of the world's entrepreneurs say they need Silicon Valley anymore. That's a problem«, Quartz, 15. September 2016.
10 Junge, sehr nationalistische und meist weibliche Internet-»Krieger«, die von inner- und außerhalb der Volksrepublik im Web Kritik an China bekämpfen.

Der Text ist eine überarbeitete Version von John Lees Blog bei *The Interpreter* des Lowy Institute in Sydney vom März 2017 und erschien in *Le Monde diplomatique* im Februar 2018.
© 2018 *Le Monde diplomatique*, Berlin

Fortsetzung von Seite 63: Urs Wälterlin, Einkaufen in Australien

Chinas diene. Ziel der Bemühungen sei es, das Verständnis für das Denken und die Politik Chinas zu fördern.

Der Skandal um Sam Dastyari hat die konservative Regierung aufgerüttelt. Ebenso wie die Trump-Regierung in den USA sieht sie Chinas Spionage und Manipulationsversuche inzwischen auch offiziell als Bedrohung für das eigene Land. In Canberra wird eine Gesetzesvorlage diskutiert, die unter anderem die Unterstützung politischer Parteien oder Aktivistengruppen durch Ausländer beschränken soll. Den Journalistenorganisationen und Verlagen geht die Vorlage allerdings zu weit, weil schon der Besitz gewisser Informationen verboten wäre und damit die unabhängige, kritische Berichterstattung unmöglich würde.

Manche haben aber auch den Verdacht, dass das Gesetz in Wahrheit einem ganz anderen Zweck dient. Die konservative Regierung verfolge damit nämlich das Ziel, progressive Organisationen und legitime Kritik aus der Bevölkerung mundtot zu machen. Paul Oosting von der Gruppe GetUp! verweist auf den massiven Mehraufwand bei der Verwaltung von Spendengeldern, den das neue Gesetz verlangt – und den sich kleine Organisationen nicht leisten könnten.

Spenden von chinesischen Geschäftsleuten – auch solchen mit offensichtlichen Verbindungen zur KPCh – sind für die beiden großen Parteien sowie für einzelne Politiker längst zu einer wichtigen Geldquelle geworden. Derartige Zahlungen sind legal, solange sie eine bestimmte Summe nicht überschreiten und richtig deklariert werden. Wobei es natürlich Mittel und Wege gibt, die Regeln zu umgehen.

Für manche Beobachter kommt die ganze Debatte ohnehin zu spät. Schließlich habe China seinen Einfluss auf die politische und wirtschaftliche Elite Australiens schon seit Jahren ausgebaut. Inzwischen vertreten mehrere ehemalige australische Spitzenpolitiker Chinas Interessen. So steht etwa der frühere sozialdemokratische Außenminister Bob Carr als Vorsitzender der chinafreundlichen Denkfabrik Australia China Relations Institute (Acri) auf der Liste der Peking-Lobbyisten. Prominentestes Beispiel aber ist der ehemalige Handelsminister Andrew Robb. Kurz nach der Unterzeichnung eines bilateralen Handelsabkommens mit China war der Konservative von seinem Amt zurückgetreten – um wenig später als Berater in die Dienste Pekings zu treten. Laut einem Brief, der australischen Gerichten vorliegt, verdient er dafür pro Jahr umgerechnet mehr als eine halbe Million Euro. Seither kämpft der Exminister vehement gegen die Pläne der Regierung, den Einfluss ausländischer Interessen auf Politik und Wirtschaft Australiens zu unterbinden.

1 *Nest of Spies: the starting truth about foreign agents at work within Canada's borders*, Toronto (Harper Collins Canada) 2009.
2 Das Erscheinen des Buchs war vom Verlag Allen & Unwin für Herbst 2017 angekündigt. Der Verlag verschob die Veröffentlichung aber, offenbar aus Angst vor Ärger mit Peking; siehe: Jaqueline Williams, »Australian Furor Over Chinese Influence Follows Book's Delay«, *The New York Times*, 20. November 2017.

Erstmals erschienen in *Le Monde diplomatique* vom April 2018.
© 2018 *Le Monde diplomatique*, Berlin

Genehm und gratis

Die Agentur Xinhua macht Nachrichten für die Welt

Von Pierre Luther

Seit ein paar Jahren setzt China verstärkt auf »Soft Power«. In etlichen afrikanischen Ländern, aus denen sich die ehemaligen Kolonialmächte mangels finanzieller Ressourcen oder politischen Interesses zurückgezogen haben, hat die Volksrepublik Kooperationsabkommen im Nachrichtengeschäft abgeschlossen. Dabei geht es offenbar eher um eine Imagekampagne als um den Profit. Die vor Ort eingerichteten Zweigstellen chinesischer Medien stellen ihren ausländischen Kollegen Agenturmeldungen, Radiosendungen und Artikel kostenlos zur Verfügung.

Am 1. Juli 2010 präsentierte die staatliche chinesische Nachrichtenagentur Xinhua (Neues China) in Peking ihren neuen englischsprachigen Fernsehsender CNC World, der über Kabel, Satellit, Internet und Handy empfangen werden kann und dessen journalistisches Ziel, so Direktor Li Congjun, der »globale Blick aus chinesischer Perspektive« sei. In Konkurrenz zu den weltweiten Nachrichtenkanälen von CNN (USA) und BBC (Großbritannien) soll CNC World von allen Kontinenten berichten, angereichert durch Informationen aus japanischen, russischen, portugiesischen, arabischen und französischen Zeitungen.

Bereits im Januar 2009 hatte die chinesische Führung angekündigt, in die Nachrichtenagentur Xinhua, den Staatssender China Central TV (CCTV) sowie in *People's Daily,* die englischsprachige Ausgabe der *Renmin Ribao (»Volkszeitung«),* insgesamt 6 Milliarden Dollar zu investieren. Das Geld sollte vor allem dazu dienen, Chinas Image im Ausland zu verbessern und Peking mehr Gehör zu verschaffen.

Alle drei Medien unterstehen dem chinesischen Staatsrat. Im Unterschied zu westlichen öffentlich-rechtlichen Sendern, in deren Belange sich die Politik bekanntlich auch manchmal einmischt, folgt die redaktionelle Linie der chinesischen Staatsmedien einzig und allein den Vorgaben der Zentralregierung. Deren Ziel ist es, auf allen Nachrichtenmärkten der Welt mitzumischen, um ihre Informationen und ihre Version der Geschehnisse zu verbreiten – ohne viel Rücksicht auf die Kosten.

In vielen afrikanischen Ländern ist immer noch das Radio die wichtigste Informationsquelle. Am 27. Februar 2006 weihte der staatliche Auslandsrundfunk Radio China International (RCI) in der kenianischen Hauptstadt Nairobi, wo seit 1987 die afrikanische Zentrale von Xinhua sitzt, seine erste Auslands-Rundfunkstation ein. 5000 Kilometer von Peking entfernt werden hier über UKW-Programme auf Chinesisch, Englisch und Swahili gesendet. An die 100 weitere Auslandsstationen sollten in den folgenden fünf Jahren eingerichtet werden, und zwar sowohl in afrikanischen, asiatischen und lateinamerikanischen Schwellenländern als auch in Europa und den USA.

Bildmarke der staatlichen chinesischen Nachrichtenagentur Xinhua (Neues China). ■ XINHUA

Bei der Eröffnungsfeier in Nairobi versprach RCI-Intendant Wang Gengnian, die Sendequalität zu verbessern und die Programme hörerfreundlicher zu gestalten. Man wolle ein modernes Medium schaffen, ein Radio, das über Funk und Internet zum »Kommunikationsfenster« zwischen China und dem Ausland werde: »Die ganze Welt soll China besser kennen und verstehen lernen.« Und umgekehrt sollen auch die chinesischen Hörer die Welt kennenlernen.[1]

Im August 2010 installierte RCI weitere Stationen in Dakar (Senegal) und Niamey (Niger), die Programme auf Französisch, Chinesisch sowie in mehreren Lokalsprachen ausstrahlen. Brüsseler Xinhua-Korrespondenten informieren die Afrikaner über die EU-Politik. Auch innerafrikanische Nachrichten werden über Xinhua-Zweigstellen verbreitet. So versorgt die Agentur die Kameruner mit Informationen über die Lage im Tschad, die Kongolesen über die Revolution in Tunesien, die Simbabwer über die Entwicklungen in Senegal, die Bevölkerung von Benin über die Ereignisse in Ägypten und so weiter.

Pekings mediale Kooperationen sind natürlich nicht ganz uneigennützig. Auf diese Weise bekommt die chinesische Perspektive, zu der auch Pekings »pragmatische« Entscheidung gehört, sich im UN-Sicherheitsrat bei den Darfur-Resolutionen gegen den Sudan zu enthalten,[2] in der Region ein gewisses Gewicht. Chinesische Nachrichten gehören inzwischen zum politischen Alltag in Afrika, im Nahen Osten und in den meisten Entwicklungsländern in Asien und Südamerika.

Als der damalige chinesische Präsident Jiang Zemin in seiner Eröffnungsrede zum ersten Forum der chinesisch-afrikanischen Zusammenarbeit (Forum on China-Africa Cooperation, Focac) am 10. Oktober 2000 das Schlagwort von der »Süd-Süd-Kooperation« prägte, machte er deren Vorzüge deutlich: »Weder darf ein Staat seine Gesellschaftsordnung oder Weltanschauung anderen Ländern aufdrängen noch unpassende Bemerkungen über deren innere Angelegenheiten machen.«[3] Mit anderen Worten: Ratschläge in puncto Menschenrechte, Korruption, Umweltstandards oder Arbeitsschutz sind zu unterlassen. Vielmehr solle man »zum Aufbau einer harmonischen Welt in dauerhaftem Frieden und allgemeinem Wohlstand beitragen«,[4] riet Präsident Hu Jintao den 300 Journalisten aus mehr als 170 Ländern, die im Oktober 2009 zum Weltmediengipfel der Agentur Xinhua nach Peking angereist waren.

Hus harmonische Welt wird in der Tat gerade erschaffen: von einer großen Schar kleiner Angestellten im Dienst des Staats. Journalistische Kompetenz spielt eine eher untergeordnete Rolle. Was zählt, ist Regimetreue. Auf allen Kontinenten stationiert, sind die Staatsjournalisten zugleich Agenten und Vertreter des Imperiums, Förderer der »für beide Seiten gewinnbringenden Zusammenarbeit« und Sprachrohre der KP-Führung.

Auf den ersten Blick ist nicht zu erkennen, wer als Urheber hinter dieser Nachrichtenwebsite steht. »Ägyptens Präsident Abdel Fattah as-Sisi wird wahrscheinlich ohne Gegenkandidaten in den Präsidentenwahlkampf ziehen«, heißt es neutral in der Unterzeile des Aufmachers. Erst der Vergleich mit anderen Nachrichtenseiten macht den Unterschied deutlich: Zum selben Ereignis titeln andere internationale Medien: »Ägyptens Absturz in die Diktatur«.

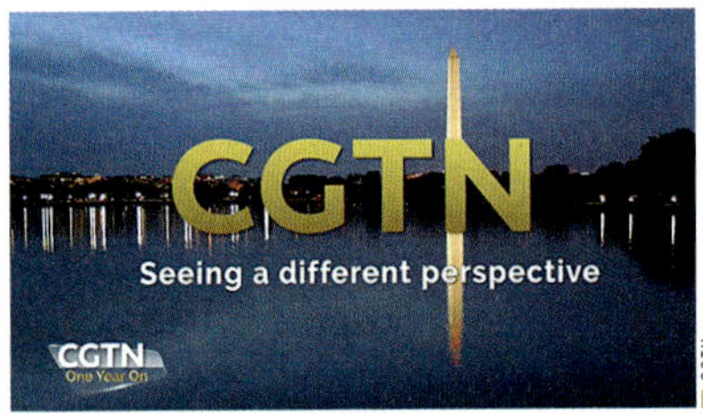

CGTN

Alles sei eine Frage der Perspektive, heißt es in der Selbstdarstellung des Fernsehsenders CGTN, der diese Nachrichtenwebsite betreibt. Mit dem Programm wolle man die Dinge explizit aus afrikanischer Sicht betrachten – und die Deutung nicht allein CNN, BBC und anderen westlichen Medien überlassen. CGTN ist allerdings kein afrikanischer Sender, sondern steht für China Global Television Network. Am Ende der Website ist unter dem Copyright ganz klein »Beijing« zu erkennen. Hinter CGTN steckt denn auch niemand Geringeres als CCTV, der Staatssender der kommunistischen Führung Chinas.

Die USA haben CNN. Großbritannien hat die BBC. Und die Deutsche Welle aus Bonn und TV5 aus Paris sollen – wenn auch mit deutlich geringerer Reichweite – einen ähnlichen Zweck erfüllen: Sie sollen die Ereignisse auf der Welt aus Sicht des jeweiligen Landes wiedergeben. China als bevölkerungsreichstes Land der Welt und zweitgrößte Volkswirtschaft will da nicht hintanstehen – zumal Russland mit Russia Today und Katar mit al-Dschasira ebenfalls über eigene Auslandssender verfügen.

Während die westlichen Auslandskanäle jedoch allesamt den Anspruch haben, unabhängig von Staat oder Unternehmen zu berichten, hat der chinesische Staatssender solche Berührungsängste nicht. CCTV agiert im unmittelbaren Auftrag von Chinas Staatsführung.

CGTN, wie CCTV seine Auslandssender Anfang 2017 umbenannt hat, lässt sich in vielen Regionen der Welt empfangen. In den USA und Europa wird der chinesische Staatssender für seine Berichterstattung aber eher belächelt oder gar nicht erst wahrgenommen. Nicht so in Afrika. In einigen Ländern südlich der Sahara hat sich der afrikanische Ableger von CGTN zu einer festen Größe etabliert. In einigen Ländern ist der chinesische Sender für viele Menschen sogar zur wichtigsten Nachrichtenquelle überhaupt geworden. Chinas »Soft Power« scheint zumindest in Afrika aufzugehen. Wie konnte es dazu kommen?

Fast ein Jahrzehnt ist es her, dass der chinesische Staatsrat die Losung ausgab, China müsse im Ausland in ein positiveres Licht gerückt werden. Auslöser waren die Olympischen Spiele 2008 in Peking. Die Führung wollte die Austragung der Spiele nutzen, um der Welt den sagenhaften Aufstieg des Landes zu demonstrieren. China sollte sich von seiner positiven Seite zeigen.

Doch Olympia brachte nicht die erhoffte Zustimmung. Im Gegenteil: Die Spiele selbst waren zwar perfekt organisiert – und dafür wurde China auch gelobt. Doch die gewaltsame Niederschlagung von Protesten in Tibet, anhaltende Menschenrechtsverletzungen gegenüber Dissidenten, schließlich dann der Olympische Fackellauf, der angesichts der Proteste für die chinesischen Organisatoren zu einem Spießrutenlauf wurde – all das führte zwar dazu, dass China weltweit in den Nachrichten war, aber im negativen Sinne. International wurden sogar Aufrufe zum Boykott der Olympischen Spiele laut. Die KP-Kader in Peking beschlossen daraufhin, eine mediale Auslandsoffensive zu starten.

Knapp zehn Jahre später beschäftigt allein CTGN-Africa mehr als 100 Journalisten in einer Zentrale in der kenianischen Hauptstadt Nairobi. Weitere Studios gibt es in Johannesburg, Lagos und Kairo. Die Sendungen heißen »Africa Live«, »Global Business«, »Talk Africa« und »Faces of Africa« – und erfreuen sich großer Beliebtheit. In Ländern wie Kenia oder Nigeria haben sie zum Teil zweistellige Einschaltquoten. Auch Chinas staatlicher Auslandsradiosender China Radio International (CRI) strahlt von einem eigens eingerichteten Studio in Nairobi Programme aus – auf Englisch, aber auch auf Suaheli, Hausa und in anderen ostafrikanischen Sprachen.

Auf den ersten Blick behandeln die Sendungen auf CTGN und CRI überwiegend afrikanische Themen aus Politik, Wirtschaft und Gesellschaft. Sie werden allesamt von Afrikanerinnen oder Afrikanern moderiert. Und doch fällt auf: Jedes dritte oder vierte Thema hat irgendwie mit China zu tun.

Das liegt wohl nicht zuletzt daran, dass China in Afrika inzwischen tatsächlich sehr präsent ist. Die Volksrepublik hat schon vor Jahren die USA als größten Auslandsinvestor in Afrika abgelöst. Europäische Investoren spielen in den meisten afrikanischen Ländern kaum eine Rolle mehr. Außerdem ist China, auch schon seit Jahren, für die meisten dieser Länder der wichtigste Handels- und Investitionspartner. Mehr als 36 Milliarden Dollar an Direktinvestitionen flossen nach Angaben der Vereinten Nationen allein 2016 von China auf den Kontinent – mehr als aus den USA und Europa zusammen.

Hinzu kommen ambitionierte Bauprojekte, die über Jahre hinweg die mediale Aufmerksamkeit auf sich ziehen: Zwei neue Eisenbahnstrecken sollen bald durch Kenia, Uganda, Ruanda, Burundi und den Südsudan führen. Gebaut wird die 13,8 Milliarden Dollar teure Strecke von der staatlichen China Road and Bridge Corporation (CRBC). Solche Großprojekte tragen dazu bei, dass die Chinesen auf dem Kontinent Gesprächsthema bleiben.

Auch politisch nimmt Chinas Bedeutung zu. Für chinesische Regierungsmitglieder sind Afrikabesuche inzwischen Routine. Zugute kommt ihnen, dass ihre Amtskollegen in den meisten Ländern es mit der Demokratie und den Menschenrechte auch nicht so genau nehmen. Man kann es auch mit den Worten von Mohamed Keita formulieren. Der Afrika-Analyst für das Komitee zum Schutz von Journalisten stellte in der *New York Times* fest: »Chinas und Afrikas Regierungen stimmen tendenziell darin überein, dass sich die Presse auf gemeinsame Errungenschaften konzentrieren und öffentliche Unterstützung für den Staat mobilisieren sollte, anstatt über kontroverse Themen oder negative Nachrichten zu berichten.«

Felix Lee

© 2018 *Le Monde diplomatique*, Berlin

»Wenn du willst, dass die Journalisten zu deiner Pressekonferenz kommen, musst du ihnen ein Geschenk machen.« Ahmadou leitet einen Verein in Malis Hauptstadt Bamako und ist wenig darauf erpicht, dass sein richtiger Name genannt wird. Er spielt auf die Geldumschläge in den Pressemappen an. Wenn sich Journalisten in Afrika akkreditieren oder für ein Interview anmelden, werden sie stets nach ihren Honorarvorstellungen gefragt.

In der afrikanischen Presselandschaft sind solche Praktiken genauso gang und gäbe wie die fließenden Grenzen zwischen redaktionellen Beiträgen und Werbung. Für die Veröffentlichung von Schwerpunktberichten kaufen Unternehmen ganze Anzeigenseiten, die Auflage wird künstlich erhöht und sogenannte Exklusivinterviews dienen im Grunde nur der PR. Im September 2010 protestierten die Journalistenverbände in Niger und Senegal gegen solche Win-win-Deals (andere würden vielleicht von Korruption sprechen). Sie erinnerten einerseits die Zeitungsverleger an ihre Arbeitgeberpflichten und forderten andererseits Politik und Wirtschaft auf, die Zuwendungen an Journalisten (in Form von Spesen) zu unterlassen.

Das von den Berufsverbänden monierte Gebaren ist in den ehemaligen französischen Kolonien zum Teil auch eine Hinterlassenschaft des alten Françafrique, wo die unabhängigen Medien an einer Hand abzuzählen waren. Doch nun tritt an die Stelle des undurchsichtigen Geflechts französisch-afrikanischer Beziehungen ein anderes, nicht weniger undurchsichtiges namens Chinafrique. Heute sind die Menschen in Afrika der Dauerberieselung durch die Nachrichtenagentur Xinhua ausgesetzt, die in Afrika über 10 000 Mitarbeiter beschäftigt, davon ungefähr 150 Korrespondenten.

Beste Beziehungen zu China pflegt zum Beispiel Togo, dessen staatliches Nachrichtenportal seit 2007 von Xinhua bestückt wird. Die Agentur hat ähnliche Abkommen mit Tunesien, Marokko, Algerien, Kamerun, Kongo, Gabun, Burundi, Syrien, Ägypten und vielen anderen Ländern geschlossen, in denen sie inzwischen zu einer der wichtigsten Informationsquellen geworden ist.

Insgesamt versendet Xinhua etwa 1000 Meldungen pro Tag in sieben Sprachen (Chinesisch, Englisch, Französisch, Spanisch, Arabisch, Russisch und Portugiesisch) an seine Abonnenten in aller Welt. Die Nachrichtenagentur übermittelt auch Artikel und Reportagen an Zeitungen in 150 Ländern, tauscht Fotos mit anderen Presseagenturen aus und liefert ihren Kunden einen kompletten Informationsservice. Auch Fernsehbilder und Radioreportagen gehören inzwischen zum Austauschprogramm. Allerdings geht es weniger darum, dass Informationen aus den verkümmerten afrikanischen oder arabischen Medien die Leser und Hörer in China erreichen, sondern dass Peking über die afrikanischen Kanäle seine Sicht der Dinge verbreiten kann.

Während Afrika bislang in westlichen Zeitungen praktisch keine Rolle spielte – außer bei Naturkatastrophen oder wenn Diktatoren stürzen –, steht der Kontinent auf der französischen Website von Xinhua an dritter Stelle nach den Rubriken China und Welt. Erst danach folgen Wirtschaft, Kultur, Sport, Gesellschaft und Gesundheit.

Im August 2010 eröffnete *People's Daily,* die englische Ausgabe des Parteiorgans *Renmin Ribao* ein Büro in der nigerianischen Hauptstadt Abuja. Auf seiner Website finden sich seitdem neben Artikeln über Politik und Wirtschaft auch sämtliche Fußballergebnisse. Die Zeitung pflegt ihre afrikanischen Freundschaften und sucht die Zusammenarbeit in einem Klima »der Ebenbürtigkeit und des gegenseitigen politischen Vertrauens, getragen von beiderseitigen wirtschaftlichen Erfolgen und dem interkulturellen Austausch«. So stellte es jedenfalls der damalige Leiter der Propagandaabteilung und damalige Politbüromitglied Liu Yunshan dar, als er im September 2007 in Peking 40 Pressevertreter aus Afrika empfing.

Mit den häufigen Einladungen von Journalisten und auch Staatsbeamten aus Afrika sollen wertvolle Verbündete gewonnen und persönliche Beziehungen aufgebaut werden. Solche Kontakte könnten sich als nützlich erweisen, wenn es wieder einmal darum geht, Proteste gegen die Arbeitsbedingungen in chinesischen Unternehmen einzudämmen.

Die 1959 gegründete senegalesische Presseagentur APS ist der Internationalen Organisation der Frankophonie (OIF) zufolge die meistgenutzte Nachrichtenquelle in den französischsprachigen Ländern Westafrikas. Ihre Partner sind die International Islamic News Agency (IINA) aus Saudi-Arabien (das Presseorgan der Weltislamkonferenz), die deutsche Konrad-Adenauer-Stiftung und – seit Kurzem – auch die Agentur Xinhua News (Neues China).

Auch private Anbieter werden von Peking bedacht: Im Oktober 2009 überreichte die chinesische Botschaft in Senegals Hauptstadt Dakar der Afrikanischen Presseagentur (APA) – der wichtigsten privaten Nachrichtenagentur des Kontinents mit Sitz in Dakar – ein Geschenk im Wert von 6 Millionen CFA-Francs: eine Fernsehkamera und ein Freiabonnement für die chinesischen Dienste.

Die Agentur Xinhua, die vor der Gründung der Volksrepublik im Jahr 1949 Rote Informationsagentur hieß, ist keine gewöhnliche Presseagentur. In China nennt man sie »Ohren, Augen, Hals und Zunge der Partei«[5] Xinhua besitzt das Monopol über die Nachrichtenverbreitung, sie ist gleichrangig mit den Ministerien und steht in direkter und vollständiger Abhängigkeit von der Regierung. Im Gegensatz zu den weltweit aktiven Agenturen Agence France Presse (AFP), Reuters und der amerikanischen Associated Press (AP) muss sie keine Profite erwirtschaften – sie spielt daher vor allem eine strategische Rolle.

Während AFP mit 110 Büros und 50 Korrespondenten in 165 Ländern operiert, Reuters über ein Netz von fast 150 Korrespondentenbüros verfügt und AP in 72 Ländern stationiert ist, besaß Xinhua 2009 schon 100 Korrespondentenbüros, im Juli 2010 waren es 130. Laut *Newsweek* sollen zukünftig 200 Auslandsbüros mit etwa 6000 Journalisten eingerichtet werden.[6]

Dieses beeindruckende Aufgebot wird die Leser und Hörer in aller Welt vielleicht nicht unbedingt mit garantiert vertrauenswürdigen Informationen versorgen, doch es hilft der chinesischen Führung, über die Entwicklungen im Ausland stets bestens informiert zu sein. Und schließlich müssen auch die Partner in Afrika und anderswo über die »gemeinsamen Interessen« auf dem Laufenden gehalten werden.

Aus dem Französischen von Sabine Jainski

1 Siehe german.cri.cn/401/2007/01/04/1@64985.htm.
2 Siehe focac.org/eng/ltda/dyjbzjhy/SP12009/t06804.htm.
3 Die Süd-Süd-Kooperation Ibsa (zwischen Indien, Brasilien und Südafrika) hingegen hält China auf Abstand. Siehe François Danglin: »Musketiere des Südens«, *Le Monde diplomatique,* Februar 2011.
4 »Chinese President Calls on Media to Contribute to Harmonious World«, in: *People's Daily Online,* 9. Oktober 2009: english.people.com.cn/9001/90776/90883/6778865.html.
5 Heyuan Wang und Au-Yeung Annie, »A quoi servent les publication internes de l'agence Xinhua?«, in: *Perspectives chinoises,* Hongkong, Nr. 5-6, 1992, S. 10-16.
6 Isaac Stone Fish und Tony Dokoupil, »All the Propaganda That's Fit to Print«, in: *Newsweek,* 3. September 2010.

Erstmals erschienen in *Le Monde diplomatique* vom April 2011.

Peking fährt voraus

Das Elektroauto BYD Denza 400 EV. ■ BYD

Europas Autobauer sind alarmiert: Ab 2019 müssen in China 10 Prozent der Neuwagen elektrisch fahren

Von Manfred Kriener

Die wichtigste Veränderung für die weltweite Automobilindustrie in diesem Jahrhundert hat anfangs kaum jemand mitbekommen. Keine Pressekonferenz, keine Regierungsverlautbarung, nur ein dürrer Gesetzentwurf, der kurz vor Jahresbeginn 2017 zur Kenntnisnahme für den Rest der Welt ins Netz gestellt wurde: China, der größte Fahrzeugmarkt der Welt, wird eine Elektroautoquote für alle Hersteller zur Pflicht machen. Der Start für die Quote wurde zwar um ein Jahr verschoben. Aber ab 2019 tritt der Ernstfall ein: 10 Prozent der in China verkauften Modelle müssen dann elektrisch fahren, 2020 schon 12 Prozent.

Jeder einzelne Automobilkonzern, der in China künftig noch Autos verkaufen will, soll diese Quote erfüllen. Wenn nicht, muss er eine Strafe bezahlen oder von anderen Herstellern, die die Quote übererfüllen – das sind vor allem chinesische Firmen – für teures Geld sogenannte Kreditpunkte dazukaufen. Die Quote wird über ein Punktesystem errechnet, wobei für reine Elektroautos mehr Punkte gutgeschrieben werden als für Hybridmodelle. Die Bundesregierung hatte in Peking mehrfach eine Entschärfung der Quotenregelung gefordert. Die Verschiebung von 2018 auf 2019 war indes das einzige Zugeständnis, das sie erreichen konnte.

Die Reaktionen unter den deutschen Automobilfürsten und Politikern waren fast panisch. Niedersachsens Wirtschaftsminister Olaf Lies (SPD) – sein Bundesland ist Anteilseigner von VW – sprach von »drakonischen Maßnahmen«. Und Matthias Wissmann, Chef des Bundesverbands der Automobilindustrie, forderte fast verzweifelt die Rückkehr zu einem »diskriminierungsfreien Zugang« zum chinesischen Automarkt.

Fachleute sind sich einig: Die chinesische Regierung macht ernst. Um die anhaltend heftige Luftverschmutzung zu bekämpfen, hat sie schon in der Kohlepolitik einen dramatischen Schwenk vollzogen: Seit vier Jahren geht die Kohleverfeuerung zurück. Jetzt folgt eine ähnlich spektakuläre Wende im Verkehrssektor mit dramatischen Folgen für die gesamte Automobilindustrie.

»Die chinesische Quote für Elektroautos wird bei den deutschen Autokonzernen sehr viel mehr in Bewegung bringen als jede von der Bundesregierung beschlossene Kaufprämie«, heißt es in einer gemeinsamen Studie des WWF und des Energieversorgers Lichtblick, die im Februar 2017 in Berlin vorgestellt wurde. Die Studie analysiert die weltweite Marktentwicklung der Elektromobilität und kommt zu dem Schluss: »China und die USA fahren voraus, Deutschland fährt hinterher!« Über viele Jahre war das Elektroauto nicht vorangekommen, ein ewiges Versprechen für eine noch ziemlich ferne Zukunft. Die Verkaufszahlen weltweit waren immer wieder enttäuschend. Das wird nie was, dachten viele Marktbeobachter. Doch seit 2014 boomt der Elektroantrieb gleich in mehreren Ländern, vor allem in China. Der globale Bestand an Elektroautos ist 2017 auf mehr als 3 Millionen Fahrzeuge geklettert.

Die Volksrepublik hatte schon in den vergangenen Jahren einen Boom der Elektromobilität erlebt, 2017 wurden erneut alle Erwartungen übertroffen und im privaten und kommerziellen Sektor zusammen 800 000 Fahrzeuge verkauft, ein Plus von 60 Prozent. Damit hat China die USA auch auf diesem Feld weit überholt und ist nun klarer Weltmarktführer, was die Zahl der verkauften und produzierten Autos angeht. Die Pflichtquote ab 2019 dürfte diese Entwicklung nochmals entscheidend beschleunigen.

Schon heute gelten in vielen chinesischen Großstädten teilweise gravierende Zulassungsbeschränkungen für Benziner. Das Land verzeichnet inzwischen 150 Städte mit mehr als 3 Millionen Einwohnern. Lange Wartezeiten für »fossile« Pkw, horrende Zulassungskosten und selektive Fahrverbote erzwingen beinahe den Wechsel zum Elektroauto, dessen Nutzer erhebliche Vorteile haben.

In der Hauptstadt Peking müssen schon im nächsten Jahr 60 Prozent aller Neufahrzeuge Elektroautos sein. Taxen mit Verbrennungsmotor werden nicht mehr zugelassen. Angetrieben von den Restriktionen für Fahrzeuge mit fossilem Treibstoff dürfte der Verkauf von Elektroautos in diesem Jahr in der Volksrepublik erstmals die Millionengrenze deutlich überschreiten.

Für Europas Autoindustrie, allen voran für den Wolfsburger Skandalkonzern VW, ist China der mit großem Abstand wichtigste Markt. Dort setzt Europas größter Autobauer inzwischen rund 40 Prozent seiner Jahresproduktion ab, zuletzt waren es mehr als 3 Millionen Autos. Die 10-Prozent-Quote bedeutet nach der neuen chinesischen Rechnung, dass VW 240 000 Elektro-Punkte sammeln müsste. Für jedes verkaufte Elektroauto gibt es vier Punkte, für einen Plug-in-Hybrid – ein Auto, das sowohl elektrisch als auch mit Benzin fahren kann – gibt es zwei Punkte. VW hat aber im vergangenen Jahr keine 1000 Elektroautos in China verkauft.

Die Wolfsburger haben bis heute auch noch kein einziges neues Elektroauto konstruiert, sondern lediglich alte Fossilfahrzeuge wie den Golf oder den VW up! nachträglich auf Elektroantrieb umgerüstet. Mit der dürftigen VW-Modellpalette werden die 10 Prozent auch bei maximaler Anstrengung kaum zu schaffen sein.

Der deutsche Konzern müsste deshalb bei der Konkurrenz im großen Stil Kreditpunkte dazukaufen. Die Konkurrenz heißt BYD, BAIC, Zotye, Geely – chinesische Hersteller, von denen die meisten europäischen Autofahrer noch nie etwas gehört haben. BYD steht für »Build Your Dreams«, wurde 2003 gegründet und ist heute der erfolgreichste Produzent von Elektroautos und Elektrobussen weltweit. 2017 verkaufte BYD 113 700 Elektromobile und verteidigte damit seine Spitzenposition vor dem ebenfalls chinesischen Hersteller Baic und dem US-Produzenten Tesla. BMW landete mit 68 000 abgesetzten Strommobilen auf Platz vier.

Seit einigen Jahren haben sich Europas Autohersteller für den chinesischen Elektromarkt potente Partner gesucht: Daimler ist ein Joint Venture mit BYD eingegangen, VW arbeitet mit Anhui Jianghuai (JAC) zusammen. Der schwedische Hersteller Volvo wurde dagegen von Chinas aufstrebendem Autobauer Geely übernommen. Inzwischen haben die europäischen Firmen mit artigen Bücklingen in Richtung Peking auf die Elektroquote reagiert. Und alle wollen im großen Stil neue Modelle für die Steckdose auf den Markt bringen.

Die Elektroquote Chinas ist zwar aus industriepolitischem Kalkül geboren, sie ist aber auch schiere Notwehr. Chinas Städte keuchen nach wie vor unter der Smogglocke. Im Winter 2016/17 erlebte Peking eine der schlimmsten Perioden heftiger Luftverschmutzung. Zehntausende flohen aus der Hauptstadt, um der erdrückenden Schadstofflast wenigstens vorübergehend zu entkommen. Die brachiale Offensive für die Elektromobilität wird die Luftqualität verbessern, auch wenn der chinesische Strom, den die Elektroautos tanken, wegen der vielen Kohlekraftwerke alles andere als sauber ist. Aber die Emissionen entstehen dann eben nicht in den Herzen der Großstädte, sondern an den Standorten der Kraftwerke. Und mit dem gleichzeitig boomenden Bau von Solar- und Windkraftanlagen – auch auf diesem Sektor ist China weltweit die Nummer eins – wird der Strommix von Monat zu Monat ein wenig sauberer. Der Zeitpunkt, an dem der Verbrennungsmotor in ganz China verboten sein wird, steht noch nicht fest. Dass er in absehbarer Zeit kommen wird, hat die chinesische Regierung bereits mehrfach angekündigt.

So wird der Feuer und Ruß speiende Drache China langsam zum Saubermann, zum entscheidenden Impulsgeber für den Abschied vom Verbrennungsmotor. Das Ende der fossilen Autoflotte und eine entsprechende Verkehrswende werden auf jedem Klimagipfel vehement gefordert. Jetzt, da die Chinesen genau dies mit erstaunlicher Radikalität umsetzen, versuchen ausgerechnet die ehemaligen europäischen Vorreiter in Sachen Klimaschutz eine langsamere Gangart zu erzwingen, damit die eigene Autoindustrie nicht ins Schleudern gerät.

Chinas Präsident Xi Jinping hat die Entwicklung der Elektromobilität als strategisches Staatsziel mit dreifacher Dividende vorgegeben: Die heimische Automobilindustrie soll gestärkt, die Luftverschmutzung reduziert und die Abhängigkeit von Ölimporten abgebaut werden. Das industriepolitische Ziel, die eigenen Autobauer zu fördern, wurde schon jetzt erreicht. Unter den Top Ten der Autofirmen, die weltweit die meisten Elektromobile verkaufen, befinden sich mit BYD, BAIC und Zhidou gleich drei chinesische Firmen. Mehr als 90 Prozent der im eigenen Land verkauften Elektroautos und Hybridfahrzeuge sind made in China. Schon 2017 war die Hälfte aller weltweit verkaufen Elektromobile chinesischer Herkunft.

Auch die Europäer und vor allem die Deutschen wollten einmal auf dem Zukunftsmarkt der Elektromobilität die Nummer eins werden. Dies scheint derzeit ebenso aussichtslos wie die eine Million Elektroautos auf deutschen Straßen bis 2020, die Kanzlerin Angela Merkel als eherne Zielmarke gesetzt hatte. Derzeit sind es nicht einmal 100 000. China hat die kumulierte Marke von einer Million bereits im ersten Quartal 2017 überschritten.

Fortsetzung auf Seite 79

HAPPY

Pioniere in Afrika

Die Absichten der Staatskonzerne und die Hoffnungen der Migranten

Von Stephen W. Smith

Ende der 1960er Jahre, kurz nach Beginn der Kulturrevolution, war China nicht nur ärmer als die meisten afrikanischen Länder, es durchlitt auch eine gigantische Hungersnot. Deshalb beschlossen Mao Zedong und seine Genossen, Riesenmengen Weizen zu importieren. Sie wollten damit nicht nur die Krise bekämpfen, sondern auch eine radikale Umstellung der Ernährungsgewohnheiten von 800 Millionen Chinesen bewirken: Weizen hat einen höheren Proteingehalt und einen höheren Nährwert als Reis.

1969 reiste der 25-jährige französische Getreidehändler Jean-Yves Ollivier über Hongkong nach China. Die Fahrt über den Grenzfluss Sham-Chun war zu der Zeit die einzige Möglichkeit, ohne zu fliegen in die Volksrepublik zu gelangen. Am anderen Ufer empfing ihn die Ortschaft Shenzhen, damals kaum mehr als ein Fischerdorf, mit roten Fahnen, Mao-Porträts und flatternden Spruchbannern. In den Straßen gab es nur eine einzige Ampel, allerdings mit ideologisch korrekter Farbgebung: Grün für Stopp und Rot für freie Fahrt, also Fortschritt. Ollivier verdiente gutes Geld und zog damit weiter nach Afrika, wo er ein Vermögen machen sollte.[1]

Zehn Jahre später entstand in Shenzhen die erste Sonderwirtschaftszone Chinas – eine Enklave, in der der angestrebte dirigistische Kapitalismus erprobt werden sollte. Im Laufe der 1980er Jahre erwies sich hier Deng Xiaopings Politik des »Reformierens und Öffnens« als so erfolgreich, dass das Modell auch andernorts eingeführt wurde.

Doch nach einem Jahrzehnt ging der chinesischen Führung allmählich auf, dass ein paar kapitalistische Inseln niemals ausreichend Wohlstand und Beschäftigung schaffen konnten, um die inzwischen 1,1 Milliarden Chinesen aus der Armut zu befreien. Deshalb entwickelte man eine Art Staatskapitalismus, der zum Modus operandi der gesamten chinesischen Wirtschaft wurde. Zugleich begann die Partei, nach einer »Enklave« in Übersee zu suchen, die helfen könnte, einige der auftauchenden Probleme zu lösen.

Zum Beispiel war China auf ergiebige Rohstoffquellen angewiesen, um die Industrialisierung des Landes voranzutreiben. Aber es brauchte auch Exportmärkte für seine industriell produzierte Massenware und einen großen Raum, der chinesische Auswanderer aufnehmen konnte, zudem Landflächen, die man unter den Pflug nehmen konnte. Denn China, wo ein Fünftel der Weltbevölkerung lebt, verfügt nur über knapp 10 Prozent der landwirtschaftlich nutzbaren Fläche der Erde, seine Ernährungssicherung ist also stets latent gefährdet.

Als Zielgebiet bot sich Afrika an: ein Kontinent mit einer Milliarde – zumeist junger – Bewohner (2050 werden es 2 Milliarden sein), der über 60 Prozent der nicht erschlossenen landwirtschaftlichen Flächen und über 30 Prozent der Bodenschätze unserer Erde verfügt.

Mit dem Ende des Kalten Kriegs kam für Peking die Gelegenheit, zu günstigen Bedingungen in Afrika einzusteigen. Nach dem Zerfall der Sowjetunion zog sich auch der Westen immer mehr aus Afrika zurück. In Washington, London und sogar in der einstigen postkolonialen Metropole Paris wandte man sich lohnenderen Gebieten in der Golfregion und in Osteuropa zu.

Im Westen hörte kaum noch jemand hin, als 1996 in Peking ein neues Motto verkündet wurde: »Zou chu qu« (»Schwärmt aus!«). Nur wenige Ausländer haben damals verstanden, dass damit der Aufbruch nach Afrika gemeint war. Anders in China, wo die Parteikader in der Provinz sofort begriffen, dass Erfolge in Afrika eine politische Aufstiegsperspektive bis in die höchsten Positionen in Peking eröffnen konnten. In einem Land, in dem »der Kaiser weit weg« ist, waren sie darauf erpicht, in Afrika und damit in ihre eigene Karriere zu investieren.

Das Startsignal war eine Reise von Jiang Zemin 1996 zu Staatsbesuchen in sechs Länder südlich der Sahara. Der Staatspräsident und KP-Generalsekretär initiierte zunächst die Gründung des Forum on China-Africa Cooperation (Focac). Auf dem dritten Focac-Gipfel 2006 in Peking wurde die Gründung des China-Afrika-Entwicklungsfonds verkündet, dem China 10 Milliarden Dollar für zinsgünstige Anleihen zur Verfügung stellen wollte.[2] Gleichzeitig sollten mit dem bewährten Instrumentarium, das im eigenen Lande (und besonders in Shenzhen) für ein Wirtschaftswunder gesorgt hatte, Infrastrukturen in ganz Afrika aufgebaut werden.

Es entstanden Straßen, Krankenhäuser, Stadien und Kongresszentren in Dimensionen und zu Konditionen, wie sie kein westlicher Geldgeber oder Auftragnehmer jemals hätte bieten können. Dabei wurden langwierige bürokratische Prozeduren umgangen und Bauvorhaben durch Verzicht auf Machbarkeitsstudien beschleunigt.[3] Das ging auf Kosten der Umwelt, schaltete aber auch die gut vernetzten internationalen Consultingfirmen aus, die manche Entwicklungsprojekte für sich vereinnahmen und dann verzögern.

Der Binnenstaat Tschad bekam auf diese Weise eine Ölraffinerie, die die Weltbank als »nicht profitabel« begutachtet hatte. Mosambik errichtete ein 60 Millionen Dollar teures Fußballstadion. In der Republik Kongo wurde zwischen der Hauptstadt Brazzaville und der Hafenstadt Pointe-Noire in Rekordzeit eine neue Autobahn gebaut, »nachdem man zehn Jahre auf unsere westlichen Partner gewartet hatte«, wie Präsident Sassou N'Guesso beklagte. In Mali scheint der Plan, 1,2 Millionen Hektar Ackerland zu bewässern (was schon die französischen Kolonialherren vorhatten), keine Fata Morgana mehr zu sein. Und Ghana bekam 2011 von China 3 Milliarden

Jennifer and Jeremy Zhao in ihrem Geschenkartikelgeschäft, Johannesburg, Südafrika, April 2017.
CORNELL TUKIRI

US-Dollar als erste Tranche eines 13-Milliarden-Kreditpakets bewilligt – das ist weit mehr als die 2,2 Milliarden Dollar, die das gesamte subsaharische Afrika im selben Jahr von der Weltbank erhalten hat.

Dass China in der Lage ist, die Konkurrenz bei Bauvorhaben auszustechen, hat allerdings eine Kehrseite: In Namibia zum Beispiel stellte die chinesischen Firma Nuctech für die Scannertechnik der Luftraumüberwachung 55 Millionen Dollar in Rechnung – viel mehr als die 40 Millionen, die sie hätte kosten sollen. Firmenchef ist zufälligerweise der Sohn von Chinas Expräsidenten Hu Jintao.

Zu den großen Geschäften tragen auch üppige Darlehen der chinesischen Staatsbank bei, oder auch langfristige Kompensationsgeschäfte. So werden etwa öffentliche Bauprojekte mit Rohstoffen, vor allem Erdöl, bezahlt. Das ist einer der Gründe, warum Afrika heute ein Drittel des chinesischen Rohölbedarfs abdeckt.

> Die meisten chinesischen »Pioniere« hatten nicht viel Startkapital, keine genaueren Informationen über das Land und vor allem keinerlei Kenntnis der einheimischen Sprachen

Seit 2000 finden regelmäßig afrikanisch-chinesische Gipfeltreffen sowie hochrangige bilaterale Staatsbesuche statt, die die politischen Beziehungen festigen. Gleichzeitig hat China seine »Soft Power« in Afrika über ein Netzwerk von rund 35 Konfuzius-Instituten gestärkt.

Seit die afrikanischen Kolonien ihre Unabhängigkeit erlangt haben, ist Frankreich die einzige westliche Macht, die dort eine vergleichbare Politik betrieben hat, vor allem in den postkolonialen »glorreichen 30 Jahren« zwischen 1960 und 1990. Heute ist Frankreich dagegen kein ernsthafter Bewerber um einen Kontinent, dessen Bevölkerung seit 1960 von knapp 300 Millionen auf fast 1,2 Milliarden Menschen angewachsen ist.

Seit Mitte der 1990er Jahre ist das ehemalige Françafrique zerfallen und ein Chinafrique entstanden. Vor 25 Jahren lag China auf der Rangliste der Handelspartner Afrikas an 83. Stelle. Inzwischen ist China an Großbritannien (2005), Frankreich (2006) und zuletzt auch an den USA (2009) vorbeigezogen und heute die Nummer eins. Im Laufe dieser Zeit haben sich 1 Million Chinesen, vielleicht auch 2 Millionen, im subsaharischen Afrika niedergelassen.

Für Afrikas Verflechtung mit der Weltwirtschaft hat sich nichts Grundlegendes geändert: Chinafrique ist geprägt durch dieselbe Kumpanei der Eliten, denselben ungleichen Tausch und dieselbe Korruption, die auch das Verhältnis zwischen Frankreich und Afrika kennzeichnet, wenn auch in viel größerem Maßstab. Gleichzeitig hat die Beziehung mit China weder einen kolonialen Hintergrund noch ist sie durch den Ehrgeiz einer »zivilisierenden Mission« belastet.

Howard French, langjähriger Korrespondent der *New York Times* in Afrika und China, hat die Entstehung von »Chinas zweitem Kontinent« aus nächster Nähe beobachtet. In seinem gleichnamigen Buch beschreibt er die Entstehung der »neuen chinesischen Interessensphäre«, die er als »ungeplantes Empire« bezeichnet.[4] Seit 2002 konnte er zusehen, wie die Autokolonnen von immer mehr afrikanischen Staatsoberhäuptern an seinem Pekinger Büro vorbeifuhren. Ab 2006 schrieb er aus Afrika unter anderem eine Artikelserie über den erstaunlichen Aufstieg Chinas in Äthiopien, im Tschad und in Malawi *(siehe Beitrag auf Seite 12 in diesem Heft)*.

In seinem Buch berichtet French auch über die chinesischen »Pioniere«, denen er in 15 Ländern des südlichen Afrika begegnet ist. Einige von ihnen kamen ursprünglich als Angestellte chinesischer Staatsunternehmen und sind dann geblieben, aber die meisten haben sich aus eigenem Entschluss aufgemacht. In China gehörten sie zu den verarmten Massen, im fernen Afrika sahen sie die Chance eines raschen persönlichen Aufstiegs. Die meisten hatten nicht viel Startkapital, keine genaueren Informationen über das Land und vor allem keinerlei Kenntnis der einheimischen Sprachen. Und doch haben sie einen Laden, ein Restaurant oder ein Hotel aufgemacht oder Land gekauft und einen Agrarbetrieb gegründet.

Über diese neuen Chinesen in Afrika weiß man sehr wenig, selbst Angaben über ihre Anzahl beruhen eher auf Spekulation als auf seriösen Statistiken. Vor allem aber gibt es kein klares Bild über die Faktoren, die diese Migranten beeinflussen, über ihren Bildungshintergrund und die Kriterien, nach denen sie sich für ein Zielland entscheiden. Unklar ist auch, ob und wie sie an Visa und Aufenthaltsgenehmigungen kommen und wie ihre Karrieren verlaufen.

Die meisten chinesischen Unternehmen in Afrika sind kleine Privatfirmen.

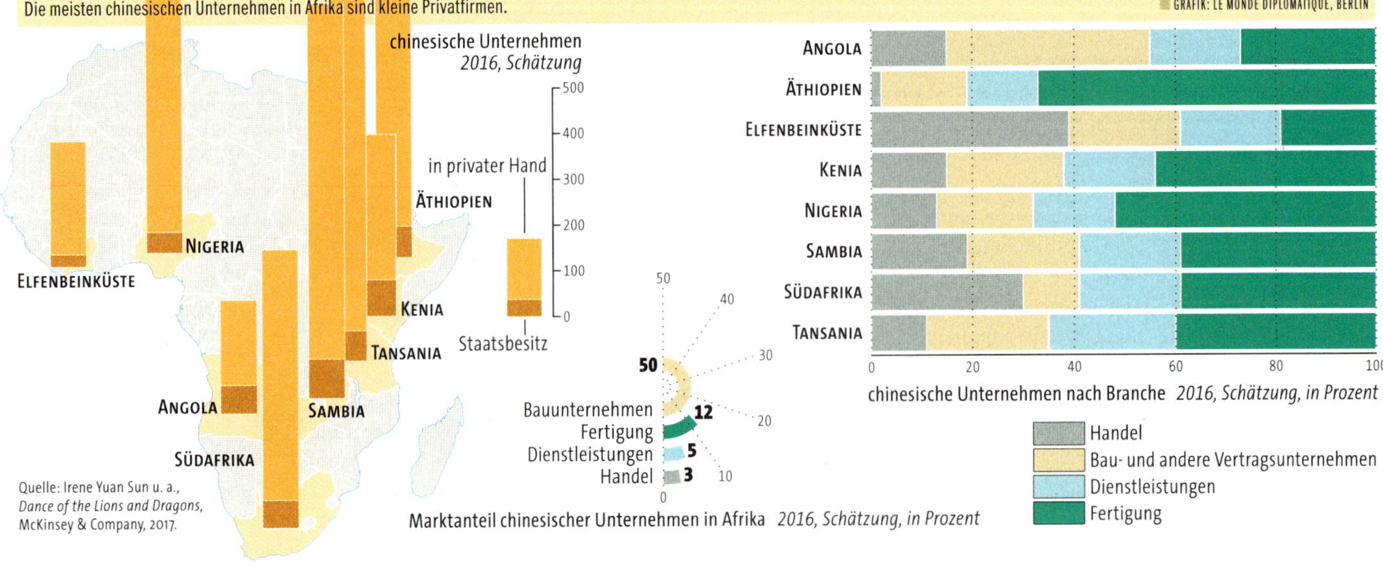

Quelle: Irene Yuan Sun u. a., *Dance of the Lions and Dragons*, McKinsey & Company, 2017.

Manches ist allerdings bekannt: Seitens der chinesischen Regierung gibt es praktisch keine Anreize für individuelle Migranten oder kleine Unternehmen, es existiert nicht einmal eine offizielle Darstellung der Auswanderung chinesischer Bürger nach Afrika. Flugtickets nach Afrika werden nicht subventioniert. In den meisten Fällen handelt es sich um Auswanderung auf den Spuren von Verwandten, die bereits in Afrika Fuß gefasst haben – und vorwiegend aus bestimmten Provinzen stammen, nämlich aus Guangdong, Hunan, Sichuan und Fujian.

Eine Studie des unabhängigen Migration Policy Institute über die chinesische Auswanderung nach Südafrika unterscheidet zwei Kategorien: erstens die Gruppe von »Individuen mit beruflicher Qualifikation, geschäftlichen oder politischen Beziehungen, Auslandserfahrung und vielleicht ein bisschen Kapital«, die bereits vor dem Jahr 2000 eingewandert sind. Die zweite Gruppe besteht aus später eingewanderten, meist weniger qualifizierten Leuten, von denen viele aus Fujian oder anderen Provinzen stammen, die »nicht als typische Entsenderegionen gelten«. Da die Zahl der nach Südafrika kommenden – oder sich illegal dort aufhaltenden – Chinesen ständig steigt, dürfte sie bereits bei über einer halben Million liegen.

Zhang Yun zum Beispiel gehörte in China zur unteren Mittelklasse. Er kam zunächst als Übersetzer für eine chinesische Staatsfirma nach Madagaskar. Danach blieb er und lebte von der kleinen Gewinnspanne, die er als Zwischenhändler mit dem Verkauf chinesischer Waren erzielte. Damit baute er das Startkapital für ein Elektronikgeschäft auf, das sich zu einer der umsatzstärksten Verkaufsketten für Fernseher, Computer, Mobiltelefone und dergleichen auf der Insel entwickelte.

Zu Wohlstand gekommen, machte Zhang seinen Magister an einer französischen Wirtschaftsfakultät. Zufällig lernte er einen Senegalesen kennen, der ihm glänzende geschäftliche Möglichkeiten in seinem Land ausmalte. 2007 eröffnete Zhang dann ein Restaurant in Dakar; danach gründete er eine Importfirma für billige chinesische Waren und eröffnete ein Einzelhandelsgeschäft. 2011 besaß er eine Metallurgiefabrik und eine Baufirma, die gerade einen 32-stöckigen Wolkenkratzer am Meeresufer in Dakar errichtete. Es handelte sich um einen 200-Millionen-Euro-Auftrag, eines der pharaonischen Projekte des damaligen Präsidenten Abdoulaye Wade.

»Da muss im Vorfeld eine ganze Menge Geld verteilt worden sein«, schreibt French, obwohl Zhang ihm das nicht bestätigen wollte. Der sprach lieber von »Vertrauen« und vom gegenseitigen Beistand der Auslandschinesen, was unter Afrikanern selten sei. Chinesische Landsleute in Madagaskar hatten ihn bei seinem Aufstieg unterstützt, und er hatte umgekehrt anderen Chinesen geholfen. Die Partnerschaft mit Einheimischen dagegen ging »selten über die Mittlerdienste von gut vernetzten lokalen Eliten hinaus«.

Viele Leute wie Zhang arbeiteten sich von bescheidenen Ladenbesitzern in die Chefetage hoch. Was sie nach eigener Aussage nur schaffen, weil sie in China gelernt haben, hart zu arbeiten, zusammenzuhalten und zu leiden. Sie haben dafür den Ausdruck »bitter essen« (»chi ku«), der auf die Kulturrevolution (1966 bis 1976) zurückgeht, als Millionen junge Leute aufs Land geschickt wurden, um an der Seite von Bauern zu arbeiten und ihren »bürgerlichen Dünkel« zu überwinden.

Einer dieser aufs Land Verbannten war der heute 50-jährige Hao Shengli. French hat ihn auf einer Reise in den fernen Süden von Mosambik begleitet, wo Hao der Regierung 5000 Hektar Land für einen Spottpreis abgekauft hat. Die fruchtbaren Bodenflächen gehörten zu einer verlassenen Plantage aus der portugiesischen Kolonialzeit. Hier hofft Hao künftig das Süßkraut Stevia anzubauen. Die Blätter dieser aus Südamerika stammenden Pflanze enthalten einen kalorienfreien Süßstoff, der 150-mal intensiver ist als Zucker. Stevia ist in Japan seit einiger Zeit sehr verbreitet und seit 2011 auch in der EU als Lebensmittelzusatzstoff zugelassen, nicht jedoch in den USA.

Aus der Sicht der lokalen Bauern in Mosambik sind die Flächen jedoch Gemeindeland, das die Regierung verscherbelt habe und das sie zurückhaben wollen. Hao hat sich überlegt, wie er dieser Bedrohung begegnen kann: Er wird seine Söhne und Töchter aus China nachholen und sie später mit Einheimischen verheiraten: »Sie verstehen schon, oder? Dann können sie uns nicht mehr als Ausländer behandeln, denn ihre Kinder werden Mosambiker sein. Wenn's unbedingt sein muss, können wir das Land für alle Fälle auf ihren Namen eintragen lassen, aber es wird unser Besitz bleiben.« Diese gewitzte Methode haben in den alten Zeiten schon die Portugiesen angewandt.

French räumt in seinen Berichten auch mit etlichen Stereotypen auf: zum Beispiel das vom »hässlichen Chinesen«, der sein umzäuntes Grundstück nie verlässt und sich nicht für seine neue Umgebung interessiert – wenn er nicht gar ein leibhaftiger Rassist ist. Stattdessen stellt er sehr unterschiedliche Migranten vor – Chinesen, die Afrikanerinnen geheiratet haben, und solche, die tiefe Vorurteile pflegen. Sie sind nicht besser und nicht schlechter als Angehörige vergleichbarer »Kompradoren«-Minderheiten, die schon viel länger in Afrika sind – wie etwa die Inder oder die Libanesen.

Einige der befragten Chinesen schwärmen von Afrika als einem Kontinent der Freiheit oder davon, dass hier die Umwelt noch nicht so verdreckt und belastet ist wie in ihrer Heimat. Aber nur für wenige ist es das gelobte Land, in dem sie auf die Dauer bleiben wollen. Die meisten zieht es zurück nach China oder weiter nach Europa oder Amerika. Nur bietet ihnen Afrika derzeit eben die besseren Bedingungen.

Der Mitarbeiter eines Zuckerraffinerieprojekts in Mali, Gao Yi, drückt das so aus: »Wissen Sie, warum Chinesen hierherkommen und solche Jobs machen? Weil wir keine andere Wahl haben. Natürlich würden wie lieber wie Westler leben. Natürlich würden wir gern Urlaub machen und regelmäßig nach Hause fahren, aber wir können das nicht. Die Amerikaner sind clever. Sie suchen sich Jobs, die große Profite abwerfen. Aber wir sind eine arme Gesellschaft, und wir müssen uns hochkämpfen. Deshalb bleibt uns nur Arbeit, die nicht viel Geld bringt.«

Wie steht es um die antichinesischen Gefühle unter den Afrikanern? Erinnern wir uns an den Konflikt, der sich in Sambia zwischen den chinesischen Besitzern der Kohlengrube von Collum und der sambischen Regierung und den Gewerkschaften über drei Jahre hinzog. 2010 schossen chinesische Manager auf Arbeiter, die wegen mangelnder Sicherheitsmaßnahmen in einen Streik getreten waren, und im August 2012 stürmten 1200 Menschen – nicht nur Bergarbeiter – das Gelände der Kohlengrube, töteten einen chinesischen Aufseher und verletzten zwei weitere.

French zeichnet ein anderes Bild, das weitgehend bestätigt, was die zitierten Umfragen besagen. Eine Studie von 2010 in 20 afrikanischen Ländern kam zu dem Ergebnis, dass »fast in jedem der erfassten Länder die positiven Urteile die kritischen Stimmen bei Weitem überwiegen, und zwar mindestens im Verhältnis 2 zu 1«. Eine Umfrage des Pew Research Center (mit Sitz in Washington) von

2013 belegt diese positiven Einschätzungen für Kenia (78 Prozent), Senegal (77 Prozent) und Nigeria (76 Prozent). Nur bei einer Umfrage des Ethics Institute of South Africa vom Februar 2014 überwogen die kritischen Stimmen; hier äußerten sich 43 Prozent der Befragten negativ und nur 35 Prozent positiv. Die Studie dieser südafrikanischen NGO beruht auf Interviews mit 1056 Afrikanern in den 15 Ländern mit dem höchsten Anteil chinesischer Einwanderer, doch sie dürfte kaum repräsentativ für ganz Afrika sein.

Dennoch könnte sich die Stimmung in Sambia als Krisenbarometer erweisen. Im ehemaligen Nordrhodesien wurde 2008 die erste steuerfreie Sonderwirtschaftszone für chinesische Investitionen in Afrika eingerichtet. Bis 2014 hatten staatliche und private Unternehmen schon 2,5 bis 3 Milliarden Dollar in Sambia investiert, und zwar nicht nur in der Provinz Copperbelt,[5] sondern in fast allen profitablen Wirtschaftsbereichen. So trifft man heute auf den traditionellen Dorfmärkten chinesische Geflügelhändler, die ihre Ware gleich neben den sambischen Händlern anbieten. Diese direkte Konkurrenz hat Sambia zu einer Brutstätte antichinesischer Ressentiments gemacht.

Die Pew-Studie belegt, dass die Chinesen umso negativer wahrgenommen werden, je stärker sie in der einheimischen Wirtschaft präsent sind und je mehr chinesische Waren das betreffende Land importiert. Sie zeigt darüber hinaus, dass Afrikaner, die Themen wie Menschenrechte und gute Regierungsführung wichtig finden, auch die Regierung in Peking kritischer sehen. So argumentiert Aziz Diop, Sprecher einer Gruppe zivilgesellschaftlicher NGOs in Guinea: »Das chinesische Geld fließt zu leicht; und das erlaubt es der Regierung, ihren unmittelbaren Bedarf zu decken und langfristig vernünftige Entscheidungen zu vermeiden.«

Politiker wie Simbabwes langjähriger Diktator Robert Mugabe nutzen Chinas Engagement in Afrika aus, um den einstigen Kolonialmächten eine lange Nase zu drehen. »Wir haben uns dem Osten zugewandt, wo die Sonne aufgeht, und dem Westen, wo die Sonne untergeht, den Rücken gezeigt«, erklärte Mugabe 2005. Doch außerhalb von Regierungskreisen betrachten die Afrikaner die chinesische Präsenz eher mit Realismus als mit Begeisterung – was in etwa der Einstellung entspricht, die chinesische Migranten gegenüber Afrika haben.

Im Allgemeinen sehen die Afrikaner in China eine willkommene Alternative zum Westen, beklagen aber zugleich, wie wenig sich beide unterscheiden und wie wenig Spielraum ihre Regierungen haben, um die beiden Giganten gegeneinander auszuspielen. French zitiert Joseph Rahal, der eine Umwelt-NGO in Sierra Leone leitet: »Unsere Regierung ist schwach beim Formulieren ihrer politischen Ziele, sie ist schwach beim Verhandeln, schwach bei der Kontrolle und schwach bei der Umsetzung. Im Grunde ist sie in allen Bereichen schwach.«

French sagt dem Kontinent weitere 40 Jahre unverminderten Bevölkerungswachstums voraus, bei gleichzeitiger Erschöpfung der natürlichen Ressourcen. Deshalb stehe Afrika vor einer »Ära ausgeprägter Divergenzen«, in der China für das Schicksal der einzelnen Staaten enorme Bedeutung gewinnen wird: »In Ländern, die ihre Volkswirtschaften diversifiziert und in ihre Bürger investiert haben, speziell im Bildungs- und Gesundheitswesen, werden wir einen Prosperitätsschub erleben.«

In den Ländern, die das versäumt haben, wird es dagegen die Hölle sein, ein Kampf ums Überleben. Wohlweislich ordnet er beiden Szenarien keine einzelnen Länder zu. Es gibt afrikanische Länder, die trotz scheinbar bester Perspektiven einen bösen Absturz erlebten, während sich andere mit bescheideneren Aussichten ganz gut geschlagen haben.

Dass 1 oder 2 Millionen Chinesen in Afrika bereits auf die Übernahme des gesamten Kontinents hinauslaufen, lässt sich kaum ernsthaft annehmen. Von den 2,2 Millionen Menschen, die in China geboren wurden und heute in den USA leben – zusammen mit fast 4 Millionen Sinoamerikanern – würde das jedenfalls niemand behaupten. Zudem ist Afrika noch immer nicht der Kontinent der unbegrenzten Möglichkeiten, die sich viele ausmalen, wenn sie auf die übertriebenen Zahlen der Afrikanischen Entwicklungsbank starren, die 300 Millionen Menschen zur afrikanischen Mittelklasse zählt.[6]

Peking ist gewiss nicht im Begriff, ein »neues Reich« in Afrika zu errichten. Man will auf einem Kontinent, auf dem man lange Zeit kaum vertreten war, vor allem aufholen, ähnlich wie auch die Türkei oder Brasilien. Und da hat China immer noch das Gefühl, dass es viel zu tun gibt. Zwar weist China als einzelner Staat das höchste Handelsvolumen mit Afrika auf, liegt aber noch immer hinter der EU, die nicht einmal halb so viele Einwohner hat wie China. Und Europa und die USA zusammen treiben immer noch doppelt so viel Handel mit Afrika und werden auch künftig und noch lange kräftig mitmischen.

Der vielleicht interessante Aspekt an der chinesischen Präsenz in Afrika ist die Frage, wie die Afrikaner die Chinesen wahrnehmen. Der Anblick von Weißen wird viele Afrikaner zwangsläufig an die koloniale Vergangenheit erinnern – und an die mannigfachen Belehrungen über wirtschaftliche Entwicklung, Menschenrechte, Demokratie und Gesundheitswesen, mit denen der Westen sie überschüttet. Wenn Afrikaner dagegen einem Chinesen begegnen, werden sie ihn – egal ob es sich um einen Schurken oder einen guten Menschen handelt – als ein Vorbild wahrnehmen. Als Bürger eines Landes, das einmal arm war, heute aber dem Westen ebenbürtig oder vielleicht sogar überlegen ist.

Mit anderen Worten: Afrikaner sehen in den Chinesen ihre eigene leuchtende Zukunft verkörpert. Solange allerdings chinesische Migranten anstelle von Afrikanern massenhaft unqualifizierte Jobs ausüben, solange sie das Land bestellen, solange chinesische Frauen auf den Straßen von Kinshasa Schmalzgebäck feilbieten, solange chinesische Händler den Sufis von Dakar religiösen Tand andrehen oder in Daressalam einzelne Zigaretten verkaufen, wird diese Zukunft in unerreichter Ferne liegen. Wenn Afrika tatsächlich dem Vorbild Chinas nacheifern will, wird es sein eigenes Shenzhen aufbauen müssen. Und zwar aus eigener Kraft.

Aus dem Englischen von Niels Kadritzke

1 Siehe Olliviers Memoiren *Ni vu ni connu: De Chirac et Foccart à Mandela*, Paris (Fayard) 2014.
2 Diese Summe ist bislang aber nur ein Versprechen: 2014 kündigte China an, den Fonds von 3 Milliarden auf 5 Milliarden Dollar aufzustocken. *Frankfurter Allgemeine Zeitung*, 6. Mai 2014.
3 Vgl. Nicola Liebert, »Zhing-zhong für Afrika. Chinas Süd-Süd-Kooperation: Investieren, Rohstoffe sichern, keine Fragen stellen«, *Le Monde diplomatique*, März 2009.
4 Howard French, *China's Second Continent: How a Million Migrants Are Building a New Empire in Africa*, New York (Knopf) 2014.
5 Vgl. Jean-Christophe Servant, »Kupfer aus Sambia«, *Le Monde diplomatique*, Mai 2009.
6 Die Schätzungen der OECD gehen von einem Zehntel aus.

Erstmals erschienen in *Le Monde diplomatique* vom Juli 2015.
© 2015 *London Review of Books*; für die deutsche Übersetzung *Le Monde diplomatique*, Berlin

Die alten europäische Autokonzerne, die sich für unverwundbar halten, könnten schnell Marktanteile verlieren. Im Busverkehr etwa sackt der chinesische Hersteller BYD einen Großauftrag nach dem anderen ein. In Kanada und vielen Ländern Lateinamerikas, in den USA, aber auch in London oder Turin fahren zunehmend chinesische Elektrobusse durch die Citys. Die Fahrgäste sind begeistert.

Marktführer BYD hat jetzt eine Offensive für den Bau kleiner billiger Fahrzeuge angekündigt. Firmenchef Wang Chuanfu glaubt, dass die Kleinfahrzeuge in einigen Jahren 75 Prozent der Verkäufe ausmachen werden. Die Rechnung könnte aufgehen, denn statt Mega-Reichweiten suchen viele Käufer bezahlbare Stromer. Klein und bezahlbar ist das chinesische Erfolgsmodell Baic EC, das in der günstigsten Variante abzüglich staatlicher Subventionen umgerechnet 7400 Euro kostet bei 200 Kilometern Reichweite. Der Kleinwagen wurde im Jahr 2017 78079-mal verkauft und war damit das meistverkaufte Einzelmodell weltweit.

Auch bei der Entwicklung der Batterien, dem Herzstück des Elektroautos mit entsprechend hoher Wertschöpfung, dominiert China, während die deutsche Ingenieurskunst weit abgeschlagen ist. Chinas Marktanteil bei den Lithium-Ionen-Batterien liegt gegenwärtig bei 55 Prozent, die USA halten 10 Prozent. Bis 2021 wird die Produktionskapazität Chinas nochmals stark erweitert. Dann wird der weltweite Marktanteil auf 65 Prozent klettern. Die Fortschritte der asiatischen Konkurrenz sind rasant. Die oben erwähnte WWF-Lichtblick-Studie dokumentiert einen Rückgang der Batteriepreise von 1000 Dollar/Kilowattstunde im Jahr 2008 auf 268 Dollar in 2015, das entspricht einem Minus von 73 Prozent. Die 100-Dollar-Schallmauer könnte schon 2020 durchbrochen werden.

Nicht nur der Preis, auch die Energiedichte hat sich erheblich verbessert. Sie gibt an, wie viel Energie pro Gewicht und Volumen in den Batterien gespeichert ist. Je höher die Energiedichte, desto leichter wird das Batterieset und damit das Gewicht der Fahrzeuge. Mit einer hohen Energiedichte können die Hersteller die Reichweite vergrößern und damit der unter Autofahrern weit verbreiteten »Reichweitenangst« begegnen. In den vergangenen zehn Jahren hat sich die Energiedichte für Elektroautobatterien um 400 Prozent erhöht.

Inzwischen hat ein regelrechtes Wettrüsten um die größte Reichweite eingesetzt – eigentlich unsinnig, denn 99 Prozent aller Autofahrten sind kürzer als 100 Kilometer. Der 2017 in den USA bei General Motors vom Band gelaufene neue Chevrolet Bolt-E kommt mit einer vollen Batterieladung 400 Kilometer weit und liegt damit deutlich vor der chinesischen Konkurrenz, er ist allerdings auch teurer. Auf die Angaben der Autohersteller kann man sich allerdings auch in Sachen Reichweite nicht verlassen. Die tatsächliche Recihweite ist je nach Jahreszeit und Fahrstil um bis zu 25 Prozent kürzer.

Ohne eigene Batterieentwicklung fehlt den europäischen Autobauern ein großer Teil der Wertschöpfung, zumal viele Teile der alten Verbrennungsmobile – vom Schaltknüppel bis zum Einspritzer – nicht mehr gebraucht werden. VW hat bei seinem Konzernumbau in Richtung Elektromobilität schon mal den Abbau von 30000 Jobs angekündigt. Was am Ende von der alten Automobilindustrie übrig bleiben wird, ist eine der spannendsten Fragen. Jetzt müssen die alten Autobauer erst einmal Kurs auf die Quote nehmen. Marktführer China hat die ganze Branche elektrisiert.

Erstmals erschienen in *Le Monde diplomatique* vom Februar 2017. Aktualisiert.
© 2017 *Le Monde diplomatique*, Berlin

Seit 2016 fahren die meisten Elektroautos in China.

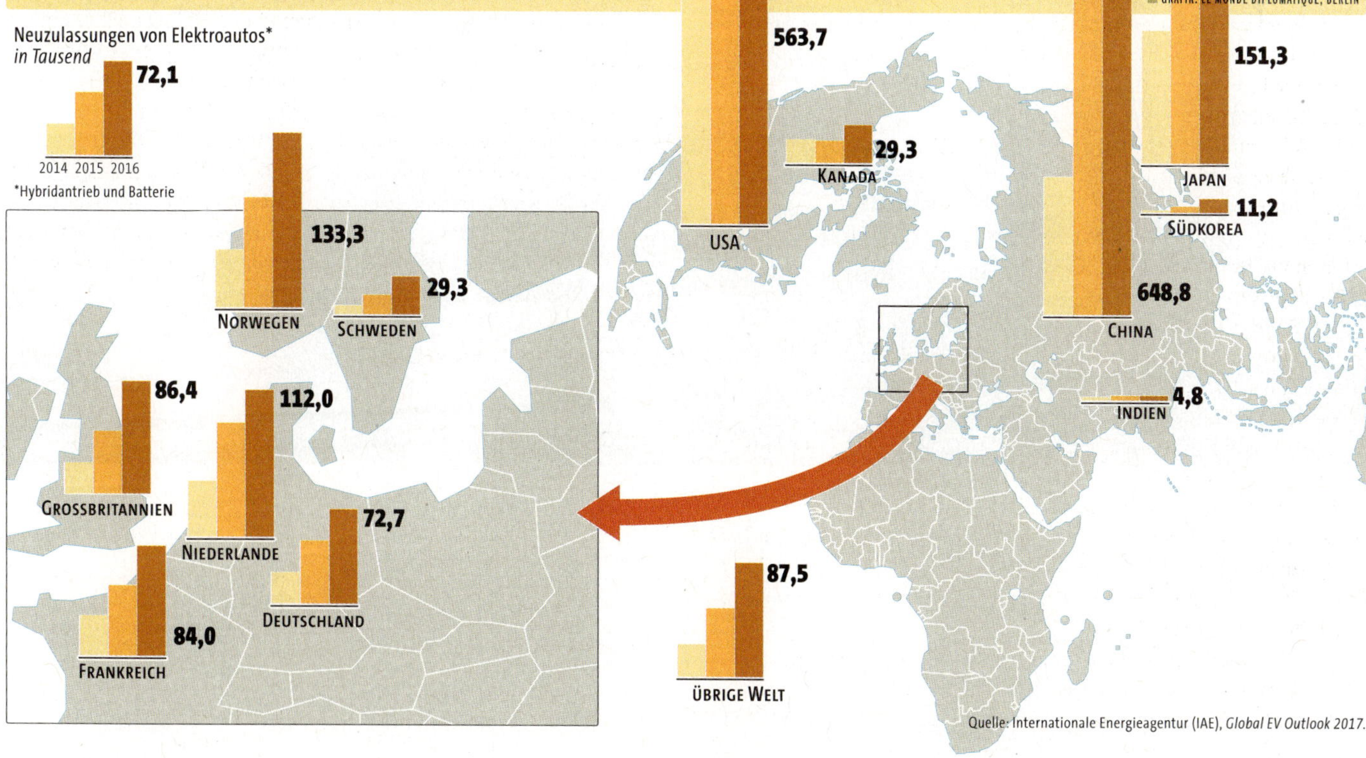

Quelle: Internationale Energieagentur (IAE), *Global EV Outlook 2017*.

A6
A4

Africatown in Guangzhou

Von Tristan Coloma

Die meisten haben sich inzwischen an ihre Anwesenheit gewöhnt. Das hier ist allerdings nicht wirklich China, natürlich auch nicht Afrika, sondern ein Stadtviertel zwischen Xiaobei Lu und Guangyuan Xi Lu in der südchinesischen Metropole Guangzhou (Kanton), zwei Zugstunden von Hongkong entfernt. Offiziell sind es 20 000 Afrikaner, nach Auskunft eines Forschers der Universität Hongkong aber fast 100 000, die sich in dem zwischen Highways und Bahngleisen eingezwängten »Africatown« niedergelassen haben. In der zehn Quadratkilometer großen »Chocolate City« – wie die Chinesen sie nennen – dreht sich alles ums Geschäft. Hier spricht man ebenso gut Igbo, Wolof oder Lingala wie Mandarin oder Kantonesisch.

Seit China in der Weltwirtschaft angekommen ist, übt es eine starke Anziehungskraft auf die einstigen Kolonien aus. Mark Leonard, der frühere außenpolitische Berater von Tony Blair, hat dafür eine Erklärung: »China beweist, dass grüner Tee, Konfuzius und Jackie Chan ebenso viel wert sind wie McDonald's, Hollywood und die Gettysburg Address.«[1] Freilich liegt es nicht an der Kultur, dass die Afrikaner so zahlreich nach China strömen, sondern an seinem Wirtschaftswachstum und seinen Großmärkten, auf denen Konsumgüter gehandelt werden.

Abou Kabba kommt aus Guinea. Er hat seinen Doktor in organischer Chemie gemacht und reist seit 15 Jahren als Händler kreuz und quer durch Asien. Er kann sich nur wundern über den Massenandrang »der Jungen, die glauben, dass sie über den Umweg Guangzhou schneller nach Europa kämen oder dass Tokio nur ein paar U-Bahn-Stationen von hier entfernt ist«.

Im Herzen der Stadt Guangzhou mit ihren 18 Millionen Einwohnern und den zehntausenden Werkstätten und Kleinstfabriken geht es nicht um medienwirksame Ölverträge oder riesige chinesische Staatsbaustellen in Afrika, sondern vor allem um Handel. Der Löwe reitet den Drachen, weil er von dessen Exportfieber profitieren will.

»Ob schwarz oder nicht, ist für uns egal, Hauptsache, das Geschäft läuft!«, verkündet zwischen zwei Telefonaten und einem Schluck Tee die Chefin eines kleinen Elektronikladens in einem Geschäftszentrum von Dongfeng. Schließlich hat in der Provinz Guangdong, der Fabrik der Welt, deren Schaufenster die Hauptstadt Guangzhou ist, das Geld keine Farbe. Und auch das »afrikanische Fußvolk der Globalisierung«[2] will etwas vom chinesischen Wirtschaftswunder abbekommen. Die Liste der Exportgüter für Afrika ist vielfältig: Stromgeneratoren, Schuhe, Wattestäbchen, Mofas, Baustoffe, Menschenhaar, Spielzeug. »Alles, was man will, findet man in China, sogar Schwarze«, scherzt Joseph, ein Händler aus Kamerun.

Der nigerianische Bekleidungshändler Ikechukwu Nwanzi, Guangzhou, Provinz Guangdong, China, Dezember 2011. JOERG BOETHLING | ALAMY

Jedes Jahr gehen von China aus tausende Container auf die Reise nach Dakar, Mombasa, Abidjan oder Duala. Das Handelsvolumen zwischen China und Afrika wuchs von 2003 bis 2007 um 294 Prozent. Beim vierten China-Afrika-Forum am 8. November 2009 bezifferte der chinesische Regierungschef Wen Jiabao das bilaterale Handelsvolumen im Jahr 2008 auf 106,8 Milliarden Dollar, 45,1 Prozent mehr als 2007, wie er stolz vermerkt.[3] Die afrikanischen Händler haben inzwischen die traditionellen Handelszentren in Asien und Dubai verlassen und ihre Geschäfte nach China verlagert.

So rasant die Annäherung einem gegenwärtig auch erscheinen mag, so begann sie im Grunde schon 1955 auf der großen Asien-Afrika-Konferenz im indonesischen Bandung. Über 1000 Repräsentanten aus 29 Ländern und 30 Befreiungsbewegungen verkündeten in Bandung das Ende der Kolonialzeit, legten den Grundstein für die Bewegung der Blockfreien und beratschlagten über eine gemeinsame Zukunft.[4] Peking kam beispielsweise damals den Unabhängigkeitskämpfern in Algerien, Angola und Südrhodesien zu Hilfe – dank dieser Unterstützung erhielt China 1971 den ständigen Sitz im UN-Sicherheitsrat, den zuvor Taiwan inne hatte.

In den 1980er-Jahren wagten sich die ersten abenteuerlustigen afrikanischen Geschäftsleute in das damals noch unter britischer Kontrolle stehende Hongkong. Seit dem Beitritt Pekings zur Welthandelsorganisation (WTO) im September 2001 wollen die Händler allerdings lieber gleich an Ort und Stelle von der Billigproduktion profitieren.

»Fast 90 Prozent der Produkte auf dem afrikanischen Markt stammen aus China, Thailand und Indonesien«, erklärt Sultane Barry, der Präsident der guineischen Gemeinde von Guangzhou. »Praktischerweise darf man in China unterschiedliche Produkte im selben Container transportieren.« Barry ist Geschäftsmann, wie fast alle Afrikaner hier.[5] Nachdem er zunächst von Amerika träumte und mit Edelsteinen gehandelt hat, ist er heute stolz darauf, dass er den »Kapitalismus am Gelben Fluss« mitgestalten kann.

Sein Büro liegt eingezwängt zwischen einem Gebetsraum und einem Lokal, das als Versammlungsort dient. Von hier aus organisiert er eine Etage des Tianxiu Dasha, eines 35 Stockwerke hohen Turms, in dem ein geschäftiges Treiben herrscht: Kleine Läden, deren Regale unter den Warensendungen aus den Fabriken in der Provinz schier zusammenbrechen, Handelsvertretungen, Reisebüros, afrikanische Restaurants, Friseursalons und möblierte Zimmer, die man wochenweise mieten kann.

Alltag und Arbeit müssen ineinandergreifen, damit möglichst viel Geld verdient wird. »Wir sind schließlich nicht zum Vergnügen hier. Wir machen schnelle und gute Geschäfte«, sagt der ivorische Unternehmer Ibrahim Kader Traore. »In Abidjan sind die Leute immer noch auf Frankreich fixiert, wo unsereiner sich abrackert, um in 25 Jahren 10 000 Euro zusammenzusparen, während man in China schon nach fünf Jahren 100 000 Euro zusammensparen kann.« So kommt es, dass immer mehr Afrikaner den alten Sklavenrouten und hochgerüsteten Grenzen Europas den Rücken kehren und das Abenteuer im Osten suchen.

Zwischen 2003 und 2007 ist die Zahl der afrikanischen Immigranten jedes Jahr um 30 bis 40 Prozent gestiegen.[6] »Durch die verbesserten Beziehungen zwischen China und den Entwicklungsländern wird sich der Zuzug afrikanischer Geschäftsleute in die größte Exportnation der Welt verstärken«, sagt Barry Sautman von der Universität Hongkong. Das Ausmaß der Einwanderung irritiert die chinesische Regierung, die niemals zuvor mit einem derartigen »Problem« zu tun hatte. Während der chinesische Präsident Hu Jintao 2006 noch mit großem Pomp 48 afrikanische Staats- und Regierungschefs nach Peking eingeladen hatte, um sie der chinesischen Freundschaft zu versichern, erhielten die Einreisewilligen 2007 auf einmal eine kalte Dusche. Die Regierung hatte eine alte Parole hervorgekramt, die Hao Chiyong, Sprecher des Einwanderungsministers, am 20. August 2004 ausgegeben hatte: »China ist kein Einwanderungsland. Mit der neuen Regelung wollen wir vor allem hochqualifizierte Ausländer anlocken.«[7] Eine ziemlich unverblümte Art, die Verschärfung der Visabestimmungen für Afrikaner anzukündigen.

»Inzwischen gibt es hier viel weniger Afrikaner«, klagt Sultane Barry. »Früher bekamen sie Jahresvisa, mit denen sie nach Belieben ein- und ausreisen konnten. Das änderte sich kurz vor den Olympischen Spielen von 2008, da wollten die Behörden klare Verhältnisse schaffen. Sie haben vor Ort gar keine Visa mehr verlängert. Man musste zurück ins Heimatland, um sich sein Handelsvisum verlängern zu lassen.« Seitdem gilt das Visum als magisches Sesam-öffne-dich. Ladji, ein Ivorer, der gefälschte T-Shirts verkauft, zeigt uns seinen zigmal gestempelten Ausweis. Meistens fährt er dafür nach Macao. »Zurzeit sind die Visa nur 30 Tage gültig. Deshalb müssen wir einmal pro Monat raus aus Festlandchina.«

Anlässlich der Olympischen Spiele verstärkten die Behörden auch die Personenkontrollen. Die Asienspiele, die im November 2010 in Guangzhou stattfinden, bereiten den Afrikanern ebenso viele Sorgen wie den Chinesen von »Chocolate City«. »Die Afrikaner kaufen mir hier mehr als die Hälfte der Fernseher ab, die in der Fabrik meines Schwagers produziert werden«, erzählt eine Verkäuferin. »Ich habe Angst, dass sie bald nicht mehr kommen.«

Im Juli 2009 hätte eine Polizeirazzia fast ein tragisches Ende genommen. Auf der Flucht vor den Polizisten sprangen zwei Nigerianer durch ein Fenster. Der eine schnitt sich an der Fensterscheibe den Bauch auf, der andere fiel auf den Kopf und lag mehrere Tage im Koma. Die beiden wurden wieder gesund, aber da hatte sich schon das Gerücht verbreitet, sie seien ums Leben gekommen. Das führte zur ersten Demonstration ausländischer Einwanderer in China. Etwa 100 Menschen stürmten das Zentralkommissariat von Guangzhou, und die internationalen Medien nutzten die Gelegenheit, um auf die wiederholten Menschenrechtsverletzungen in China aufmerksam zu machen.

»Es geht schon wieder los mit den Razzien«, erzählt Abou Kabba. »Bei einer Visakontrolle öffnete einmal meine Frau der Polizei die Tür, aber die Papiere hatte ich in der Tasche. Die Polizisten haben meine Kinder so angeschrien, dass sie anfingen zu weinen. Sie wollten ihnen weismachen, dass sie ins Gefängnis kommen. Dabei ist meine gesamte Familie bei der Einwanderungsbehörde registriert. Die wissen ganz genau, dass wir legal hier sind.«

Anfang Oktober 2009 erklärte Mo Lian, stellvertretende Leiterin der Abteilung Aus- und Einreise der öffentlichen Sicherheitsbehörden der Provinz Guangdong, gegenüber der staatlichen Presseagentur Xinhua: »Etwa 70 Prozent der Ausländer, die im Jahr 2008 wegen illegaler Einwanderung und abgelaufener Visa verhaftet wurden, stammten aus Afrika. Im ersten Halbjahr 2009 hat sich der Anteil auf 77 Prozent erhöht.« Die Afrikaner finden die Haltung der chinesischen Behörden hart oder gar hinterhältig. Ladji sagt, man müsse sich, um nicht belästigt zu werden, ein »vorschriftsmäßiges« Visum kaufen. »Manche von uns zahlen dafür bis zu 2000 Euro. Sie wenden sich einfach an private Agenturen, die die chinesischen Behörden schmieren.«

Emma Ojukwu (Mitte).
XINHUA

So beißt sich die Katze in den Schwanz. »Mit ihrem Versuch, die Einwanderung einzudämmen, treibt die chinesische Regierung die Migranten in die Arme krimineller Netzwerke und stärkt diese damit nur«, empört sich Emma Ojukwu, der Vorsitzende der nigerianischen Gemeinde, den hier alle »Monsieur Afrique« nennen. »Das führt zu absurden Situationen. Manche Neuankömmlinge verkaufen ihren Pass, und wenn sie ausgewiesen werden, nehmen sie in ihrem Heimatland eine andere Identität an und kommen zurück. Andere enden im Drogenhandel oder in der Prostitution. Solche Geschichten vermitteln doch ein schlechtes Bild von ganz Afrika.«

Deshalb hat sich Ojukwu vorgenommen, den Afrikanern von Guangzhou Gesetzestreue beizubringen – mit äußerst drastischen Methoden. »Unsere Gemeinde kämpft gegen die Kriminalität. Wir haben ›Friedenswächter‹ aufgestellt, eine Mannschaft von 50 jungen Männern mit Macheten, die afrikanische Kriminelle festnehmen und sie an die Polizei ausliefern. Damit versuchen wir unser Image etwas aufzubessern.«

Auch dank solcher Maßnahmen erreichte er im November 2009 bei den Obrigkeiten, dass alle Afrikaner, die sich freiwillig den Einwanderungsbehörden stellen, eine Art Amnestie erhalten. Jedenfalls stellt er die Sache so dar. »Am 8. März 2010 haben schon 400 Nigerianer, deren Visa abgelaufen waren, China verlassen. Ich habe auch eine Halbierung der Geldbuße ausgehandelt, die zurzeit bei 300 Dollar liegt. Das alles führt dazu, dass ich wie viele Vorsitzende der afrikanischen Gemeinden jeden Tag bei der Einwanderungsbehörde bin.«

Sobald die Abgeschobenen das Geld beisammen hätten, erklärt Ojukwu, könnten sie wieder auf legalem Weg zurückkehren. Über diejenigen, die die Geldbuße und das Rückflugticket nicht bezahlen können, verliert er allerdings kein Wort – die chinesischen Abschieberegeln sehen nämlich keine Gratisrückführung zur Landesgrenze vor. Diese Leute wandern direkt ins Gefängnis, einigen Quellen zufolge müssen sie sogar in staatlichen Fabriken arbeiten. Wie viele Afrikaner sich in dieser misslichen Lage befinden, verrät die chinesische Regierung natürlich nicht.

In den chinesischen Medien werden die Afrikaner inzwischen pauschal als Gesetzesbrecher dargestellt – was den übersteigerten

Nationalismus weiter anstachelt. »Die Chinesen haben immer ein wenig Angst vor den Afrikanern. Um die Harmonie in der Gesellschaft zu bewahren, meinen die Behörden, sie müssten das Volk vor einer zu großen Invasion beschützen«, erläutert ein Professor der Universität Guangdong, der anonym bleiben möchte.

In ihrem autobiografischen Bestseller »Wilde Schwäne«[8] beschreibt die chinesische Schriftstellerin Jung Chang, was chinesische Schüler in den 1970er Jahren über Afrikaner lernten: »Sie sind weniger entwickelt und können ihre Triebe nicht beherrschen.« Ebenso wie im Westen kennt auch die große Mehrheit der Chinesen Afrika nur aus den Massenmedien, stets reduziert auf das Bild eines Kontinents, mit dem es bergab geht, der von Aids, Hungersnöten, Bürgerkriegen und Dürre heimgesucht wird.

Die Afrikaner bekommen in China nicht selten offenen Rassismus zu spüren. Vincent aus Nigeria, der seit fünf Jahren in China lebt, berichtet: »In Indonesien oder Malaysia ist es zwar noch schlimmer, aber hier beschimpfen sie uns auch als ›schwarze Teufel‹ und Ähnliches. In Bussen und Straßenbahnen halten sich die Leute demonstrativ die Nase zu, und auf der Straße rennen manchmal die Kinder weg, wenn ich komme. Damit muss man leben.«

Manche Situationen empfinden die Afrikaner jedoch eindeutig als Demütigung, wie Jean-Bedel, ein kongolesischer Student, erzählt: »Wenn du hier wegen irgendeiner Kleinigkeit ins Krankenhaus kommst, nehmen dir die Ärzte ungewöhnlich viel Blut ab und führen systematisch Aidstests durch. Das würden sie bei chinesischen Patienten niemals tun. Sie ziehen auch vor jeder Untersuchung extra Handschuhe an, natürlich nur bei uns Schwarzen.«

Auch die Taxifahrer stellen sich beim Anruf eines Afrikaners gelegentlich taub. »Die schwarzen Teufel sind in Drogengeschäfte und Prostitution verwickelt«, versichert einer von ihnen. »Und dann wollen sie auch noch über den Fahrpreis verhandeln. Für die halte ich nie an. Außerdem versteht man immer nicht, wo sie hinwollen.« Die Verständnisprobleme rühren auch daher, dass die meisten Afrikaner nur für kurze Zeit im Land sind und sich daher nicht integrieren wollen. »Sie leben am Rand der chinesischen Gesellschaft und versuchen, sich eine Enklave zu schaffen, eine Ecke, wo sie Handel treiben und ihre Kultur aufrechterhalten können. Chinesen und Afrikaner kennen sich kaum«, erklären die französischen Wissenschaftlerinnen Brigitte Bertoncello und Sylvie Bredeloup.[9]

Der niederländische Historiker Frank Dikötter, der an der Universität von Hongkong lehrt, erinnert daran, dass Mao Zedong einst einen ganz anderen Umgang mit Fremden gepredigt hat. »Im Jahr 1963 erklärte der Vorsitzende der KP China, ›in Afrika, in Asien, in der ganzen Welt gibt es Rassismus. Aber in Wahrheit sind die Rassenprobleme Klassenprobleme.‹ Die offizielle Propaganda unterstützte die Vorstellung, dass nur Westler zum Rassismus neigen, während die Chinesen sich in ihrem Kampf gegen den weißen Imperialismus als die Vorkämpfer all derer darstellten, die Opfer ihrer Hautfarbe waren.«[10]

Im modernen China spielt der Klassenbegriff keine Rolle mehr. Was allein zählt, ist der wirtschaftliche Erfolg. »Die Vorurteile und der Rassismus in China sind den ökonomischen Verhältnissen geschuldet. Es kommt immer darauf an, ob eine Person oder eine gesellschaftliche Gruppe erfolgreich ist«, meint Yan Sun, Professorin für Politik an der City University von New York.[11] Oft hört der Rassismus dort auf, wo das Geschäft beginnt. Die Chinesen in »Chocolate City«, den Einkaufsstädten und Verladezonen, haben beispielsweise begriffen, dass zu ihrem Wohlstand auch die Afrikaner etwas beizutragen haben. Anderswo schlägt ihnen hingegen Fremdenfeindlichkeit entgegen. Doch trotz des übersteigerten chinesischen Nationalstolzes und der verschärften Einwanderungsbestimmungen in Guangzhou haben die Afrikaner in China eine Brücke zwischen den beiden Kontinenten gebaut – Geschäfte machen schafft schließlich Verbindungen.

Das chinesische Piktogramm, das für das Wort Land steht, stellt vier Wände dar. Vielleicht haben die afrikanischen Geschäftsleute ja eine Tür gefunden, durch die sie dieses Land betreten können. Größere Proteste gegen Schwarzafrikaner wie 1988 an der Universität Nanjing in Peking sind jedenfalls selten geworden. Damals hatten Chinesen afrikanische Studenten belästigt und waren zu Tausenden mit der Parole »Tod den schwarzen Teufeln!« durch die Straßen gezogen. Anlass der Demonstration war der gewaltsame Tod eines chinesischen Studenten gewesen. Der Hauptvorwurf der Demonstranten bezog sich allerdings darauf, dass Afrikaner den jungen Chinesinnen hinterhersteigen würden.

Trotz des übersteigerten chinesischen Nationalstolzes und der verschärften Einwanderungsbestimmungen haben die Afrikaner in China eine Brücke zwischen den beiden Kontinenten gebaut

Heute sieht man in den Straßen des Viertels Xiaobei Lu immer häufiger gemischte Ehen und Familien. »Dank der Öffnung Chinas gibt es Hoffnung für die farbigen Fremden hier«, sagt Yane Soufian. »Wir passen uns ihrer Kultur an und befolgen ihre Gesetze.« Der junge Nigerer, der vor acht Jahren mit leeren Taschen hier ankam, kannte damals keinen grünen Tee, sondern nur Schwarztee. Seit fünf Jahren ist er mit der Chinesin Hanna verheiratet, ihr Sohn Arafat ist zehn Monate alt. »Meine Schwiegereltern hatten nie etwas gegen unsere Beziehung. Sie fürchten nur, dass wir eines Tages nach Niger gehen könnten. Meine Frau hatte sowieso keinerlei Vorbehalte, weil sie schon mitbekommen hat, dass die Afrikaner, die in China bleiben, sich sehr wohl anpassen können. Wir sind moderne Männer, respektieren unsere Frauen und helfen ihnen im Haushalt.«

Wir stehen in Shizhi vor der Kathedrale Sacré-Cœur. Emma Ojukwu erzählt, dass es schon 300 bis 400 gemischte Ehen gebe: »Ich möchte einen Verein für diese Paare gründen. Der könnte dazu beitragen, dass es möglichst wenig Scheidungen gibt!« Denn abgesehen von den kulturellen Differenzen, die in gemischten Ehen oft Konfliktstoff liefern, heiraten manche Afrikaner auch nur, um eine Aufenthaltsgenehmigung zu bekommen. Das bestätigt auch Ladji: »Man muss eine Chinesin heiraten, wenn man eine Firma gründen will. Das hat mein Bruder gemacht, und davon träumen wir alle.«

Immer mehr Afrikaner lernen schon in ihrer Heimat Chinesisch, an der Universität oder an einem der vielen offiziellen Konfuzius-Institute, die in Afrika eröffnet werden.[12] Zudem verstehen einige sich auch als Mentoren oder gar Lehrer. Sultane Barry weist darauf hin, dass viele Chinesen erst durch die Ankunft der Afrikaner gelernt haben, wie man Absatzmärkte für seine Waren findet. »Die Sekretärinnen, die wir hier hatten, sprachen noch nicht mal Englisch.

Fortsetzung auf Seite 87

Der Müll der anderen

China war jahrelang weltgrößter Importeur von Elektroschrott, Plastik- und Industrieabfällen. Das soll nun ein Ende haben

Von Heike Holdinghausen und Felix Lee

Schalke-Mahlgut erkennt auch der Laie«, sagt Dirk Rathmann. Er deutet auf ein großes Glas, gefüllt mit blau-weißen Plastikkrümeln. Die Krümel sind Kunststoffgranulat aus geschredderten und gemahlenen Kanistern, und die sind meistens weiß oder blau, wie die Farben von Schalke 04. »Und, was war das mal?«, fragt Rathmann und hält seinen Besuchern ein Glas mit bunten Krümeln – Kunststoffgranulat – unter die Nasen. »Shampoo- oder Waschmittelflaschen«, antworten die im Chor. »Richtig«, lobt der 44-jährige Betriebsleiter, der in der Kunststoffaufbereitung von Remondis in Lünen am Rande des Ruhrgebiets arbeitet.

In der Anlage, in der Kunststoffgegenstände – Kanister, Flaschen, Tonnen, Verpackungen – zu feinem Granulat verarbeitet werden, kennt Rathmann jede Schraube, jedes Rohr, jedes Band. Davon gibt es reichlich in dieser modernen Hexenküche, in der es ohrenbetäubend rattert und zischt, dampft – und stinkt. Die Verpackungen wirbeln in Luftströmen, fallen durch Gitterroste, baden in Tauchbecken. »Waschen, legen, föhnen«, sagt Rathmann, »das machen wir hier.« Vorne werden Abfallberge in die Anlage gekippt, hinten kommen sortenrein getrennte und gereinigte Granulate heraus, zum Beispiel Polyethylen und Polypropylen, sortenreine Kunststoffe, die die Industrie als Rohstoff einsetzen kann.

Allerdings: Als Schalke-Mahlgut endet nur der kleinere Teil. Fast 6 Millionen Tonnen Plastikmüll davon sind 2015 laut Umweltbundesamt angefallen – das Gesamtgewicht der ägyptischen Cheops-Pyramide. Davon sind mit 2,7 Millionen Tonnen nicht einmal die Hälfte »stofflich verwertet«, also zu Granulat verarbeitet worden. Der größere Teil – 53 Prozent – wurde dreckig, nicht nach Kunststoffsorten getrennt, sondern einfach zu Ballen gepresst – als Brennstoff genutzt oder gleich nach China transportiert. Doch diese Zeiten sind vorbei.

Zwei Jahrzehnte lang schien die Müllentsorgung in Deutschland und den meisten Industrieländern kein Problem mehr zu sein. Der Grund: Das aufstrebende China mit seinem Heißhunger nach Rohstoffen und den zugleich vielen Arbeitskräften, die bereit waren, für wenig Geld, den dreckigen Müll zu sortieren, nahm viel davon ab.

Der weltgrößte Müllimporteur will nun aber den Abfall aus dem Ausland nicht mehr. In einem Schreiben an die Welthandelsorganisation (WTO) hatte die chinesische Regierung im Juli 2017 mitgeteilt, dass zum Schutz der eigenen Umwelt und der Gesundheit der Bevölkerung die Einfuhr von Hausmüll verboten werden soll. In dem importierten Müll gebe es auch jede Menge Abfall, der für China unbrauchbar sei, heißt es zur Begründung. Zum Teil seien darin gefährliche Giftstoffe gefunden worden. Insgesamt 24 Müllsorten sind betroffen, darunter Plastikmüll, Schlacke aus der Stahlproduktion, nicht einmal Textilreste oder Papier werden mehr angenommen. Metallschrotte, alte Kabel, Altpapier und Kunststoffe dürften nur noch Verunreinigungen von 0,5 Gewichtsprozent aufweisen. Der Importstopp ist seit dem Jahreswechsel 2017/18 ganz ohne Ausnahmen inkrafttreten.

Das hält die deutsche Industrie für technisch nicht machbar. Nicht nur kleine und mittelständische Recyclingunternehmen treffe das hart, sagen Branchenkenner; vor allem für die großen Aktiengesellschaften – wie Alba in Berlin, das Duale System in Köln oder eben Remondis in Lünen – sei das bitter. In ihren verzweigten Unternehmensstrukturen fänden sich nicht nur Verwertungsfirmen wie etwa die Vorzeigeanlage in Lünen; als Entsorger sammelten sie jede Menge Müll ein, den sie nicht sortiert und aufbereitet, sondern bislang gewinnbringend ins Reich der Mitte verkauft hätten.

Doch China zieht eine »grüne Mauer« um seine Grenzen, und der wird nicht nur die deutsche Abfallwirtschaft umkrempeln. 2016 hat die Volksrepublik allein 7,3 Millionen Tonnen Plastikmüll aus aller Welt importiert. Das entspricht 56 Prozent der weltweiten Einfuhren. Laut Umweltbundesamt hat Deutschland 2014 über 1,12 Millionen Tonnen Müll nach China geschifft, davon 1225 Tonnen Sondermüll. Japan und die USA exportierten den meisten Plastikmüll und das meiste Altpapier ins Reich der Mitte. Eine 5-Milliarden-Dollar-Industrie allein mit den USA sei »gefährdet«, vermutet Adina Adler vom US-Institut der Recycling Industrie (Isri).

Hierzulande stellt der Branchenverband bvse in seinem Marktbericht für November 2017 nüchtern fest: »Deutschland läuft weiterhin voll mit Kunststoffabfällen.« In der Folge seien eine Reihe von Marktveränderungen auszumachen. So würden verstärkt Granulate nach China geliefert anstatt verpresster Kunststoffabfälle; zum Teil werde sauberer nach Kunststoffsorten getrennt, zum Teil seien aber auch die Hersteller von Ersatzbrennstoffen im Auftrieb.

Das heißt mit anderen Worten: Wegen des grünen Zauns um China werden sich auf Europas Straße künftig keineswegs gigantische Müllberge türmen. Vielmehr bringt der Zaun die hiesige Industrie dazu, Abfälle besser zu trennen, um sie doch noch nach Fernost verkaufen zu können. Außerdem wird mehr verbrannt, um Energie zu gewinnen.

Das bisherige Geschäftsmodell – chinesische Wanderarbeiter sortieren für geringste Löhne in mühseliger Arbeit den Müll, egal wie giftig der war – funktioniert nicht mehr. Umwelt- und Gesundheitsbestimmungen gibt es zwar in China schon lange. Doch inzwischen werden sie auch befolgt. Und mit steigenden Löhnen, vor allem aber auch gestiegenem Gesundheitsbewusstsein sind immer weniger Menschen bereit, in schmutzigen Abfällen nach möglichen Wertstoffen zu wühlen.

Hinzu kommt, dass die Chinesen inzwischen selbst gigantische Müllberge anhäufen. Nach offiziellen chinesischen Angaben hat das Riesenreich im Jahr 2016 rund 200 Millionen Tonnen Hausmüll produziert und weitere 3,3 Milliarden Tonnen Industrieabfälle. Vor zehn Jahren war es nicht einmal halb so viel. Das Problem ist im ganzen Land sichtbar. Trotz der zahlreich errichteten modernen Recycling- und Müllverbrennungsanlagen kommt die Abfallwirtschaft nicht mehr hinterher, den Müll zu verbrennen oder wiederzuverwerten. Vor den meisten Millionenstädten türmen sich gewaltige Müllberge auf.

Selbst das dünn besiedelte Grasland des tibetischen Plateaus und der innermongolischen Steppe ist inzwischen zugemüllt. Die tibetischen und mongolischen Nomaden sind es gewohnt, ihren Abfall einfach in der Wildnis zu hinterlassen. Doch handelte es sich früher vor allem um organischen Müll, sind es nun Plastikabfälle und PET-Flaschen, die unverrottbar überall herumliegen.

Noch sehr viel verheerender für die Umwelt ist das Müllproblem in den Gewässern. Wie Wissenschaftler des Helmholtz-Zentrums für Umweltforschung Leipzig und die Hochschule für angewandte

Zerlegung von Druckerpatronen, Guiyu, Provinz Guangdong, China, Juni 2013. ■ Basel Action Network

Wissenschaften Weihenstephan zusammengetragen haben, sind China und Indien dort die mit Abstand größten Verschmutzer. Acht der zehn schmutzigsten Flüsse der Welt liegen in Fernost.

In China sind es neben dem Yangtse vor allem der Gelbe Fluss, der Haihe und der Perlfluss im Süden des Landes, in die gewaltige Mengen an Plastikmüll gekippt werden. Am Dreischluchtenstaudamm etwa, der den Yangtse aufstaut, fischen Arbeiter jeden Tag rund 3000 Tonnen Müll aus dem Wasser, den die Verwaltung des Damms auf Deponien in der Umgebung entsorgen lassen muss. Anderen Studien zufolge gelangt mehr als ein Drittel des weltweiten Plastikmülls in den Ozeanen über die chinesischen Ströme in die Weltmeere.

Mülltrennung findet bisher nicht statt. Es wird noch Jahrzehnte dauern, bis China sein Müllproblem gelöst haben wird – auch ohne Abfall aus dem Ausland

Die chinesische Regierung hat das Müllproblem erkannt. Dem jüngsten Fünfjahresplan zufolge will China in den kommenden Jahren umgerechnet mehr als 20 Milliarden Euro in den Bau neuer Verbrennungsanlagen stecken. Der Müll aus dem Ausland wird dafür aber nicht benötigt. Wenn Abfallunternehmen im Ausland nun glauben, dass die chinesische Regierung schon häufig Änderungen angekündigt habt, sie aber dann nicht umsetzte, dann dürften sie sich nach Ansicht des Abfallexperten Huang Xiaoshan diesmal täuschen. »China meint es mit dem Umweltschutz derzeit äußerst ernst«, sagt der prominente Umweltaktivist.

Wie es dazu kommt, dass die Volksrepublik überhaupt zur weltgrößten Müllkippe werden konnte, hängt unmittelbar mit Chinas Aufstieg zur Werkbank der Welt zusammen und den gewaltigen Exportüberschüssen. Als das Land ab den frühen neunziger Jahren damit begann, den Rest der Welt mit Jeanshosen, Sportschuhen, Kühlschränken und Fernsehbildschirmen zu beglücken, entstand für die Logistikunternehmen ein großes Missverhältnis. Die gigantischen Containerschiffe, die Chinas Häfen voll beladen verließen, kehrten meist mit leeren Behältern zurück. Denn so sehr die Chinesen den Globus mit Konsumartikeln belieferten, sie selbst brauchten aus dem Ausland nur wenig – oder konnten sich ausländische Ware damals schlicht nicht leisten.

Cheung Yan war die Erste, die darin ein profitables Geschäft erkannte. Die 60-Jährige kam auf die Idee, die leeren Container bei der Rückkehr mit Müll zu füllen. Sie wusste, in dem Abfall vor allem der westlichen Industrieländern befinden sich Wertstoffe, die für Chinas sich damals entwickelnde Volkswirtschaft von großem Nutzen sein könnten. Und weil die Frachter auf dem Rückweg praktisch leer fuhren, waren die Transportkapazitäten wiederum sehr günstig.

Ohne jegliche Kenntnisse der Abfallwirtschaft und mit nur einigen Brocken Englisch gründete sie mit einem Startkapital von umgerechnet gerade einmal 20 000 Euro die Firma »Nine Dragons«. Sie spezialisierte sich vor allem auf den Import von Altpapier aus den USA. Das verarbeitete sie in China zu dringend benötigter Pappe und anderem Verpackungsmaterial, das für die boomende Exportbranche benötigt wurde. Das Papier landete also wieder in den USA, womit sie wiederum die leeren Container zurück nach China füllte – ein perfekter Kreislauf. Innerhalb weniger Jahre wurde »Nine Dragons« der größte Altpapierexporteur der USA.

Heute ist Cheung Yan mit einem geschätzten Vermögen von über 3 Milliarden US-Dollar die reichste Geschäftsfrau Chinas – und damit dreimal reicher als »Harry Potter«-Autorin Joanne K. Rowling, die reichste Frau Europas. Andere chinesische Unternehmer übernahmen ihre Idee. China wurde zum weltgrößten Importeur von Müll.

Tatsächlich findet sich in einer Tonne ausrangierter Mobiltelefone etwa 30-mal mehr Gold als in einer Tonne Gestein aus einer Goldmine. China importierte zeitweise mehr als 70 Prozent des weltweit anfallenden Elektroschrotts. Und auch für den Plastikabfall fanden die chinesischen Abfallunternehmen Verwendung. Sie heuerten günstig chinesische Wanderarbeiter an, die sich an die mühselige Arbeit machten, den Müll zu sortieren. Dass darunter schon damals giftige Stoffe zu finden waren und die Arbeitskräfte oft auch schädlichen Gasen ausgesetzt waren, kümmerte in China lange Zeit niemanden. Umwelt- und Gesundheitsbestimmungen gab es zwar schon. Sie wurden aber meistens nicht befolgt. Nicht nur die USA waren froh über diese Arbeitsteilung. Auch die Japaner und Europäer überließen ihren Abfall gern den Chinesen.

Das Umdenken in China legt die Versäumnisse der deutschen Umweltpolitik bloß, die sich in den letzten Jahren auf Erfolgen der Vergangenheit ausgeruht hat. Manche Recyclingerfolge seien »mit dem Export minderwertiger Mischkunststoffe nach China erkauft worden«, analysiert der Verband der kommunalen Unternehmen. »Tatsächlich wurden Recyclingquoten mit Exporten nach Asien jahrelang schöngerechnet«, so der Verband.

Das lässt sich auch selbstkritisch lesen: Die Kommunen haben, gemeinsam mit der privaten Entsorgungswirtschaft, die Abfallpolitiker damit beschäftigt, darüber zu entscheiden, wer am Müll verdienen darf – und wer nicht. Die Frage, wie Abfall am besten zu vermeiden oder am effizientesten und saubersten zu nutzen ist, blieb dabei häufig auf der Strecke.

Und nun? »Vielleicht wachen wir hier endlich auf«, hofft Michael Schneider von Remondis im westfälischen Lünen, »wir könnten so viel mehr.« Auf 240 Hektar füllt das Unternehmen hier quasi ein eigenes Gewerbegebiet, in dem die Wege für Lkw und Gabelstapler »Kompoststraße« heißen, »Mühlenstraße« oder »Biostraße«. Von der giftigen Chemikalie über Elektrogeräte bis zum Grünschnitt werden in den verschiedenen Anlagen die unterschiedlichsten Stoffe und Gegenstände in ihre Bestandteile zerlegt, zerkleinert und dann entweder als neuer Rohstoff verkauft, als Brennstoff verbrannt oder als Sondermüll entsorgt. Zum Teil ist große Technik im Spiel, zum Teil aber auch schmutzige Handarbeit.

In der mehrfamilienhausgroßen Halle für die Elektroschrottverwertung etwa sortieren vier Männer am Fließband Haushaltsgeräte, Handys, Computer und Drähte. Sie entfernen Akkus und Kondensatoren, die in der Anlage Feuer fangen oder explodieren könnten. Hier machen sich die Förderbänder, Rüttelmaschinen und Gebläse die Tatsache zunutze, dass Metalle unterschiedliche Gewichte auf die Waage bringen und sich somit mechanisch leicht trennen lassen. Am Ende des Prozesses stehen Kübel, voll mit Kupfer, Eisen oder edelmetallhaltigen Mikrochips.

»Wir könnten so viel mehr«, wiederholt Schneider. Helfen würde es etwa, wenn die Regierung die Industrie endlich mit einer Ökodesign-Richtlinie dazu zwingen würde, Dinge so zu produzieren, dass sie sich leichter auseinandernehmen ließen; mit schärferen Regeln für die großen Mengen an Gewerbeabfällen, in denen Müll einfach vermischt wird und damit kaum noch recycelt werden kann; oder indem sie Recyclingmaterialien zu besseren Marktchancen verhilft – etwa, ihre Nutzung als Lebensmittelverpackung zu erleichtern. Noch immer litten diese unter einem schlechten Image, glaubt Schneider, »Sekundärmaterial« – zweite Wahl eben.

Um ihren Recylingkunststoff attraktiver zu machen, haben sie ihm bei Remondis vor einigen Jahren Parfüm beigemischt, Lavendel, Rose, Vanille. »Hat aber nicht funktioniert«, sagt Schneider. Als Familienunternehmen sei man natürlich immer für so wenig Bürokratie wie möglich, sagt er. »Aber beim Ressourcenschutz brauchen wir die Politik«, sagt er, »sonst kommen wir nicht weiter.«

Wird China nun gar zum Vorbild? Umweltaktivist Huang sieht sein Land trotz des Engagements der Regierung dennoch auf dem falschen Weg. »Es sollte mehr um die Einstellung der Leute gehen statt um technische Lösungen«, kritisiert er. Recyceln und Reduzieren sei viel besser als zu verbrennen. Eine ordentliche Mülltrennung würde dabei helfen, gerade den Plastikmüll sortenrein zu erfassen und gezielt wiederzuverwerten. Doch Trennung findet bisher – zumindest auf Ebene der Haushalte – nicht statt. Huang glaubt daher, dass es noch Jahrzehnte dauern wird, bis China sein Müllproblem gelöst haben wird – auch ohne Abfall aus dem Ausland.

Ergänzte Version eines Artikels, der am 28. November 2017 in der *taz* erschien.
© 2018 *Le Monde diplomatique*, Berlin

Fortsetzung von Seite 83: Tristan Coloma, Africatown in Guangzhou

Wir haben ihre Begeisterung fürs Sprachenlernen geweckt, für Englisch und Französisch. Die Chinesen hatten keine Ahnung von den Grundregeln des internationalen Geschäftsverkehrs. Sie kannten keine vergünstigten Kredite, kein Dokumentenakkreditiv. Sie waren daran gewöhnt, ihr Geld direkt auf die Hand zu bekommen. Modernes Geschäftsgebaren ist wahrlich etwas anderes!«

Über den spontanen, nicht institutionalisierten Austausch werden erst richtige Beziehungen zwischen den Gemeinschaften geknüpft. Wenn die große Industrienation China verstärkt auf die Süd-Süd-Hilfe setzt, darf es nicht vergessen, dass für den Aufschwung eines unterentwickelten Landes zwischenmenschliche Kontakte immens wichtig sind. Dieser Einsicht darf sich China nicht verschließen, wenn es sein Image in Afrika nicht beschädigen will. Eine weitere Verschärfung der Einwanderungsbedingungen für Afrikaner kommt aber schon deshalb nicht infrage, weil die chinesische Einwanderung nach Afrika zunehmend in die Kritik geraten ist.[13]

Manche fragen sich schon, ob hier eine »transnationale afrikanische Händlerbourgeoisie«[14] entsteht, die von China aus das subsaharische Afrika mit Billigprodukten überschwemmt. Ein solches »Entwicklungsmodell« stieße wahrscheinlich schnell an seine Grenzen. In einem der Cafés rund um einen der chinesischen Konsumtempel gibt ein Burunder schüchtern zu bedenken: »Die Chinesen verkaufen uns ihre Waren vier- oder fünfmal billiger als die Europäer. Das trägt zwar indirekt zur Steigerung der Kaufkraft bei, führt aber dazu, dass wir bei uns zu Hause nichts mehr produzieren.« Zudem leiden die afrikanischen Volkswirtschaften unter unlauterem Wettbewerb (Zollflucht, Dumping).

Noch stärker als die üblichen Kooperationsabkommen nach dem Motto »Rohstoffe gegen Infrastruktur« sind die einseitigen Wirtschaftsbeziehungen geeignet, die Angst vor einem chinesischen Neokolonialismus zu schüren. Peking verfolgt bekanntlich gegenüber seinen afrikanischen Wirtschaftspartnern eine Politik der Nichteinmischung in die inneren Angelegenheiten. Das könnte allerdings auch ein Vorwand sein, um die chinesischen Interessen besser durchzusetzen.

»China möchte Geschäfte mit den afrikanischen Regierungen machen«, meint Barry. »Aber die Chinesen werden schon noch merken, dass es viel lukrativer ist, mit den Afrikanern direkt Handel zu treiben.« Der Führung in Peking wäre es am liebsten, wenn die Afrikaner Geschäfte mit China machen würden, ohne da zu leben. Dabei sind 90 Prozent der Afrikaner von Guangzhou als Mittler zwischen den Kunden vom schwarzen Kontinent und den chinesischen Firmen tätig. Ohne sie gäbe es keine Geschäfte. »China bezieht seine ganze Anziehungskraft aus seiner wirtschaftlichen Macht, aber das wird nicht so bleiben«, meint der chinesische Wirtschaftsexperte Yan Xuetong. »Geld reicht nicht, um andere zu überzeugen. Man braucht auch moralische Autorität.«[15] Peking hätte insofern einiges zu gewinnen, wenn es sich besser um seine afrikanischen Einwanderer kümmern würde.

Aus dem Französischen von Sabine Jainski

1 Mark Leonard, *Was denkt China?*, München (dtv) 2009.
2 Roland Marchal, »Hôtel Bangkok-Sahara«, in: Fariba Adelkhah und Jean François Bayart (Hg.), *Voyages du développement, émigration, commerce, exil*, Paris (Karthala) 2007.
3 Hubert Escaith (Hg.), International Trade Statistics 2009, WTO, Genf 2009, siehe wto.org/english/res_e/statis_e/its2009_e/its09_toc_e.htm. Chinas Exporte nach Asien beliefen sich auf 50,84 Milliarden Dollar (36,3 Prozent mehr als 2008); das Importvolumen aus Afrika betrug dagegen 56 Milliarden Dollar (plus 54 Prozent), davon entfielen 71,7 Prozent auf Treibstoffe und 14,1 Prozent auf Metalle.
4 In Bandung war damals Jean Lacouture als Pressevertreter dabei, siehe seinen Zeitzeugenbericht in *Le Monde diplomatique*, April 2005.
5 Von den Afrikanern in Guangzhou sind 33 Prozent Nigerianer, 10 Prozent Malier, 8 Prozent Ghanaer, 6 Prozent Guineer und der Rest Kongolesen, Senegalesen, Ivorer, Nigerer, Tansanier, Gambier und Kameruner: Siehe Adams Bodomo, »The African Trading Community in Guangzhou: An Emerging Bridge for Africa-China Relations«, in: *The China Quarterly*, London 2010.
6 Zhigang Li, Desheng Xue, Michael Lyons und Alison Brown, »Ethnic enclave of transnational migrants in Guangzhou: A case study of Xiabei«, *Acta Geographica Sinica*, China 2008.
7 »China issues ›Green Card‹ to foreigners«, *China Daily*, 21. August 2004.chinadaily.com.cn/english.
8 Jung Chang, *Wilde Schwäne: Die Geschichte einer Familie. Drei Frauen in China von der Kaiserzeit bis heute*, München (Droemer/Knaur) 2004.
9 Brigitte Bertoncello und Sylvie Bredeloup, »De Hong Kong à Guangzhou, de nouveaux ›comptoirs‹ africains s'organisent«, *Perspectives chinoises*, 2007. perspectiveschinoises.revues.org/document2053.html.
10 Frank Dikötter, *The Discourse of race in modern Asia*, London (C. Hurst & Co.) 1992.
11 Yan Sun, »Millennia of Multiethnic Contradictions«, im Forum »China's changing views on race«, Room for debate of *New York Times*, 13. Dezember 2009; roomfordebate.blogs.nytimes.com.
12 Laut Confucius Institute online gab es im November 2009 bereits 21 Konfuzius-Institute in 16 afrikanischen Ländern. Siehe auch: Sven Hansen, »Mit Kalligraphie und Kalkül«, Seite 44 in diesem Heft.
13 Schätzungen zufolge sind derzeit zwischen 480 000 und 750 000 Chinesen in Afrika.
14 Sandrine Perrot und Dominique Malaquais (Hg.), »Afrique, la globalisation par les Suds«, in: *Politique Africaine*, Nr. 113: politique-africaine.com.
15 Zitiert bei Mark Leonard, siehe Anmerkung 1.

Erstmals erschienen in *Le Monde diplomatique* vom Mai 2010.

Kleiner Freund im hohen Norden

Der Wettlauf um die Arktis führt für Peking über Island

Der chinesische Eisbrecher »Xue Long« (»Schneedrachen«), Januar 2014. ALAMY

Von Florent Detroy

Þorvaldur Lúðvík steht mit windzerzaustem Haar inmitten der gelblichen Gräser, die am Ufer des längsten Fjords von Island wachsen. Er blickt auf den Ort, an dem in Zukunft der Hafen von Dysnes liegen soll. Das isländische Firmenkonsortium Arctic Services, dessen Direktor Lúðvík ist, hofft auf die Entstehung eines neuen Seewegs durch die Eisschmelze. Der neue Hafen an der Nordküste Islands könnte dann ein Tor zur Arktikroute werden – ein vielversprechendes Geschäft. Auch wenn eine sichere und reguläre Handelsroute noch lange nicht in Sicht ist, nimmt durch die Klimaerwärmung der Verkehr auf dem Arktischen Ozean von Sommer zu Sommer zu – 2014 überquerten 53 Schiffe das Nördliche Eismeer.[1]

Zur großen Überraschung des Konsortiums wandte sich im April 2012 die staatliche China Development Bank an Arctic Services und bekundete ihr Interesse an dem Projekt. China hat die Möglichkeiten des hohen Nordens im Blick und arbeitet seit einem Jahrzehnt an einer Strategie, sich in der Arktis zu positionieren. Und Island spielt dabei eine zentrale Rolle.

Da die Hälfte des chinesischen Bruttoinlandsprodukts vom Schiffsverkehr abhängt,[2] betrachtet die zweitgrößte Wirtschaftsmacht der Welt die Nordostpassage entlang der russischen Küste und die Nordwestpassage als brauchbare Alternativen zu den Routen durch den Suez- und den Panamakanal, die überfüllt und vor allem viel länger sind. Durch die Nordostpassage wäre die Strecke Rotterdam–Schanghai um ein Viertel kürzer, das heißt um circa 5000 Kilometer. Außerdem ist Peking an einem leichteren Zugang zu den lokalen natürlichen Ressourcen interessiert. In der nördlichen Polarregion sollen 13 Prozent der unerschlossenen globalen Reserven an Erdöl und 30 Prozent an Erdgas lagern.[3] Hinzu kommen riesige Mineral- und Fischvorkommen.

China hat bereits begonnen, in diesem Gebiet zu investieren, vor allem in mehrere Minen in Grönland und in die Ölforderung im isländischen Meer. 2010 und 2012 hat Peking unter Beweis gestellt, dass es in der Lage ist, mit seinem einzigen Eisbrecher »Xue Long« (»Schneedrachen«) die Nordroute zu befahren. Huigen Yang, Generaldirketor des chinesischen Polarforschungsinstituts, meint, bis 2020 könnten 5 bis 15 Prozent des chinesischen Außenhandels über die Nordroute abgewickelt werden.[4]

Wegen ihrer wirtschaftlichen Interessen in der Region hatte die Regierung in Peking einen Beobachterstatus im Arktischen Rat beantragt. Im ersten Anlauf 2009 war das Gesuch noch abgelehnt worden. Kanada und Russland befürchteten, dass die Internationalisierung der Arktis auf eine »UNO-isierung«[5] des Gebiets hinauslaufen könnte. Die anderen Länder blieben skeptisch, weil China sich erst seit Kurzem in der Arktis engagiert. Seine erste Forschungsstation eröffnete es 2004 auf Spitzbergen. Aber, so betont Olga Alexeeva, Sinologin an der Universität von Québec, »der Sitz im Arktischen Rat war für China essenziell, denn um ein Mitspracherecht bei der Entwicklung der Region beanspruchen zu können, musste es als Großmacht anerkannt werden, die Verantwortung übernimmt«.

Ab 2006 bemühte sich Peking um eine Annäherung mit dem kleinsten Anrainerstaats der Arktis, Island, und begann, mit Reykjavík Verhandlungen über ein Freihandelsabkommen zu führen. Bezeichnenderweise räumten im selben Jahr die USA ihre isländische Militärbasis Keflavík. Das chinesisch-isländische Finanzabkommen von 2010 half Island, seine Finanzkrise zu bewältigen, und der Besuch des damaligen chinesischen Ministerpräsidenten Wen Jiabao besiegelte 2012 die neuen Beziehungen zwischen beiden Ländern. Ein Jahr später wurde dann auch das erste Freihandelsabkommen zwischen China und einem europäischen Staat unterzeichnet.

Speziell Islands damaliger Präsident Ólafur Ragnar Grímsson mit seiner sehr chinafreundlichen Paralleldiplomatie trug wesentlich zum erfolgreichen Abschluss der Verhandlungen bei. So empfing er die Mannschaft des chinesischen Eisbrechers »Xue Long« in seinem Amtssitz.[6] Im Zuge dieser bilateralen Annäherung unterstützte Reykjavík schon früh die chinesische Bewerbung für die Aufnahme in den Arktischen Rat. Und Peking versuchte die bewährte Strategie nun auch bei anderen Mitgliedstaaten des Rats:[7] 2010 reiste Staatspräsident Hu Jintao nach Kanada, 2012 nach Dänemark, um Forschungs- und Handelsabkommen abzuschließen.

Noch 2009 hatten einige chinesische Funktionäre getönt, »keine Nation« besitze die Hoheit über die Arktis.[8] Später fand Peking jedoch »die richtige Sprache gegenüber dem Arktischen Rat und der indigenen Bevölkerung und beteuerte, die Souveränität der Staaten zu respektieren«, erklärt die Juristin Rachael Lorna Johnstone von der isländischen Universität von Akureyri. Dank seiner bilateralen Bemühungen erhielt China 2013 auf dem Arktisgipfel im schwedischen Kiruna den begehrten Beobachterstatus im Arktischen Rat (ebenso wie Japan, Südkorea, Singapur und Indien; Frankreich, Deutschland, die Niederlande, Spanien, Polen und Großbritannien besaßen ihn bereits).

China bezeichnet sich selbst als »arktisnaher«[9] Staat, und es ist unwahrscheinlich, dass es sich langfristig mit dem Status eines Beobachters zufrieden geben wird. Mit einem weiteren Vorstoß würde Peking jedoch eine Konfrontation mit den USA riskieren. Bislang übte sich Washington in Zurückhaltung. Doch von 2015 bis 2017 übernahmen die USA den Ratsvorsitz. Während eines dreitägigen Besuchs in Alaska hatte Präsident Barack Obama im September 2015 zudem angekündigt, den Bau neuer Eisbrecher zu beschleunigen, die das ganze Jahr über in der Polarregion aktiv sein können. Damit wollte Washington auch den zunehmenden russischen Aktivitäten in der Arktis etwas entgegensetzen. Moskau baut zehn neue Forschungsstationen entlang seiner Polarmeerküste und hat alte Militärbasen reaktiviert, die nach dem Zusammenbruch der Sowjetunion geschlossen worden waren.

Seit 2013 hat Moskau zudem seine Kooperation mit China verstärkt. Das russische Mineralölunternehmen Rosneft hat mit chinesischen Firmen ein Förderabkommen für die russische Arktis unterzeichnet. Weil Russland wegen der westlichen Sanktionen das nötige Kapital fehlt, um seine Ressourcen zu erschließen, hat sich diese Zusammenarbeit seitdem weiter intensiviert.

Die isländische Bevölkerung hat inzwischen begriffen, dass China ihr Land als Trittbrett benutzt hat. Örn D. Jónsson, Professor an der Universität von Island, drückte es 2013 so aus: »Island war für China das Übungsfeld für seine Arktisdiplomatie und für Verhandlungen über Handelsabkommen. Aber mit der Zeit hat unser Land an Bedeutung verloren.«[10] Durch das Freihandelsabkommen ist Island immer noch der beste Freund Chinas in der Arktis – aber es ist nicht mehr der einzige.

Aus dem Französischen von Uta Rüenauver

1 Northern Sea Route Information Office: arctic-lio.com.
2 Linda Jakobson, »China prepares for an ice-free Arctic«, Sipri, Solna 2010.
3 »90 billion barrels of oil and 1 670 trillion cubic feet of natural gas assessed in the Arctic«, United States Geological Survey, Reston (Virginia), 23. Juli 2008.
4 Reuters, 12. März 2012.
5 Matthew Willis und Duncan Depledge, »How we learned to stop worrying about China's Arctic ambitions«, The Arctic Institute, Washington, D. C., 2014.
6 Andrew Higgins, »Teeing off at edge of the Arctic? A Chinese plan baffles Iceland«, *The New York Times,* 22. März 2013.
7 Mikå Mered, »How China became an ›Arctic state‹ «, *Beijing Review,* Peking, 17. Mai 2011.
8 »China's Arctic play«, *The Diplomat,* Tokio, 9. März 2010.
9 Shiloh Rainwater, »Race to the North«, *Naval War College Review,* Bd. 66, Nr. 2, Newport, Frühjahr 2013.
10 Örn D. Jónsson et al., »A bilateral free trade agreement between China and Iceland«, Universität von Island, Reykjavík 2013.

Erstmals erschienen in *Le Monde diplomatique* vom September 2015.

Das Packeis schmilzt: Im Februar 2018 fuhr der Flüssiggastanker »Eduard Toll« erstmals ohne Hilfe eines Eisbrechers im Winter durch die Nordostpassage. GRAFIK: LE MONDE DIPLOMATIQUE, BERLIN

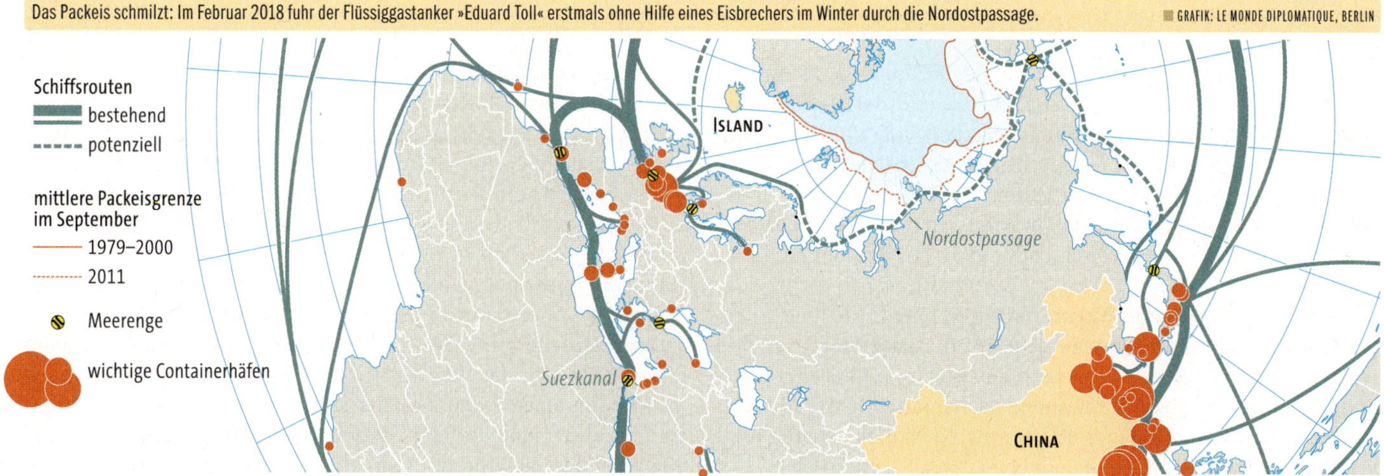

Ferien in Palau

Palau, April 2014. ■ RICHARD SCHNEIDER [CC BY-2.0]

Von Christian Jakob

Das neueste Hotel im Pazifikstaat Palau liegt an der Brücke zwischen der Hauptinsel Babeldaob und der Nachbarinsel Malakal, auf beiden Seiten umgeben von türkisfarbenem Meer. Der Jachthafen ist wenige Schritte entfernt, der vierstöckige Betonbau noch unverputzt, die ersten Gäste aber sind schon da. Wer sich hier einmieten will, muss warten. »In sechs Monaten«, antwortet der Herr an der Rezeption auf die Frage, wann es ein freies Zimmer gebe.

Palau, eine Flugstunde östlich der Philippinen. 350 Inseln, zusammen so groß wie Bremen, aufgeteilt in 16 Bundesstaaten. 11 000 Palauer und 9000 Ausländer leben hier. Seit 1994 ist Palau unabhängig, vorher stand die Inselgruppe nacheinander unter der Kontrolle Spaniens, Deutschlands und Japans. Nach dem Zweiten Weltkrieg wurden sie als UN-Treuhandgebiet den USA übertragen.

Zwischen den Felsen mitten im Pazifik mit ihren grünen Büschen und vorgelagerten Riffen liegen einige der besten Tauchplätze der Welt. Und das wird jetzt zum Problem. Das Tourismusziel Palau wird von seinem Erfolg erdrückt. 140 000 Touristen haben 2014 die Inseln besucht, ein Drittel mehr als 2013. Der Zuwachs geht ausschließlich auf die wachsende chinesische Nachfrage zurück. Allein im Februar 2014 kamen über 10 000 Chinesen nach Palau, fast die Hälfte der Einwohnerzahl. Sie machten zwei Drittel aller Gäste aus, ein Jahr zuvor stammte nur ein Siebtel aus China.

Der Präsident von Palau residiert in einem prächtigen cremefarbenen Gebäude, das dem Kapitol in Washington nachempfunden ist. Wie um jeden Zweifel an der Souveränität des kleinen Landes zu zerstreuen, das der alten Protektoratsmacht USA noch immer eng verbunden ist, thront es auf einem grünen Hügel 30 Kilometer nördlich der Hauptstadt Koror. Der Stab des Präsidenten allerdings musste im alten Regierungssitz in Koror zurückbleiben, einem Ensemble eingeschossiger Betonbauten aus den 1970er Jahren.

An diesem Tag bleibt die Wolkendecke dicht, es ist schwül. Vor der Tür zum Vorzimmer der Regierungszentrale hängt ein Fliegengitter, drinnen stehen schwere braune Ledersessel auf beigefarbenem Teppich. Sobald das Wort China fällt, verzieht der Sprecher das Gesicht. »Wir sind komplett am Limit«, sagt er. »Es sind einfach zu viele.« Auf Ibiza oder Kreta mag die Infrastruktur das auffangen, in Palau nicht. »Die Supermärkte sind leer, die Abwasserleitungen verstopft, Frischwasser und selbst Strom werden knapp«, sagt der Regierungssprecher.

Obwohl der Fremdenverkehr fast vier Fünftel des Nationaleinkommens erwirtschaftet, war Massentourismus auf Palau bislang unbekannt. Zu abgelegen ist die Insel, zu teuer die Flüge, zu wenige Strände. Wer Beachpartys feiern will, muss woanders hin. Den Chinesen gefällt es offenbar trotzdem. »In den letzten Wochen hatten wir deswegen drei Treffen mit den Hoteliers.« Herausgekommen sei dabei wenig. Wie auch? »Wir können ihnen ja schlecht sagen, dass sie die Gäste ablehnen sollen.«

Die Versorgung Palaus läuft über die USA, praktisch alle Güter werden von dort importiert. Die exklusiven Handelsbeziehungen sind Teil des Assoziierungsvertrags. Einmal pro Woche kommt ein Schiff, auf die gestiegene Nachfrage aber haben sich die Großhändler noch nicht eingestellt: In den beiden Supermärkten an der Hauptstraße des 10 000-Einwohner-Städtchens Koror sind viele Regale leer, das Angebot überschaubar, die Preise hoch. Gemüse und Obst gibt es kaum. Auf dem felsigen Boden Palaus wird außer der Tarowurzel kaum etwas angebaut.

Doch nicht nur Lebensmittel und Wasser werden knapp, auch Hotelbetten. Uwe Dörmann betreibt in München das Reiseunternehmen Sun and Fun und bietet individuelle Sportreisen für Betuchte an. Ein Woche Tauchkreuzfahrt auf der »Ocean Hunter III« über die Riffe des Archipels von Palau gibt es bei Dörmann ab 3500 Euro. Der typische Tourist aus Deutschland bleibe »zwei Wochen plus« auf der Insel, sagt er, alle seine Kunden reisen zum Tauchen auf das Pazifikatoll. Tatsächlich sei das Geschäft in den letzten Jahren wegen der chinesischen Nachfrage schwieriger geworden. »Die Veranstalter blocken fast ein Jahr im Voraus.« Selbst wenn er acht Monate im Voraus buchen wolle, gebe es bisweilen kaum Zimmer.

Mehr Hotels bauen und die Infrastruktur verstärken will die Regierung nicht. »Das würde den Charakter der Insel zerstören.« Ohnehin könnte sie es sich wohl auch nicht leisten. Also muss die Zahl der Touristen begrenzt werden. »100 000 im Jahr wären ideal«, sagt der Regierungssprecher. Doch die Zahlen der Branche weisen nach oben. Weil die Chinesen nur Anspruch auf zehn Tage Urlaub im Jahr haben, fahren die meisten nicht weit: Rund vier Fünftel der chinesischen Touristen bleiben in Asien – am liebsten in Hongkong, Macau oder den übrigen schnell erreichbaren Zielen Ostasiens. Wie Palau: Zweieinhalb Flugstunden sind es von Hongkong, vier Stunden von Schanghai – und nur eine Stunde Zeitverschiebung.

Die chinesische Tourismusbehörde CNTA bemerkt stolz, dass chinesische Urlauber »einen großen Beitrag zur Entwicklung leisten« und deshalb von immer mehr Zielländern umworben werden – etwa durch die Anstellung chinesischsprachiger Reiseleiter, bessere Flugverbindungen oder vereinfachte Einreisebestimmungen.

Doch Palaus Verhältnis zu China ist heikel. Peking hat seinen Herrschaftsanspruch im Westpazifik in letzter Zeit immer deutlicher gezeigt. Palaus Bande mit Washington sind eng, weswegen auch Taiwan Palau als Verbündeten betrachtet. Entsprechend großzügig zeigt sich Taipeh bei der Entwicklungshilfe für den Inselstaat. An fast allen Infrastrukturprojekten im Land prangt die rot-blau-weiße Fahne der Republik China, wie Taiwan offiziell heißt. Die hat sich damit auch politische Loyalität erkauft: Palau unterhält wegen der strittigen Taiwanfrage keine diplomatischen Beziehungen mit der Volksrepublik China. Ganz wohl ist den Palauern bei dem frostigen Verhältnis zur Supermacht allerdings nicht.

Auch wenn sie es abstreiten: Bei den Palauern sind Chinesen etwa so beliebt wie Schwaben bei Berlinern. Sie könnten nicht schwimmen und hätten so viel Angst vor dem Wasser, dass sie am liebsten schon am Flughafen die Schwimmweste umschnallen würden, heißt es. Sie wüssten nichts mit ihrer Zeit anzufangen, und weil sie ohnehin kein Geld hätten, hockten sie die meiste Zeit auf ihren Hotelzimmern. Wenn sie dann doch mal rauskämen, dann nur, um bei dem im Preis inbegriffenen Schnorchelausflug auf den Korallen herumzutrampeln und Müll ins Meer zu werfen. Oder um einen Ausflug zur Tankstelle zu machen, um dort Eis zu kaufen. Was Leute, die nie Freizeit haben, eben so unter Freizeitvergnügen verstehen. Der Subtext ist stets derselbe: Die Chinesen seien keine geeigneten Gäste für Palau.

Solche Sprüche sind von Nanae Singeo nicht zu hören. »Alle denken das immer, aber wir haben natürlich nichts gegen Chinesen«, sagt die Chefin der Tourismusbehörde von Palau. »Aber wir haben etwas gegen unverantwortlichen Tourismus. Wir sagen nicht: ›Jeder ist willkommen.‹ Wir wollen keine Massen.« Früher sei Palau in erster Linie das Mekka der Taucher gewesen. Ein teurer Sport, »die Leute haben hier viel Geld gelassen«. Heute sei das anders. Chinesische Reiseveranstalter kämen »mit Koffern voller Bargeld und buchen die Hotels monatelang im Voraus«. Zwei Drittel aller Gäste seien heute Pauschalreisende, alles aus einer Hand, vom Reisebüro über das Charterflugzeug bis zur Schnorcheltour. Teils errichteten die Reiseveranstalter sogar neue Hotels, meist aber buchten sie bestehende. »Der gesamte Gewinn wird dann in China gemacht«, sagt Singeo, »davon haben wir nichts.«

Und deshalb hat sie sich eine neue Marketingkampagne für Palau ausgedacht: »Pristine Paradise« ist der Slogan, »unberührtes Paradies«, die Broschüren hat sie sogar ins Deutsche übersetzen lassen. Sie ist auch nach Düsseldorf geflogen, zur Messe »Boot«, auf der auch die Tauchbranche vertreten ist. Deutschland, Europa, das ist der Markt, den Palaus Tourismuschefin im Blick hat. »High Value Customer«, sagt sie: Gäste, die lange bleiben, deshalb weniger Flugbewegung verursachen, aber möglichst viel Geld dalassen. »Die sind immer weniger geworden, denn die Zimmer sind immer ausgebucht.« Das soll sich ändern.

Auch Singeo peilt ein Szenario an, in dem nicht mehr als 100 000 Touristen pro Jahr nach Palau kommen, möglichst Europäer. Denn die hätten nicht nur mehr Urlaub und mehr Geld, sondern auch einen Sinn für die Natur. »Verantwortlicher Tourismus ist die Lösung für Palau, und die Europäer wollen Teil der Lösung sein«, sagt Singeo. Ist es ökologisch zu verantworten, für einen Tauchtrip 24 Stunden um die halbe Welt zu fliegen? Singeo winkt ab: »Eine Reise nach Palau ist ein Erlebnis, das man sich nur einmal im Leben leistet.«

Erstmals erschienen in *Le Monde diplomatique* vom Juni 2015, gekürzt.
© 2015 *Le Monde diplomatique*, Berlin

Auf Reisen

Peking nutzt die wachsende Zahl chinesischer Touristen als diplomatische Waffe

Von Sven Hansen

Laut der koreanischen Tourismusbehörde haben 2017 genau 3116 505 Chinesinnen und Chinesen Südkorea besucht. Im Vorjahr waren es mit 6,95 Millionen mehr als doppelt so viele gewesen und damit rund die Hälfte aller ausländischen Besucher. Doch im März 2017 ließ Südkoreas Regierung das US-Raketenabwehrsystem Thaad aufstellen. Seoul war beunruhigt wegen Nordkoreas Raketen- und Atomtests, die mit aggressiver Rhetorik einhergingen.

Die Regierung in Peking protestierte prompt. Aus Sicht Chinas können die US-Amerikaner mit dem zu Thaad gehörenden Radarsystem nicht nur Nordkoreas Luftraum überwachen, sondern weit nach China hineinspähen. Um Druck auf Seoul auszuüben, verordnete Peking einen Tourismusboykott.

Dieser wurde nicht offiziell verkündet, sondern informell mit vagen Reisewarnungen für Pauschalreisen durchgesetzt. Obwohl der Individualtourismus nicht eingeschränkt wurde, brach der Tourismus aus China ein. Südkoreas finanzieller Verlust wird allein für 2017 auf 10,89 Milliarden US-Dollar geschätzt. Denn die Gäste aus China geben im Schnitt 1956 Dollar pro Reise aus – mehr als doppelt so viel wie die nicht als knauserig bekannten US-Amerikaner.

Erst mit dem Pekingbesuch von Südkoreas Präsident Moon Jae In im Dezember 2017 begann sich die Situation wieder etwas zu entspannen. Doch auch zu den Olympischen Winterspielen in Pyeongchang im Februar 2018 blieb der erhoffte Ansturm aus China aus – trotz eigens angebotener Visafreiheit. Der Kaufhauskonzern Lotte und seine Duty-free-Shops wurden weiter boykottiert. Lotte hatte der Stationierung des Thaad-Abwehrsystems auf einem seiner Golfplätze zugestimmt und dafür von der Regierung ein Ersatzgrundstück akzeptiert.

Auch Japan, Vietnam, die Philippinen, Taiwan und selbst Hongkong haben schon ähnliche Touristenboykotte Pekings erlebt. China nutzt die große Zahl seiner Reisenden und ihrer Kauflust als Waffe. 2016 überschritten insgesamt 135 Millionen chinesische Touristen die Grenzen des Festlands (2000 waren es nur 10,47 Millionen gewesen) und gaben dabei 261 Milliarden Dollar aus. Die Besuche in Hongkong, Macau und Taiwan abgerechnet, sind es immer noch rund 70 Millionen Chinesen und damit mehr als als die 66 Millionen US-Amerikaner, die in jenem Jahr andere Länder bereist haben. Dank Chinas rasant wachsender Mittelschicht stieg in den letzten zehn Jahren auch die Zahl der chinesischen Auslandstouristen um zweistellige Raten pro Jahr – ein Trend der sicher weitergehen wird. Schließlich besitzen bisher lediglich 6 Prozent der Chinesen überhaupt einen Reisepass.

Chinesische Touristen sind auch beliebt, weil sie zu anderen Zeiten kommen als Reisende aus anderen Ländern. Die chinesischen Hauptreisezeiten sind die Woche um das chinesische Neujahrsfest

Für Festlandchinesen sind Hongkong und Macau Ausland.

GRAFIK: LE MONDE DIPLOMATIQUE, BERLIN

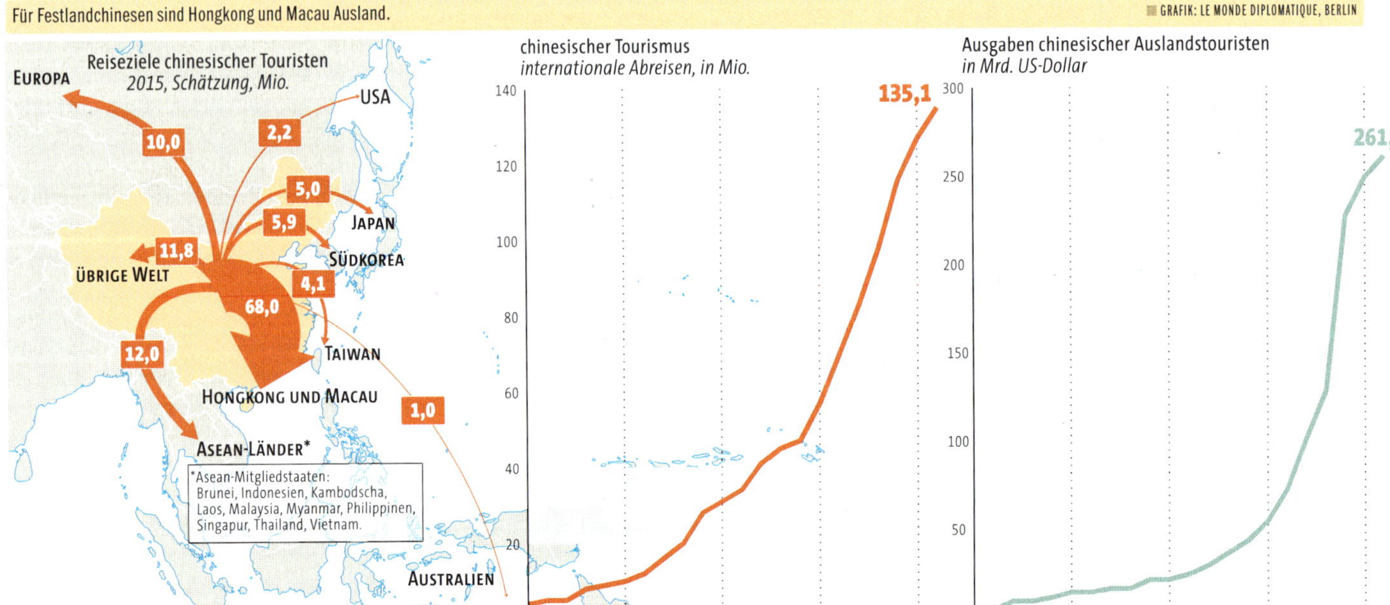

Quellen: data.worldbank.org; Sho Kawano u. a., The Chinese Tourist Boom: Where Now, Where Next?, Goldman Sachs Global Investment Research, November 2015.

Chinesische Touristen auf der Piazza della Signoria, Florenz, Italien, Juni 2016. ■ OLEG TOLSTOY

(im Januar/Februar), um den Tag der Arbeit am 1. Mai und um den Nationalfeiertag am 1. Oktober. So erwartete etwa Thailand laut *Bangkok Post* 304 000 Chinesen zum Neujahrsfest 2018. Zu dem traditionellen Familienfest reisten 6,5 Millionen Chinesen ins Ausland. Innerhalb Chinas waren 2016 allerdings 344 Millionen unterwegs. Denn China hat auch den größten internen Reisemarkt der Welt.

Viele Länder wollen an diesem Boom mitverdienen und haben deshalb ihre Einreisebestimmungen für Chinesen gelockert. Die Zeiten der illegalen Migration aus China sind schließlich vorbei, und Chinesen gelten kaum als terrorverdächtig.

Trotzdem machen sich viele chinesische Touristen unbeliebt. Sie gelten als laut, unsensibel, rüpelhaft und unwissend. Dabei haben viele einfach keine Erfahrung im Reisen. Seit Jahren versucht die um das Image des Landes besorgte Regierung, die den Auslandstourismus ausdrücklich gutheißt, ihren Landsleuten Manieren beizubringen. Reisebüros veranstalten Benimmkurse. Die Regierung führt schwarze Listen und erklärt mit einer Broschüre für »zivilisiertes Reisen«, was sich im Ausland gehört: zum Beispiel auf gar keinen Fall in den Hotelpool spucken oder urinieren oder Fußspuren auf der Klobrille hinterlassen.

Das für nationalistische Töne bekannte englischsprachige KP-Blatt *Global Times* mokierte sich kürzlich sogar selbst über die nationalistischen Ausfälle chinesischer Touristen, die manchmal ein Verhalten wie in der Kulturrevolution an den Tag legen würden. Als am 29. Januar 2018 in Tokio ein Rückflug nach Schanghai wegen heftigen Schneefalls abgesagt worden sei, hätten 150 Chinesen den Schalter der Fluggesellschaft belagert und ihre Forderungen nach kostenlosen Hotelübernachtungen mit dem Singen von Chinas Nationalhymne unterstrichen. Bei einem ähnlichen Vorfall in Iran hätten chinesische Touristen im Chor »China! China!« gerufen. Damit wollten sie sich Mut machen und einander ihre Solidarität beweisen, vermutete die *Global Times*. Landsleute, die sich beim Flugausfall in Tokio nicht an dem Protest beteiligt hätten, seien von anderen als »Verräter« beschimpft worden.

Nach Europa reisten 2017 übrigens 12,4 Millionen Touristen. Für 2022 erwartet Chinas Regierung schon 20,8 Millionen Europareisende. Am beliebtesten ist Frankreich vor Deutschland und Italien. Nicht selten besuchen Reisegruppen zehn europäische Länder in 14 Tagen. Gespart wird an den Hotels und am Essen, um mehr einkaufen zu können. Mitbringsel sind, wie die Reisen selbst, ein wichtiges Statussymbol. Für das Pariser Stammhaus von Galeries Lafayette wie für die süddeutsche »Outletcity« Metzingen zählen Chinesen mit zu den wichtigsten Kunden. Inzwischen geht auch in China der Trend immer mehr zum Individualtourismus, der Flug wird übers Internet gebucht und danach auf eigene Faust die Welt entdeckt. ●

© 2018 *Le Monde diplomatique*, Berlin

Saint-Émilion aus Shandong

Nirgendwo wird mehr Bordeaux getrunken als in der Volksrepublik

China Wine Expo, Peking, September 2013. KIM KYUNG-HOON | REUTERS

Von Boris Pétric

Mit nahezu 600 000 Hektar hat sich Chinas Weinanbaufläche innerhalb der 15 Jahre von 1998 bis 2013 verdoppelt.[1] Während die Rebflächen in Europa (3,5 Millionen Hektar, davon 800 000 in Frankreich) schrumpfen, könnte China zum globalen Weinbauriesen werden. Die Produktion steigt rasant, aber auch der Konsum. Für lokale Produzenten wie für ausländische Exporteure ist dieser stetig wachsende Markt ein neues Eldorado. Bereits jetzt werden in Peking mehr Bordeaux-Weine verkauft als irgendwo sonst auf der Welt.

Die Weinkultur ist vor allem über Hongkong, das innerhalb weniger Jahre zur Drehscheibe des weltweiten Weinhandels geworden ist, nach China gelangt. Als Sammler von Grand Crus hatte der damalige Verwaltungschef Henry Tang während seiner Amtszeit 2008 in Hongkong die Weinsteuer abgeschafft. Daraufhin gründeten sowohl renommierte internationale Weinhändler wie Acker Merrall & Condit als auch die Auktionshäuser Christie's und Sotheby's Filialen in Hongkong. Schon 1998 hatten die Verantwortlichen der traditionell in Bordeaux stattfindenden Vinexpo beschlossen, die Messe jedes zweite Jahr in Hongkong stattfinden zu lassen. Im Mai 2013 haben 1300 Aussteller mehr als 16 000 Besucher angelockt.

Zwar ist der Weinstock in China seit 2000 Jahren bekannt, doch Weinherstellung und Massenproduktion begannen erst in den 1980er Jahren. Bis 1990 bauten nur die großen Staatsbetriebe (Changyu, Dragon Seal, Great Wall oder Suntime) in den Regionen Hebei (rund um Peking), Shandong und Xinjiang Wein an. Anfang des Jahrtausends schloss China zahlreiche Kooperationen mit ausländischen Firmen ab – mit spektakulärem Erfolg: Schon 2013 gab es etwa 59 000 Betriebe, die mit Investitionen und Know-how aus dem Westen aufgebaut wurden.

Es gibt Partnerschaften mit internationalen Firmen wie Miguel Torres, Domecq, Pernod Ricard oder Castel. Die Domänes Barons de Rothschild (DBR) hat sich in der Region von Penglai (Shandong) angesiedelt und ist eine Allianz mit dem Investitionsfonds China International Trust and Investment Corporation (Citic) eingegangen. LVMH Moët Hennessy – Louis Vuitton hat in der Provinz Yunnan in Partnerschaft mit der Unternehmensgruppe Vats die Marke Shangrila gegründet.

Peking hat zwar seinen Wirtschaftsraum geöffnet, aber Ackerland bleibt ein unveräußerliches Gut, und die Verfügung über den Boden wird durch langfristige Pachtverträge mit dem Staat oder lokalen Partnern geregelt. Deshalb fallen die Ergebnisse recht gemischt aus: Pernod Ricard hat sich aus einem ersten schwierigen Gemeinschaftsprojekt mit Dragon Seal zu Beginn der 2000er Jahre wieder zurückgezogen, ist aber noch in Ningxia mit seinem Gut Helan Mountains vertreten. Castel hat als Partner von Changyu in Shandong noch nicht aufgegeben.

Kurz nach der Jahrtausendwende haben auch reich gewordene Privatleute begonnen, französische Bodenexperten und Züchter,

Önologen und Architekten anzuheuern, um hochwertige Rebflächen anzulegen. Die Angebote im Weintourismus – etwa in Form eines Nachbaus von Saint-Émilion in der Stadt Dalian, Provinz Liaoning – begeistern Publikum und Investoren. In den ausufernden Komplexen aus Schlosshotel, Golf- und Tennisplätzen mag die Anlage von Weinbergen zweitrangig erscheinen. Doch hinter dem Weinboom steckt oft noch ein anderes Kalkül: Der Weinanbau verhilft dazu, Pachtverträge zu bekommen. Wenn sich die Städte ausdehnen, was absehbar ist, werden die Rebstöcke zwar herausgerissen, aber die Pachtverträge bleiben.

Der Aufschwung im Weinanbau hat auch mit dem Willen der chinesischen Führung zu tun, den weniger entwickelten Westen des Landes und die Provinzen, an denen der Wirtschaftsboom vorbeiging, zu fördern. Xinjiang, die Innere Mongolei, Ningxia und Shanxi wurden zu »Regionen vorrangiger Investition« erklärt. Der Weinbau soll die Landflucht aufhalten. Für die Produktion von Qualitätsweinen werden kleine Anbauflächen erschlossen. Durch Bewässerungssysteme, vor allem am Gelben Fluss, können die kühlen, wüstenähnlichen Gebiete dafür nutzbar gemacht werden. Zur Vermeidung von Frostschäden werden die Rebstöcke im Winter eingegraben.

»Wir tragen dazu bei, den Sand zu befestigen und damit die Sandstürme in den großen Städten des Ostens zu reduzieren«, erklärt ein Winzer feierlich. »Damit erfüllen wir eine wichtige Rolle für die Gemeinschaft. Wir machen die Wüste fruchtbar und verbessern das Leben unserer Mitbürger.« Und Jian Han von Château-Hansen ergänzt ganz im Sinne des Regimes: »Die Entwicklung unserer Gesellschaft ist untrennbar mit der Entwicklung unseres Landes verbunden. Die Natur zu verändern, ist ein Traum und auch eine Aufgabe für die Gesellschaft.«

Doch es fehlt an geeigneten Böden für den Weinanbau. Spezialisten suchen das riesige chinesische Staatsgebiet nach möglichen Orten ab. Gérard Colin, ein französischer Önologe, erklärt: »Die drei wichtigsten Regionen – Hebei, Shandong und Xinjiang – haben keine Zukunft. In Xinjiang liegt das Problem darin, dass das Eingraben der Weinstöcke zu hohe Kosten verursacht, vom Problem der Bewässerung ganz zu schweigen. In Hebei ist das Vordringen der Stadt (Peking) kaum zu übersehen. Die Bauern geben ihre Ländereien auf und arbeiten lieber für mehr Geld auf dem Bau.« Und in Shandong ist das Klima problematisch: Bei starker Feuchtigkeit und großer Hitze entstehen Krankheiten. Der ideale Ort ist also noch nicht gefunden. Dennoch wurde China 2012 zum fünftgrößten Weinproduzenten der Welt.[2]

Gleichzeitig bemühen sich die großen Landwirtschaftskonzerne um Weinproduktionsgebiete im Ausland. Der Branchenriese Cofco besitzt bereits das Château Viaud (25 Hektar) im Bordeaux und die Bodega Bisquertt (800 Hektar) in Chile; auch in Australien versucht er Fuß zu fassen. Überdies erwerben chinesische Unternehmen mit Vorliebe ausländische Marken, um sie direkt in ihrem Heimatland zu vertreiben, wie Quang Wang, Eigentümer von Bellefont Belcier, einem Grand Cru Classé im Saint-Émilion. Im Bordeaux sind gut 50 Weingüter an Chinesen verkauft worden, manche wollen wahrscheinlich einen Teil ihres Vermögens auf diese Weise in Sicherheit bringen. Im Bordeaux gibt es zwar über 7000 Weingüter, doch die Verkäufe haben bei den Franzosen zu sehr emotionalen Reaktionen geführt. Die Chinesen gelten hier inzwischen als Gefahr für die nationale Weintradition.[3]

Chinesische Unternehmen im Ausland, ausländische Unternehmen in China: Produziert wird für den chinesischen Markt, der 80 Prozent der heimischen Produktion aufnimmt.[4] Aber nicht alles davon wird offiziell verkauft. Die chinesische Geschenkkultur (liwu) sorgt dafür, dass ein Teil der chinesischen Weine, die man in den verschiedenen Kellereien verkosten kann, erst gar nicht auf den Markt kommt. »Mein Chef unterhält gute Beziehungen zu den lokalen Behörden, und wir machen ihnen eine ansehnliche Menge zum Geschenk«, erklärt ein Kellermeister. »Daraufhin verpflichten die Beamten die Firmen, unsere Produktion aufzukaufen. Unsere Flaschen werden bei politischen Empfängen als Geschenk überreicht. Das ist nicht der Markt von Angebot und Nachfrage. Unsere ganze Wirtschaft funktioniert so. Den echten Verbrauchermarkt zu erobern, wäre eine ganz andere Sache.«

Die wechselseitigen Abhängigkeiten zwischen den Firmen schaffen gegenseitige Kaufverpflichtungen; auch die ausländischen Weine dienen der Logik der Vernetzung (guanxi).[5] Dabei wird der Wein oft gar nicht getrunken – die Flaschen sind nur teure Deko zum Angeben.

Weinkultur gilt als wünschenswerte gesellschaftliche Errungenschaft. In staatlichen Medienkampagnen wird Wein als etwas Gesundes dargestellt, um den Genuss hochprozentiger Alkoholika einzuschränken. In China ruinieren sich die Männer vor allem mit dem Konsum von Getreideschnaps, dem beliebten Baijiu, die Gesundheit. So manches Parteimitglied wird als schlechtes Vorbild im Fernsehen öffentlich bloßgestellt, wenn es sich auf Empfängen mit Baijiu betrunken hat. Dabei ist das gemeinsame Trinken in politischen wie in Wirtschaftskreisen noch immer eine unerlässliche vertrauensbildende Maßnahme. »Wenn du nicht trinkst, gilt das als respektlos«, erzählt ein französischer Weinhändler. »Man muss sich bis zur Bewusstlosigkeit besaufen, nur so kann man einen Vertrag abschließen. Es läuft ja ganz gut für mich, aber meine Leber ist am Ende.«

»Wir trinken hier keinen Wein. Der ist einfach zu teuer. Wir trinken lieber Baijiu«, bekennt ein Bauer, der einen Weinberg in Hebei bewirtschaftet. Der Baijiu ist nach wie vor der am meisten konsumierte Alkohol; Wein dient den Reichen zur sozialen Distinktion und wird vor allem von jungen privilegierten Städtern getrunken. In diesen Milieus stoßen Männer und Frauen miteinander an, und das ist in China eher ungewöhnlich. Sie lieben vor allem die ausländischen und insbesondere die französischen Weine. Denn in die einheimische Produktion haben Weinliebhaber nach etlichen Lebensmittelskandalen kein Vertrauen. Der Verzehr ausländischer Produkte ist die sicherste Methode, um Vergiftungsrisiken zu begrenzen. Im Jahr 2013 wurden in China 1,8 Milliarden Flaschen Rotwein verkauft. Damit haben die Chinesen die Franzosen überholt und besetzen auf der Weltrangliste der Rotweinkonsumenten den ersten Platz.[6]

Aus dem Französischen von Dirk Höfer

1 Internationale Organisation für Rebe und Wein (OIV), »Statistical Report on World Vitiviniculture«, 2013: oiv.int.
2 Zurzeit dominieren Frankreich, Italien, Spanien und die USA den Markt: oiv.int.
3 *Le Monde*, Paris, 28. August 2012.
4 Siehe Sébastien Lapaque, »Grand Cru für die Welt«, *Le Monde diplomatique*, Oktober 2013, und die Studie der Vinexpo Asia-Pacific 2014: vinexpo.com.
5 Vgl. Yunxiang Yan, *The Flow of the Gifts: Social Reciprocity and Social Networks in a Chinese Village*, Stanford (Stanford University Press) 1996.
6 vinexpo.com.

Erstmals erschienen in *Le Monde diplomatique* vom Januar 2014.

Von den Holländern lernen

Präsentation von Ersatzfleisch aus Sojaeiweiß, hergestellt mit einem an der Uni Wageningen entwickelten Verfahren, Wageningen, Niederlande, Februar 2017. WUR | ERGO MEDIAPRODUCTIES

Von Jordan Pouille

Der Campus von Wageningen ist, wie jeden Samstagmorgen, menschenleer. Allein Gu Shenghao sitzt schon seit Tagesanbruch wieder vor seinem Rechner. Er hat ein kleines Büro in der ersten Etage des »Radix«, eines Gebäudes der Abteilung für Pflanzenzucht, in dem DNA-Sequenzierer und Gewächshäuser für Experimente stehen.

Gu wuchs als Sohn eines kleinen Beamten und einer Modeverkäuferin in der Stadt Baiyin in der chinesischen Provinz Gansu auf, die für ihre roten Berge und ihre vom Gelben Fluss gut bewässerten Felder bekannt ist. Der 27-Jährige promoviert an der Landwirtschaftsuniversität in Peking. Sein Doktorvater hat ihm ein zweijähriges Stipendium der Zentralregierung verschafft, damit er seine Forschungen in den Niederlanden fortsetzen kann. »Die Universität von Wageningen ist weltweit als Hightech-Labor der Landwirtschaft bekannt«, erzählt er. »Sie führt alle Ranglisten an! Ihre Philosophie lautet: wenig Pestizide, wenig Wasser, aber maximale Erträge.«

Gu begeistert sich für Baumwolle. In China wird hauptsächlich transgene Bt-Baumwolle angebaut. Er beherrscht die von der University of Mississippi entwickelten mathematischen Formeln, mit denen man den Ertrag einer Baumwollstaude nach dem Stickstoffgehalt des Bodens berechnen kann. »Doch jetzt haben wir Big Data, und ich möchte so viele Daten wie möglich nutzen, vor allem zu Bewässerung und Wettervorhersagen, um Computersimulationen für maximale Ernten zu erzeugen.« Er will ein Start-up für »intelligente Landwirtschaft« gründen, das eng mit Chinas Regierung zusammenarbeiten soll.

Im Studienjahr 2017/18 sind 660 Chinesen an der Universität Wageningen eingeschrieben: 10 streben einen Bachelor- und 450 einen

Master-Abschluss an, 200 schreiben dort ihre Doktorarbeit. Die Chinesen bilden die größte Gruppe ausländischer Studierender – vor Deutschen und Indonesiern. »Diesen massiven Zustrom haben wir erst seit knapp zehn Jahren, als die Lebensmittelwissenschaft in China zur Priorität erhoben wurden«, berichtet Xiaoyong Zhang. 2008 waren 296 000 chinesische Säuglinge erkrankt, weil sie mit Melamin versetzte Babymilch getrunken hatten. Gepanschtes Öl, anabolikahaltiges Schweinefleisch, mit Formalin überzogener Kohl: Immer mehr Skandale folgten und zerstörten nachhaltig das Vertrauen der Verbraucher in Chinas Lebensmittelindustrie.

Xiaoyong Zhang, die promovierte Konsumforscherin ist und seit 2013 in Wageningen die universitäre Kooperation mit China betreut, hat die Aufgabe, immer mehr Brücken nach Ostasien zu schlagen: 2015 konnte der Vizedekan ihrer Uni an einem Staatsbesuch des niederländischen Königs Willem-Alexander in China teilnehmen. Bei dem vereinbarte er mit dem staatlichen Institut für Boden- und Wasserreinhaltung eine Partnerschaft im Kampf gegen die Wüstenbildung auf dem nordchinesischen Lössplateau. Im Juni 2016 hieß die Universität Tsinghua in Peking niederländische Gastprofessoren willkommen. Im Frühjahr 2017 empfingen die Luftverschmutzungsexperten von Wageningen den Chefingenieur des Pekinger Büros für Umweltschutz und eine Vertreterin des chinesischen Umweltministeriums.

Derzeit klafft auf dem Campus in Wageningen eine gigantische Baustelle, Kräne drehen sich. Das künftige »Innovationszentrum für Welternährung« des Lebensmittelkonzerns Unilever wird dort aus dem Boden gestampft. In Wageningen finanzieren vor allem private Sponsoren die Forschung, von kleinen und mittelständischen Unternehmen bis hin zu Weltkonzernen. Eine Öffnung nach China liegt auch in deren Interesse. Der Botaniker und Orchideenexperte Filip van Noort will im Treibhaus Vanille züchten, mit Unterstützung der großen Tomatenproduzenten Duijvesteijn und van Marrewijk, die sich davon große Gewinne versprechen: Ein Kilo Vanilleschoten wird derzeit für etwa 500 Dollar gehandelt.

Gleichzeitig warten die Erzeuger der niederländische Kirschtomate auf grünes Licht aus China, um mit ihrer Frucht neue Märkte zu erobern. Die Firma Prins, niederländischer Marktführer für Gewächshäuser, hat gerade einen Vertrag für die größte Tomatentreibhausanlage in ganz Asien unterzeichnet. Sie soll in der Pekinger Vorstadt Daxing errichtet werden. Das Unternehmen schickt seine leitenden Angestellten regelmäßig zur Fortbildung nach Wageningen.

Die 26-jährige Wang Zhaojun stammt aus einem chinesischen Arbeiterhaushalt und wuchs bei ihren Großeltern auf dem Land auf. Heute ist sie Assistentin von Professor Atze Jan van der Goot, ein Experte für Fleischersatz. Nach mehreren Jahren Forschung, unterstützt von Unilever, konnte van der Goot eine rote, von Fettfasern durchzogene Masse herstellen, die wie Hackfleisch aussieht, aber rein pflanzlichen Ursprungs ist. Welche Fasern muss man einsetzen, damit dieses Ersatzfleisch nach dem Kochen oder Braten seine Form behält, welche Aromen muss man »einschließen«, und vor allem: Was macht man mit den entstehenden Luftblasen?

Diese Fragen beschäftigen Wang, seit sie in Wageningen ankam. »Am Anfang dachten alle, Luft sei schlecht. Aber ich konnte nachweisen, dass sie Geschmack und Konsistenz fördert.« In ihrer Doktorarbeit beschäftigt sie sich mit Milchproteinen und erhält dafür von der chinesischen Regierung ein Stipendium von 1200 Euro pro Monat. Von Zeit zu Zeit ruft sie ein Vertreter des chinesischen Molkereikonzerns Yili an und erkundigt sich, wie sie mit ihrer Arbeit vorankommt. »Er hat mir sogar vorgeschlagen, ich solle ihn bei einem Gipfeltreffen in Brüssel vertreten«, erzählt sie amüsiert.

Chinas größter Molkereikonzern Yili, der einst in den Babymilchskandal verwickelt war, hat kürzlich in der Nähe des Campus von Wageningen sein »Europäisches Forschungs- und Entwicklungszentrum« eröffnet. »Aber im Augenblick ist das erst ein kleines Büro, das Kontakte zu knüpfen versucht.«

Aus dem Französischen von Sabine Jainski

Erstmals erschienen in *Le Monde diplomatique* vom Februar 2018.
© 2018 *Le Monde diplomatique*, Berlin

Die meisten chinesischen Auslandsstudierenden besuchen englischsprachige Unis.

GRAFIK: LE MONDE DIPLOMATIQUE, BERLIN

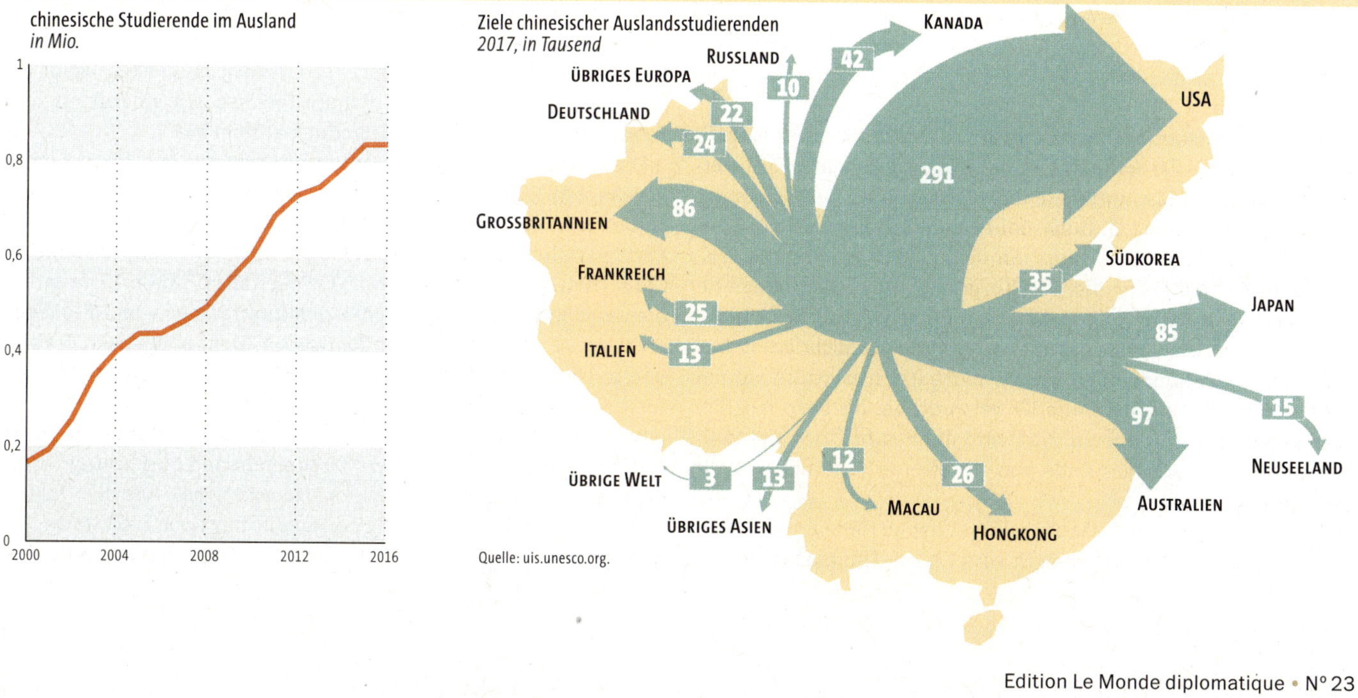

Quelle: uis.unesco.org.

Träumen auf Parteichinesisch

Teller mit dem Bildnis Xi Jinpings [M].
LOU LINWEI | ALAMY

Der »Chinesische Traum« von Staats- und Parteichef Xi Jinping ist nicht visionär

Von Shi Ming

Xi Jinping ist seit Oktober 2012 Generalsekretär der KP Chinas und damit ihr Chef. Im Oktober 2017 wurde sein »Gedankengut« ins Parteistatut aufgenommen. Spätestens seitdem beschreiben ihn Chinas Propaganda sowie viele westliche Medien und Experten als Chinas »starken Mann«, gar als »den mächtigsten« seit Mao Zedong. Zu Xis Image gehören: erfrischend visionär, strategisch denkend, konsequent in der Umsetzung seiner Vision. Diese Vision heißt »Der Chinesische Traum«, von dem man bisher nur so viel ahnt: Xi will China an die Weltspitze führen. Das ist weder neu noch originell. Denn in der Geschichte der KP Chinas ist noch nie jemand ohne eine solche Verheißung zum Vorsitzenden jener Partei geworden, die sich laut Statut »die Befreiung der Menschheit« vorgenommen hat.

Das Wiedererstarken der chinesischen Nation wollten vor Xi denn auch schon alle anderen KP-Chefs. Und sie haben auch alle etwas vorzuweisen: Mao gründete die Volksrepublik. Deng Xiaoping leitete die Reform- und Öffnungspolitik ein und prägte sie 30 Jahre lang. Jiang Zemin öffnete China mit dem Beitritt zur Welthandelsorganisation (WTO) für die Globalisierung. Hu Jintao bescherte dem Land zehn Jahre lang mehr als 10 Prozent jährliches Wachstum. Xis Chinesischer Traum strahlt dagegen noch nicht besonders hell. Seit fünf Jahren beträgt Chinas Wirtschaftswachstum nur um die 6,5 Prozent. 2012 hatte die KP versprochen, bis 2020 das Einkommen aller zu verdoppeln. Nun wird das erst für 2025 angepeilt und damit weit über das Ende von Xis zweiter Amtszeit im Jahr 2022 hinaus.

Statt den Chinesischen Traum selbst näher zu definieren, forderte Xi kurz nach seinem Amtsantritt 2013 Chinas Thinktanks auf, die möglichem Bestandteile und Ziele dieses Traums herauszufinden und die Ergebnisse vorzulegen: Kennt der Visionär seine eigene Vision nicht? Ganz genau kennt der Mann jedoch den großen Unterschied zwischen seinem »Chinesischen Traum« und dem »American Dream«. Der beinhaltet schließlich auch das Versprechen persönlicher Freiheit, die jeder unabhängig von Herkunft und Klasse zum eigenen Vorteil nutzen kann (»vom Tellerwäscher zum Millionär«). Davon kann in Xis China keine Rede sein. Seit seiner Amtseinführung werden Chinesen in ihren individuellen Rechten, allen voran den sozialen und politischen, beschnitten. Niemand darf eine durch die Staatsmedien zum Helden erkorene Person in den sozialen Medien beleidigen. Wer das versucht, muss mit mindestens zehn Tagen Polizeigewahrsam plus Geldbuße rechnen, wie ein Fall aus dem Februar 2018 in der Provinz Shandong gezeigt hat.

Diese Linie zieht sich konstant durch Xis Amtszeit. Unter seinen Vorgängern Deng Xiaoping, Jiang Zemin und bisweilen auch Hu Jintao wurden private Initiativen zunächst wirtschaftlich, später auch gesellschaftlich, teilweise sogar »politisch« zugelassen. Xis Chinesischer Traum hingegen will wieder alle Chinesen – auch die, die vor allem von persönlichem Reichtum träumen – als Mitglieder eines großen Ganzen verstanden wissen. Dem kollektiven Traum, den er bis heute lediglich als ein »Wiederstarken Chinas« zu definieren weiß, darf sich niemand in den Weg stellen. So erklärte Xi in einer internen Rede, man dürfe nicht länger zulassen, dass Leute »Reis aus der Schüssel unserer KP schaufeln und gleichzeitig versuchen, genau unsere KP-Schüssel zu zerschlagen«. Aus dem Parteichinesischen übersetzt: Als Souverän gilt nur noch die KP. Alle anderen müssen sich dem Paternalismus der Partei, der sie alles verdanken, unterordnen. Neu oder gar visionär ist aber auch das nicht: In den Zeiten von Maos Kulturrevolution sollten sich die Chinesen sogar für den Sonnenschein beim Großen Vorsitzenden bedanken.

Als beim 19. Parteitag im Oktober 2017 Xis »Gedankengut« im Parteistatut verankert wurde, kam als Motto »Sozialismus chinesischer Prägung für eine neue Ära« heraus. Soll das dem Chinesischen Traum Substanz geben? Als sozialistisch versteht sich China allerdings schon seit 1949. Und der Begriff »chinesische Prägung« stammt aus der Zeit Deng Xiaopings.

Die These, die KP repräsentiere die progressivste Produktivkraft und Kultur sowie die wichtigsten Interessen der meisten Chinesen (»drei Repräsentationen«), half Jiang Zemin die verkrustete Klassenkampflehre aufzuweichen und China an die Weltwirtschaft heranzuführen. Hu Jintaos »wissenschaftliche Entwicklungsanschauung« legte den Grundstein für eine technokratische Modernisierung des Staats, seine Parole von der »harmonischen Gesellschaft« sollte den weiteren Aufstieg in Frieden ermöglichen. Wozu Xis Chinesischer Traum gut sein wird, bleibt dagegen unklar.

Was ist mit dem Bild von Xi als einem »strategischen Denker«? Als die KP Ende 2013 ein Paket von 60 Reformen beschloss, waren im Westen viele erstaunt, dass in China mit seinen komplexen Entscheidungsstrukturen derartige Weichenstellungen so schnell gehen können. In den amtlichen Medien hieß es zur Erklärung, Genosse Xi Jinping nehme sich eben sehr viel Zeit, »um Wort für Wort alle Vorschläge gründlich zu prüfen«.

Dabei wurden auch in China Zweifel laut. So fragte ein Journalist ein Mitglied der Arbeitsgruppe für die Erarbeitung der Reformbeschlüsse, warum gegensätzliche Reformschritte in dieselbe Liste aufgenommen wurden. Beispielsweise sollte die Zentralregierung Vollmachten zur Genehmigung von Investitionen an die Provinzverwaltungen abtreten. Zugleich behielten die Fachministerien in Peking aber ihre Aufsichts- und Vetorechte, um Fehlentscheidungen sofort korrigieren zu können. Die Antwort auf die Frage des Journalisten war entlarvend: »Wir sammeln alles. Sofern irgendeine Durchführbarkeit erkennbar ist, nehmen wir es auf.«

Das Zitat hat die Zensurbehörde unverzüglich gelöscht: Niemand soll Einblick in die Abläufe und Widersprüchlichkeiten der politischen Entscheidungsfindung bekommen. Lieber verweist man auf den »weitsichtigen und alles durchdenkenden Strategen«, der bisweilen auch im Westen Faszination auslöst. Denn auch dort soll man nicht glauben, der allmächtige und kluge Präsident Xi müsse Rücksicht auf widerstreitende Interessen nehmen und womöglich sogar faule Kompromisse eingehen.

Bei einem Staatsbesuch in Kasachstan im September 2013 hielt Xi in der Nasarbajew-Universität eine Rede über das Thema »Stärkung der bilateralen wirtschaftlichen Verbindungen zwischen China und Zentralasien«. Darin schlug er bereits vor, die historische Seidenstraße wiederzubeleben, die als Handelsroute China über Zentralasien mit Europa verbunden hatte. Einen Monat später dehnte Premierminister Li Keqiang bei einem Besuch in Jakarta die Seidenstraße aufs Meer aus und band gleich Indonesien und Südostasien mit ein.

Von einer weltverändernden Strategie redeten weder Xi noch Li. Erst im November 2014 war plötzlich ganz offiziell von der Initiative »One Belt, One Road« (OBOR) die Rede. Der Strategie gewordene »chinesische Marschall-Plan« sollte Chinas industrielle Überkapazitäten exportieren und abbauen, wie Ye Tan, die Chefkommentatorin des *National Business Daily* schrieb. Ende Dezember 2014 ließ dann das Handelsministerium erklären, OBOR gehe auf den Willen von Präsident Xi zurück, die internationale Kooperation auszuweiten, und sei nun zur wichtigsten Strategie der wirtschaftlichen Entwicklung herangereift. Zielregionen seien Asien, Teile Europas und Ostafrika. Nicht dabei waren die USA, Japan und Ozeanien.

Im März 2015 wurden die Ziele erweitert. Neben dem Abbau von Überkapazitäten durch Exporte sollte auch Chinas Abhängigkeit von Rohstoff- und Energieimporten reduziert und die »übergroße Konzentration industrieller Basen an der Ostküste verringert werden«. Im Fall eines Angriffs vom Meer aus sollten die Schlüsselindustrien weiter funktionieren. Das geopolitische Ziel sei, so der Au-

Auch im Westen soll man nicht glauben, der allmächtige und kluge Präsident Xi müsse Rücksicht auf widerstreitende Interessen nehmen und womöglich sogar faule Kompromisse eingehen

ßenpolitikexperte Yan Xuetong, den USA etwas entgegenzusetzen, die Chinas Einfluss vom Pazifik her eindämmen wollten.

Eine Gruppe unter der Führung eines hochrangigen KP-Kaders sollte die Umsetzung vorantreiben. Es sah ganz so aus, als handele es sich um eine auf Jahrzehnte angelegte gesamtstaatliche Großstrategie, die ausdrücklich niemandem außer China nutzen werde. »China first«, wenn nicht gar »China only«.

Doch innerhalb weniger Monate wendete sich das Blatt: Ab Mitte 2015 sprachen alle Experten OBOR jegliche strategische Bedeutung ab. 2016 dementierte die offizielle Nachrichtenagentur Xinhua sogar mehrfach die chinesische Absicht, Überkapazitäten zu exportieren. Auch mit einem Marshall-Plan habe das alles nichts zu tun. Denn der habe den USA gedient, um die Welt zu dominieren. China dagegen helfe doch allen.

Deshalb empfahl der Außenpolitikstratege Shi Yinhong, über OBOR nur noch hinter verschlossenen Türen zu reden. Sonst errege man zu viel Verdacht. Im April 2017 beteuerte Chinas Botschafter Shi Mingde in Berlin, OBOR sei »noch nie eine Strategie gewesen, sondern von Anfang an eine offene Plattform für alle und zum Nutzen aller.«

Im Mai 2017 fand unter Xis Leitung der große OBOR-Gipfel in Peking statt. Plötzlich wurden die Routen der Neuen Seidenstraße geändert. Denn aus der arabischen Welt, die zu den potenziellen Nutznießern zählte, war kein einziger Staatschef angereist. Von den fünf Staaten Zentralasiens fehlten drei. Indien verweigerte ohnehin die Teilnahme. Stattdessen saßen Argentinien, Fidschi und die USA, die man ursprünglich heraushalten wollte, mit am Tisch.

Die Realsatire um das genannte Reformpaket und die »Belt and Road«-Initiative (BRI), wie OBOR inzwischen offiziell heißt, ist so exemplarisch und symptomatisch wie lehrreich.

Exemplarisch, weil in vielen Fällen »Strategien« unter dem Stichwort »Der Chinesische Traum« von Xi Jinping ohne Einbeziehung der Beteiligten gemacht werden. Im Oktober 2015 lockerte Peking etwa die jahrzehntelang praktizierte Ein-Kind-Politik, um der Über-

Fortsetzung auf Seite 112

印刷术
Drucktechnik

Die ältesten heute noch erhaltenen bedruckten Textilien stammen aus der Zeit der drei Reiche, Wei, Wu und Shu Han, im frühen 3. Jahrhundert, die erste Druckerpresse wurde 593 während der Sui-Dynastie erfunden, und die erste gedruckte Zeitung der Welt, man schrieb das Jahr 700, erschien in Peking.

Aus China stammen zwei Drucktechniken, das ältere Verfahren mittels Holztafeln und die fortgeschrittenere Variante mit beweglichen Lettern. Beim Tafeldruck werden die Zeichen und Grafiken spiegelverkehrt in einen Holzblock geschnitzt und die erhabenen Teile eingefärbt. Mit dieser Technik wurden die Bilder und Texte zunächst nur auf Textilien gedruckt, das Papier kam sehr viel später dazu.

Wie bei der ersten gedruckten Bibel, die zwischen 1452 und 1454 in der Werkstatt des Mainzer Goldschmieds Johannes Gutenberg entstand, war auch in China das erste gedruckte Buch eine religiöse Schrift. Das „Diamant-Sutra", einer der wichtigsten Texte des Mahayana-Buddhismus, wurde 868 mittels Holztafeldruck vervielfältigt. Es gilt als das erste mit Sicherheit zu datierende gedruckte Buch überhaupt. Man fand es 1907 in einer Grotte bei der chinesischen Seidenstraßenstadt Dunhuang (Provinz Gansu).

Zwischen 1041 und 1048 entwickelte der chinesische Drucker Bi Sheng die erste Technik mit beweglichen Lettern. Über den Erfinder ist nicht viel bekannt, außer dass er aus einfachen Verhältnissen stammte und im Bezirk Yingshan in der zentralchinesischen Provinz Hubei geboren wurde. Bi Shengs Druckstempel bestanden aus gebranntem Ton, die er mit einer Mischung aus Wachs und Harz in einen Metallrahmen klebte. Das war dann die Druckvorlage. Um einen Stempel erneut verwenden zu können oder durch einen anderen zu ersetzen, wurde der Metallrahmen erhitzt und der Stempel herausgelöst.

Bi Shengs empfindliche Tonstempel eigneten sich allerdings nicht so gut für größere Flächen, im Gegensatz zu den beweglichen Lettern aus Holz, die später der Beamte Wang Zhen (1271–1368) erfand. In Korea benutzte man damals sogar schon bewegliche Lettern aus Metall, deren chinesische Variante Hua Sui (1439–1513), Schriftgelehrter und Drucker aus Wuxi, erst 1490 erfand, also einige Jahrzehnte nach Gutenberg. Es ist weder bekannt, ob Gutenberg von Bi Shengs Erfindung wusste, noch ob Hua Sui Kenntnis von den metallischen Lettern aus Korea hatte.

Da die chinesische Schrift aus zehntausenden Zeichen besteht, was beim Druck mit beweglichen Lettern das Vorhalten sehr vieler Stempel bedeutet hätte, setzte sich diese Technik in China nie richtig durch. Das Revolutionäre an der späteren Erfindung Gutenbergs, dem dabei das lateinische Alphabet mit seinen nur 26 Buchstaben zugute kam, war die Zusammenführung mehrerer Systeme unter Nutzung beweglicher Metalllettern. Gutenberg erfand eigens ein Handgießinstrument zur Herstellung der Lettern. Seine Methode ermöglichte letztlich eine zeitsparende »Massenproduktion« (Auflage der Gutenberg-Bibel: 180 Exemplare) und war damit quasi der Beginn der Massenkommunikation. Die eigentlichen Vorreiter waren aber Chinesen gewesen.

Sven Hansen

Frontispiz des Diamant-Sutra. Um 868.

BRITISH LIBRARY

火药
Schießpulver

Lange wurde die Erfindung des Schießpulvers, auch Schwarzpulver genannt, dem Freiburger Franziskanermönch Bertold Schwarz zugeschrieben. Er soll den aus Salpeter, Kohlenstoff und Schwefel angerührten explosiven Stoff um 1359 entdeckt haben. Der Name des Pulvers leitete sich allerdings schon damals nicht von dem vermeintlichen Erfinder ab, sondern von der Farbe.

Inzwischen geht die Forschung davon aus, dass in China bereits um das Jahr 250 mit explosiven Pulvermischungen experimentiert wurde. Und im 9. Jahrhundert gab es dort schon ein Pulver für Feuerwerkskörper. Es wurde in Bambusrohre gefüllt, aus denen explosionsartig Flammen schossen, die böse Geister vertreiben sollten. Die Nutzung dieses neuartigen Feuerwerks war also zunächst religiöser und nicht militärischer Natur. Es soll denn auch ein taoistischer Mönch und Alchemist gewesen sein, der auf der Suche nach dem „Lebenselixier" zufällig die explosive Wirkung von Salpetermischungen entdeckte.

Gegen Ende der Tang-Dynastie (618–907) wurde das Schießpulver bereits bei der Jagd, in Steinbrüchen und für Waffen benutzt. In dem mehrbändigen Kompendium »Grundriss der Militärwissenschaft« (»Wujing Zongyao«), das im Auftrag des Kaisers Ren Zong (1010–1063) entstand, werden – je nach Verwendungszweck – drei Sprengstoffrezepturen beschrieben sowie die entsprechenden Waffen. Deren große Zerstörungskraft wurde in den folgenden Jahrzehnten weiterentwickelt. Während im 11. Jahrhundert schon Brandsätze auf Salpeterbasis bekannt waren, kamen spätestens im 13. Jahrhundert Bomben mit Schwarzpulverfüllung zum Einsatz.

Doch waren inzwischen auch andere Länder mit dem explosiven und zerstörerischen Pulver in Kontakt gekommen. Und sie entwickelten ebenfalls neue Waffensysteme. So soll im 13. Jahrhundert in der islamischen Welt bereits die erste mit Schießpulver befüllte Handfeuerwaffe entstanden sein. Danach folgten die Europäer, die mit ihren immer ausgeklügelteren und zerstörerischen Waffenentwicklungen das Zeitalter der Ritter beendeten und Kolonialismus und Imperialismus zum Aufstieg verhalfen. Dem sollte später auch China zum Opfer fallen. Die Europäer bauten Kanonen, denen keine Festungsmauer mehr dauerhaft standhalten konnte.

Sven Hansen

»Fliegende Krähe mit Zauberfeuer«, Illustration aus dem *Huolongjing* (Handbuch der Feuerdrachen), ein Militärkompendium aus dem 14. Jahrhundert. Reproduziert in: Joseph Needham, *Science and Civilization in China,* Band 5, Teil 7, »Military Technology: the Gunpowder Epic«. ■ CUP

Was wann geschah

Eine Chronik von Öffnung, Abschottung, Eroberung, Beeinflussung und Kooperation

Zusammengestellt von Sven Hansen

2017
- China errichtet im ostafrikanischen Dschibuti seine erste Militärbasis im Ausland.
- Chinesische Kriegsschiffe nehmen erstmals an einem russischen Manöver in der Ostsee teil.
- China lädt zum ersten Gipfel der »Belt and Road«-Initiative.

2016
- G20-Gipfel im ostchinesischen Hangzhou.

2015
- Gründung der von China initiierten Asia Infrastructure Investment Bank (AIIB) in Peking mit 57 Staaten, als Konkurrenz zu Weltbank, Internationalem Währungsfonds und Asiatischer Entwicklungsbank, in denen sich China nicht angemessen vertreten sieht.
- Erstes Treffen der Präsidenten Chinas und Taiwans in Singapur.

2014
- China wird zweitgrößte Volkswirtschaft. Im Dezember sollte der Bau des 50 Milliarden Dollar teuren Nicaragua-Kanals beginnen, finanziert von dem chinesischen Milliardär und Telekom-Mogul Wang Jing. Wegen Fehlplanungen, ökologischer Bedenken und Kursverlusten von Wangs Firmen wurde das umstrittene Projekt bisher nicht gestartet.

2013
- Verkündung der Neue-Seidenstraßen-Initiative (zunächst als »One Belt, One Road«, später als »Belt and Road«-Initiative).
- Landung der ersten chinesischen Raumsonde auf dem Mond.

2012
- China stellt seinen ersten Flugzeugträger in Dienst.
- In Warschau findet der erste 16+1-Gipfel statt, bei dem Chinas Ministerpräsident Wen Jiabao Regierungschefs von 16 Staaten aus Ost- und Mitteleuropa und dem Balkan trifft.
- Antijapanische Demonstrationen in chinesischen Städten.

2010
- Welt-Expo in Schanghai.
- China löst Deutschland als Exportweltmeister ab.
- Der inhaftierte Dissident Liu Xiaobo erhält als erster Chinese den Friedensnobelpreis.

2009
- China ist Gründungsmitglied der Gruppe der Bric-Staaten (heute Brics: Brasilien, Russland, Indien, China und Südafrika).

2008
- Erstmals Olympische und Paralympische Spiele in China (Peking).
- China tritt der Interamerikanischen Entwicklungsbank als Kreditgeber bei.

2005
- Antijapanische Demonstrationen in mehreren chinesischen Städten.

Der chinesische Flugzeugträger »Liaoning« im Hafen von Hongkong, Juli 20
ZENG TAO | XINHUA

Eröffnungszeremonie der Olympischen Sommerspiele, Peking, August 2008
RUSSELL PRICE | ALAMY

2004

- China erhält Beobachterstatus bei der Organisation Amerikanischer Staaten (OAS).

2003–2007

- Peking ist Gastgeber der Sechsparteiengespräche über Nordkoreas Atomprogramm.

2003

- Chinas erster bemannter Weltraumflug.

Yang Liwei, der erste chinesische Astronaut im Weltraum, Oktober 2003.
CHINANEWS.COM

2001

- Ein US-Spionageflugzeug wird zur Landung in Hainan gezwungen.
- Aufnahme Chinas in die Welthandelsorganisation (WTO).
- Die Schanghaier Organisation für Zusammenarbeit (SOZ) wird in Peking gegründet als erste große internationale Organisation mit Sitz in China. Die SOZ, die heute China, Russland, Indien, Pakistan und die zentralasiatischen Länder umfasst, widmet sich Sicherheitsfragen.

2000

- Der im französischen Exil lebende Gao Xinjian erhält als erster Chinese den Literaturnobelpreis.
- Erstes Forum on China-Africa Cooperation (Focac) in Peking mit Regierungschefs aus 44 Staaten.
- China löst Japan als das Land ab, mit dem die USA das größte Handelsdefizit haben.

1999

- China ist Gründungsmitglied der G20.
- Nach Bombardierung der chinesischen Botschaft in Belgrad durch die USA kommt es in chinesischen Städten zu antiamerikanischen Protesten. Rückgabe der portugiesischen Kolonie Macau an China.

Feier am Tag der Rückgabe Hongkongs an China, Hongkong, 1. Juli 1997.
RICHARD BAKER | ALAMY

1997

- Rückgabe der britischen Kronkolonie Hongkong an China.

1996

- Chinas letzter oberirdischer Atomtest.

1995

- 4. UN-Weltfrauenkonferenz in Peking.

1993

- China wird Nettoölimporteur und steigert die weltweite Nachfrage nach Erdöl.

1991

- In Peking eröffnet das erste McDonald's-Restaurant.

Panzer auf dem Platz des Himmlischen Friedens, Peking, 5. Juni 1989.
STUART FRANKLIN

1989

- Ab Mitte April demonstrieren Studenten für Demokratie und Menschenrechte. Am 3. und 4. Juni schlägt das chinesische Militär die Protestbewegung auf dem Platz des Himmlischen Friedens in Peking gewaltsam nieder. Danach verhängt die EU ein bis heute gültiges Waffenembargo.

1988

- Chinesische Truppen nehmen in einem Gefecht mit Dutzenden Toten Vietnam das Johnson South Riff im Südchinesischen Meer ab.

1984

- Chinesisch-britische Erklärung zur Rückgabe Hongkongs.

1980
- Nach Einführung der Reform- und Öffnungspolitik unter Deng Xiaoping Einrichtung der ersten Sonderwirtschaftszonen, um ausländische Investitionen anzulocken.

1979
- Chinesische Truppen marschieren in Norden Vietnams ein, um das Land für seine Intervention in Kambodscha zu bestrafen. Rückzug Chinas nach wenigen verlustreichen Wochen.
- Aufnahme diplomatischer Beziehungen mit den USA.

1974
- Gegen Ende des Vietnamkriegs erobert China von Südvietnam die Paracel-Inseln.

1972
- Richard Nixon reist als erster US-Präsident in die Volksrepublik. Als Geschenk erhält er einen Pandabär für Washingtons Zoo. Fortan löst die »Panda-Diplomatie«, also das Verschenken von Pandabären und andere symbolische Gesten, die »Pingpong-Diplomatie« ab.

Der chinesische Premierminister Zhou Enlai und US-Präsident Nixon, Schanghai, Februar 1972. PICTURE ALLIANCE/AP

1971
- Aufnahme der Volksrepublik in die UNO, Ausschluss der Republik China (Taiwan).

1970–1972
- Mit Tischtennis (»Pingpong-Diplomatie«) erreicht China eine diplomatische Annäherung an die USA, die später zur Isolation Taiwans führt.
- China schießt seinen ersten Satelliten ins All.

1969
- Siebenmonatige chinesisch-sowjetische Grenzgefechte mit umstrittener Zahl an Toten (200 bis 1000) am Fluss Ussuri. Eine Einigung über den dortigen Grenzverlauf gibt es erst 1991.

1964
- Erster chinesischer Atomtest.

1962
- Einmonatiger Grenzkrieg mit Indien mit 2000 bis 4000 Toten, ausgelöst durch Grenzstreitigkeiten in Aksai Chin (Kaschmir) und Tibet/Arunachal Pradesh.

Indische Soldaten während des Indisch-Chinesischen Grenzkriegs, 1962. LARRY BURROWS | TIME LIFE PICTURES

1960
- Bruch Mao Zedongs mit der Sowjetunion.

1950–1953
- Im Koreakrieg unterstützt das maoistische China Nordkorea und verhindert so den militärischen Sieg des von den USA und anderen Alliierten unterstützten Südens.

1950
- Chinas Volksbefreiungsarmee marschiert in Tibet ein, das 1951 annektiert wird.

Mao Zedong verliest die Gründungserklärung der Volksrepublik China, Peking, 1. Oktober 1949. SINA.COM

1949
- Die am 1. Oktober gegründete Volksrepublik China annektiert Ostturkestan, das als Xinjiang Teil der Volksrepublik wird. Die nationalistische KMT-Regierung flieht nach Taiwan, dem letzten Teil der Republik China.

1948
- Die Republik China ist Erstunterzeichner der Allgemeinen Erklärung der Menschenrechte.

1945

- Die Republik China zählt im Zweiten Weltkrieg zu den Alliierten und damit zu den Siegermächten. Taiwan gehört wieder zu China, das Gründungsmitglied der UNO und von Beginn an ständiges Mitglied im UN-Sicherheitsrat ist.

1937–1945

- Im Zweiten Japanisch-Chinesischen Krieg wird China von den USA unterstützt.

1931

- Japanische Invasion der Mandschurei, dort 1932 Gründung des Marionettenstaats Mandschukuo.

1919

- Aus Protest gegen die im Versailler Vertrag vorgesehene Abtretung vormals deutscher Kolonialgebiete an Japan entsteht in China die Bewegung des 4. Mai.

1899–1901

- Der Boxeraufstand, eine Bewegung gegen den europäischen, US-amerikanischen und japanischen Imperialismus, scheitert.

1897/98

- Das Deutsche Reich nimmt die Ermordung von zwei deutschen Missionaren in China zum Vorwand, um die Kiautschou-Bucht (Provinz Shandong) militärisch zu besetzen und einen Pachtvertrag für 99 Jahre zu erzwingen. Der wurde 1898 zum Vorbild für die Abtretungen Port Arthurs (Provinz Liaoning) an Russland, Weihais (Provinz Shandong) an Großbritannien und Guangzhouwans (Provinz Guangdong) an Frankreich.

1894/95

- Nach dem Japanisch-Chinesischen Krieg verliert China die Kontrolle über Taiwan an Japan.

1884/85

- Nach dem Chinesisch-Französischem Krieg verliert China die Kontrolle über Indochina.

1856–1860

- Zweiter Opiumkrieg, in dem Briten und Franzosen den Sommerpalast in Peking zerstören.

1850–1880

- Erste Auswanderungswelle in die USA, wo Chinesen am kalifornischen Goldrausch und am Bau der ersten transkontinentalen Eisenbahn beteiligt sind. Die US-Staatsbürgerschaft wird ihnen jedoch verweigert.

1839–1842

- Im Ersten Opiumkrieg tritt China die Insel Hongkong an Großbritannien ab und wird zur Öffnung seiner Märkte und zur Duldung des Opiumhandels gezwungen.

1823

- Die Bibel erscheint erstmals auf Chinesisch.

1807

- Der erste protestantische Missionar trifft in China ein.
- Erste chinesische Kulis werden von britischen Händlern nach Trinidad verschifft. Mit dem Ende der Sklaverei werden Chinesen als Tagelöhner in sklavenähnlichen Verhältnissen nach Mittel- und Südamerika gebracht, wo sie unter anderem auf Plantagen arbeiten müssen. Zwischen 1850 und 1875 boomt der Handel mit chinesischen Kulis.

Ein »Boxer«, um 1900.
US NATIONAL ARCHIVES

Chinesische Soldaten während des Ersten Opiumkriegs. Illustration in: Edward Belcher, *Narrative of a Voyage Round the World*, London, 1843.

1793
- Großbritannien schickt Macartney-Mission nach Peking, um China für den Handel zu öffnen. Lord Macartney scheitert aber, da er den Kotau vor Kaiser Qianlong verweigert und ihm dieser unmissverständlich erklärt, dass China kein Interesse an mehr Handel mit Großbritannien hat. 1816 blieb eine zwei britische Mission ebenso erfolglos.

1712/24
- Mit zwei Dekreten verbietet die Qing-Dynastie die Migration ins Ausland.

1711
- Die britische East India Company errichtet einen Handelsstützpunkt in Kanton (Guangzhou).

1689
- Die Qing-Dynastie einigt sich mit Russland auf einen Grenzverlauf.

1653
- Der 5. Dalai Lama aus Tibet besucht Peking.

1630
- Der Jesuit Nicolas Trigault erfindet die erste lateinische Umschrift der chinesischen Sprache.
- Der deutsche Jesuit Johann Adam Schall von Bell wird wissenschaftlicher Berater des chinesischen Kaisers.

1624
- Die Niederländische Ostindien-Kompagnie gründet die Kolonie Formosa (Taiwan).

1616
- Die Jesuiten werden vom chinesischen Kaiserhof verwiesen.

1602
- Die Niederländische Ostindien-Kompagnie verschifft erstmals chinesisches Porzellan nach Europa.

1592/98
- China kämpft aufseiten Koreas erfolgreich gegen die dortige japanische Invasion.

1582
- Der jesuitische Missionar Matteo Ricci trifft in Macau ein. 1601 wird er als erster Europäer an den Kaiserhof in Peking geladen. Ricci trifft auch einen Juden der Gemeinde Kaifeng (Provinz Henan), die bis dahin in Rom unbekannt war. Deren Mitglieder stammen ursprünglich aus Persien oder Indien und kamen zwischen dem 7. und 12. Jahrhundert nach China.

1557
- Portugal richtet in Macau einen Handelsstützpunkt ein.

1550
- Die Mongolen belagern Peking.

1513
- Die ersten Portugiesen erreichen das Perlflussdelta.

1407–1427
- Vietnams Norden gerät das dritte Mal unter chinesischer Kontrolle.

Stadtansicht von Kanton (Guangzhou), Aquarell des holländischen Kartografen Johannes Vingboons, um 1665. HOLLÄNDISCHES NATIONALARCHIV

Der Jesuitenpriester Matteo Ricci. Zeitgenössisches Gemälde, um 1610.

1405–1433
- Der chinesische Admiral Zhang He unternimmt mit großen Flotten sieben Expeditionen in den Pazifik und Indischen Ozean.

1350–1650
- Sogenannte Wokou-Piraten, zunächst japanischen Ursprungs, machen Chinas Küsten unsicher.

1338
- Papst Benedikt XII. schickt den Franziskaner Giovanni de Marignolli an Chinas Kaiserhof (Ankunft 1342), nachdem eine chinesische Abordnung Avignon besucht hatte. Marignolli bleibt drei Jahre in China.

1279/93
- Papst Nicolas schickt den Franziskaner Giovanni da Montecorvino nach China, wo er 1293 eintrifft. Er übersetzt das Neue Testament ins Mongolische, tauft 6000 Mongolen und Chinesen. 1307 wird er erster Erzbischof von Cambaluc (Peking).

1271–1295
- Der venezianische Händler Marco Polo reist in das von Mongolen beherrschte China.

1215
- Unter Dschingis Khan nehmen die Mongolen Peking und andere Teile Chinas ein.

638
- Tibetische Truppen greifen die Stadt Sonzhou (heute in Sichuan) an.

607–838
- Japan entsendet insgesamt 19 Missionen nach China, die dort Buddhismus, Regierung und Verwaltung sowie Medizin und Kunst lernen sollen.

602–938
- Vietnams Norden gerät zum dritten Mal unter chinesische Kontrolle.

480–523
- Der indisch-tamilische Mönch Bodhidharma reist nach China. Später lässt er sich in der Provinz Henan nieder und entwickelt den Chan-Buddhismus.

390–412
- Der chinesische buddhistische Mönch Faxian reist zu Fuß nach Indien und Sri Lanka, um den Buddhismus zu studieren und buddhistische Texte nach China zu bringen.

2. Jahrhundert
- Über die Seidenstraße entwickelt sich ein Handel Chinas mit dem Römischen Reich. Er erfolgt allerdings trotz einiger direkter Kontakte vor allem über Händler aus den zwischen beiden Mächten liegenden Reichen wie der Parther, Sassaniden und Kuschan. Begehrt ist vor allem chinesische Seide.

43 bis 540
- Vietnams Norden gerät zum zweiten Mal unter chinesische Kontrolle.

111 vor bis 40 nach Christus
- Vietnams Norden ist erstmals unter chinesischer Kontrolle.

7. Jahrhundert vor Christus
- Baubeginn der Großen Mauer, um nomadische Reitervölker aus dem Norden abzuhalten. Die 21 200 Kilometer lange Mauer, die bis 1644 immer wieder verstärkt wurde, gilt heute als das größte Bauwerk der Welt.

Dschunke der Flotte des chinesischen Admirals Zhang He. Fantasiedarstellung an einem chinesischen Heiligenschrein, Penang, Malaysia, 21 .Jahrhundert. ALAMY

Bodhidharma-Portät in der Himeji-Burg, Himeji, Japan, 17. Jahrhundert. UNESCO

© 2018 *Le Monde diplomatique*, Berlin

Su Lifei begegnet einem geflügelten Tiger

Eine Geschichte über Tee und Tanzen

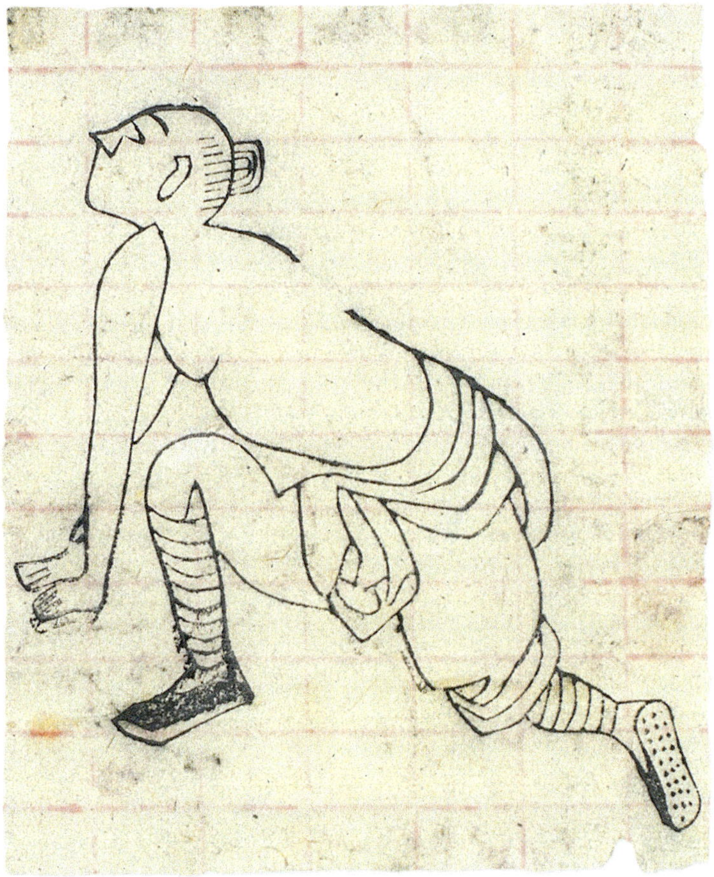

»Der kauernde Tiger stürzt sich auf seine Beute«, Holzschnitt in einem Manuskript der *Yi Jin Jing* (Methode zur Transformation der Faszien).
WELLCOME COLLECTION [CC BY 4.0]

Von Luo Lingyuan

Der Eingang der Teefabrik ist geschmückt mit Papierblumen. Auf dem roten Transparent über dem Eingang steht in goldener Druckschrift: »Wir heißen Vizegouverneur Kang mit heißem Herzen willkommen!« Doch im Hof herrscht völlige Stille. Nur ein paar schwarze Audis und ein Haufen verbrauchter Feuerwerkskörper auf dem Boden verraten die Anwesenheit hoher Gäste. In einer schattigen Ecke liegt noch ein schmutziger Schneehaufen, um den sich beim Schmelzen ein nasser Kreis bildet. Die Nachmittagssonne steht niedrig am Himmel, und der kalte Januar lässt die Fabrik grau und erfroren aussehen.

Im Inneren der Gebäude laufen die Fließbänder und Verpackungsmaschinen auf Hochtouren. Ohne ihre Arbeit zu unterbrechen, lächeln die Frauen in grünen Kitteln den schwarz gekleideten Männern mit den feierlichen Krawatten zu, die durch den Mittelgang kommen. Nur einige wenige Manager und Vorarbeiter dürfen die Gäste begleiten. Eine junge Frau, die am Fließband steht, flüstert ihrer Kollegin zu: »Schau mal, was der für Haare hat! Die sind bestimmt in Rosenöl gebadet, so wie die glänzen.«

Die beiden Frauen halten die Hand vor den Mund und beginnen zu kichern, lassen den Gast jedoch nicht aus den Augen. Vizegouverneur Kang Yimiao scheint sich aber nicht für sie zu interessieren und schenkt ihnen keinen Blick. Geführt von Direktor Gu, schlendert er mit seiner Entourage in die nächste Halle.

Kang Yimiao ist ein großer, kräftiger Mann. Mit seinen 52 Jahren strotzt er vor Energie und Elan. Gegenüber ausländischen Besuchern beschreibt er seine Provinz gern mit den Worten: »Wir sind der Nabel von China, außerdem der Geburtsort des Großen Vorsitzenden Mao. Jetzt wissen Sie, wo Hunan liegt.« Sind Untergebene in seiner Nähe, weiß er, wie er sie mit einem Blick oder einer Kopfbewegung zum Schweigen bringt und sich ins Zentrum stellt. Doch hier braucht er um seine Wichtigkeit nicht zu fürchten. Der Fabrikchef tut alles, um ihm zu gefallen.

»Dieser grüne Tee mit dem Namen ›Maos Geheimnis‹ ist ein Riesenerfolg«, sagt Gu Pingshan und hält seinem Gast ein Päckchen unter die Nase, das er eben vom Fließband genommen hat. Er ist Mitte 40, ziemlich mager und deutlich kleiner als Kang. »Ja, Herr Gouverneur, Sie haben uns gelehrt, in die Zukunft zu blicken!« Um dem Besucher zu schmeicheln, spart er sich das »Vize« und sagt nur Gouverneur. »Wir leben in den 90er Jahren, haben Sie uns gesagt. Um die Reformen des Genossen Deng Xiaoping fortzusetzen, müssen wir unser Denken befreien und unserer Fantasie freien Lauf lassen. Daran haben wir uns gehalten. Jetzt sind wir stolz darauf, dass wir einen Tee von hoher Qualität entwickelt haben, der vom Markt gut angenommen wird. Würde der Vorsitzende Mao noch leben, würde er bestimmt unseren Tee trinken.«

Die Anwesenden lachen vergnügt. Kang, der jeden Tag in der Schmeichelei seiner Untergebenen badet, lächelt mit halbgeschlossenen Augen. Die Worte des Fabrikchefs sind zwar etwas zu dick aufgetragen, aber das lässt sich aushalten. Kangs Blick schweift durch die Halle. Am Ausgang stehen ein Dutzend Angestellte Spalier. Vor ihnen ein langer Tisch mit einer Reihe gefüllter Geschenktüten darauf. Es sieht nach Abschied aus.

Ist das schon alles? Ich bin 180 Kilometer gefahren, um diese Fabrik zu besuchen und die Teewirtschaft anzukurbeln. Und der Gu mit dem Holzgesicht will mich mit ein paar Päckchen Tee abfertigen? Bei diesem Gedanken kriecht eine Spinne in den Magen des Vizegouverneurs, und er kräuselt unwillkürlich die Stirn. Dem werd ich's zeigen. Kang dreht sich um und schaut zur Stirnwand der Halle. Links ist ein Panoramabild mit Teeplantagen der Firma zu sehen, rechts ein Bild des Hengshan. Beides herrliche Landschaften. In der Mitte aber hängt ein überdimensionales Porträt des Vorsitzenden Mao. Man könnte meinen, man stünde vor einem Tempel. Nur der Kalender in der Ecke, auf dem »1996, Jahr der Ratte« zu lesen ist, holt den Betrachter in die profane Gegenwart zurück.

Schon hat Kang eine Idee. Nachdem er den Wandschmuck mit anerkennender Miene betrachtet hat, wendet er sich dem Gastgeber zu. »Boss Gu, du hast deine Arbeit gut gemacht. Ich bin mir sicher, die Teefabrik wird unter deiner Leitung noch große Erfolge feiern.« Dann beugt er sich leicht nach vorn und sagt väterlich: »Sag mal, habt ihr auch Probleme? Jetzt ist eine gute Gelegenheit, es mir zu sagen.«

Gu fragt sich, wie ernst der Mächtige das meint. Wenn der Vizegouverneur redet, sieht man nur seine kräftigen Zähne. Wenn er schweigt, sieht er mit den gewölbten Muskeln an seinem Unterkiefer aus wie einen Boxer. Man hat das Gefühl, in seiner Brust steckt ein Vulkan, der jederzeit ausbrechen kann. Dieser Mann ist mit Vorsicht zu genießen, sagt sich der magere Fabrikchef und zögert. Doch der Gast spricht ihm weiter Mut zu. Schließlich setzt Gu das gewinnendste Lächeln auf, zu dem er fähig ist, und sagt: »Ja, wir haben tatsächlich ein kleines Problem. Wegen der Erweiterung unserer Produktion müssen wir dringend die Fabrik vergrößern. Wir haben auch schon ein geeignetes Grundstück gefunden. Doch das Amt für die Bodenressourcen genehmigt unseren Kaufantrag nicht.«

»Das ist tatsächlich ein ernstes Problem«, murmelt der Vizegouverneur und fährt sich mit der Hand übers Haar. »Die Sache ist die: Die Reformen haben viele Unternehmen großgemacht. Unsere Behörden haben aber nicht so viele Grundstücke.«

»Das verstehen wir natürlich. Aber unsere Provinz braucht bekannte Produkte, um sich hervorzutun. Der Tee vom Hengshan ist seit Jahrhunderten berühmt. Wir exportieren sogar schon kleine Mengen ins Ausland. Wenn wir die Fabrik erweitern können, zahlen wir nicht nur mehr Steuern, sondern tragen den Namen Hunan in die ganze Welt. Das könnte ausländische Investoren in die Provinz bringen«, sagt Gu. Seit zwei Jahren kämpft er um die Vergrößerung der Fabrik.

Vor seiner Zeit war der Betrieb noch in Staatsbesitz. Im Zuge der Reformen ist er weitgehend privatisiert worden. Nun muss er nur noch ein kleines Kontingent Tee an den Staat liefern. Obwohl er gewisse Entscheidungsbefugnisse besitzt, fühlt Gu sich von den Behörden benachteiligt. Manchmal kommt er sich vor wie ein Kettenhund: Je mehr er sich anstrengt, desto tiefer schneidet ihm die Kette in den Hals. Sein Ansehen leidet bereits darunter, dass es mit der Vergrößerung der Fabrik nicht vorwärts geht. Sein Stellvertreter sägt an seinem Stuhl, um ihn zu Fall zu bringen und seinen Platz einzunehmen. Wenn Kang jetzt sagen würde: Ja, Sie kriegen das Grundstück, wäre das eine Befreiung für ihn. Aber es sieht nicht so aus, als ob es so kommen würde.

»Überall wird der Boden knapp«, sagt Kang und schüttelt den Kopf. Auf einmal funkelt er den Fabrikleiter böse an, und sein Ton wird hart wie Basalt. »Immer nur Probleme. Überall Probleme. Keinen einzigen ruhigen Tag gönnt ihr mir.«

Gus Gesicht wird aschfahl. Er verbeugt sich und setzt ein demütiges Lächeln auf. »Entschuldigung. Ich hätte die Sache nicht erwähnen sollen. Seien Sie unbesorgt. Wir werden das Problem selbst lösen.«

»Du willst das Problem selbst lösen?«, faucht Kang weiter. »Wenn ihr alle die Probleme selbst lösen könnt, wozu brauchtet ihr dann die Führung? Da kannst du ja gleich meinen Job übernehmen!«

Der Fabrikleiter wischt sich den Schweiß von der Stirn und verbeugt sich noch ein bisschen tiefer. Er versteht nicht, warum der Vizegouverneur plötzlich so zornig ist. Wird ein Hund verstehen, wenn das Herrchen ihm einen Knochen hinhält, dann aber plötzlich mit dem Fuß nach ihm tritt? Der Fabrikleiter spürt instinktiv, dass er den braven Hund spielen muss, wenn der Besuch nicht zum Albtraum werden soll. »Verzeihen, verzeihen Sie«, stammelt er. »Sie sind ein hoher Berg, dessen Gipfel wir niemals erreichen können, ein tiefes Gewässer, dessen Grund wir niemals ergründen werden. Sie haben große Strapazen auf sich genommen, um uns auf den richtigen Weg zu führen. Jetzt ist es Zeit, Tee zu trinken und das Feuer zu mildern, das durch die hitzige Sonne in den Körper gedrungen ist. Bitte kommen Sie mit. Wir haben die besten Tees für Sie vorbereitet.«

»Tee trinken?«, murmelt Kang. »Es ist schon spät. Gibt's bei euch nichts zu essen?«

»Wir haben natürlich auch ein Essen vorbereitet«, sagt Boss Gu eifrig. »Das Hotel Blauer Himmel hat die beste Küche hier in der Gegend. Da werden Ihnen die feinsten Spezialitäten aus dem Hengshan serviert. Wir fahren gleich hin.«

•••

Ein Paar rote Stöckelschuhe erscheinen in Kangs Blickfeld, wirbeln herum und verschwinden dann in der Menge. Kurz danach tanzen sie wieder an ihm vorbei und ziehen seine Aufmerksamkeit auf sich. Ihm ist, als schwirren zwei Libellen in einem Schwarm Käfer und Motten herum. Ihre Leichtigkeit und Gelassenheit reizen ihn.

Kangs Blick wandert von den Schuhen nach oben. Zwei schlanke Beine, ein Blümchenkleid. Das Gesicht ist ebenmäßig und unauffällig, aber es strahlt eine Sanftheit aus, die ihn fasziniert. Ihr schwarzes Haar hängt über den halben Rücken herunter und schwingt bei jedem Schritt mit. Wie Weidenruten im Wind. Auf einmal spürt er das Verlangen, dieses Haar zu riechen und womöglich zu küssen. Doch als sein Blick zu ihrem Tanzpartner wandert, schließt er verärgert die Augen. Der junge Mann sieht gut aus, das Paar tanzt recht eng miteinander. Sind die beiden verliebt?

Kang schiebt sich missmutig eine Zigarette zwischen die Lippen. Boss Gu holt sofort sein Feuerzeug hervor und gibt ihm Feuer, dann steckt er sich auch eine an. Ab und zu wirft er einen verstohlenen Seitenblick auf seinen Gast.

Nach einem üppigen Essen hat er ihn mit seinem Gefolge hier in den Tanzsaal geführt, um ihm eine Freude zu machen. Den Saal hat er ordentlich heizen lassen, damit sich Kang nicht erkältet. Die besten Tänzerinnen aus der Tanzschule hat er dem Gouverneur vorgestellt. Doch nach drei Runden setzt sich Kang hin und macht ein unzufriedenes Gesicht. Als ihm das schönste der Mädchen zum zweiten Mal hingeschoben wird, schaut er weg und steht gar nicht erst auf. Es ist nicht zu übersehen, dass alle drei Tanzpartnerinnen ihm nicht gefallen.

Was soll ich jetzt tun? Direktor Gu will möchte unbedingt vermeiden, dass es noch einmal zu einer hässlichen Szene wie heute Nachmittag kommt. In seinem Kopf beginnt es, zu arbeiten. Gu braucht jetzt rasch eine Lösung. In dem Moment neigt sich Kangs Sekretär zu ihm herunter und flüstert ihm etwas ins Ohr. Gu nickt. Dann entschuldigt er sich. Zwei Minuten später ist er wieder da. An seiner Seite das Mädchen mit den roten Schuhen.

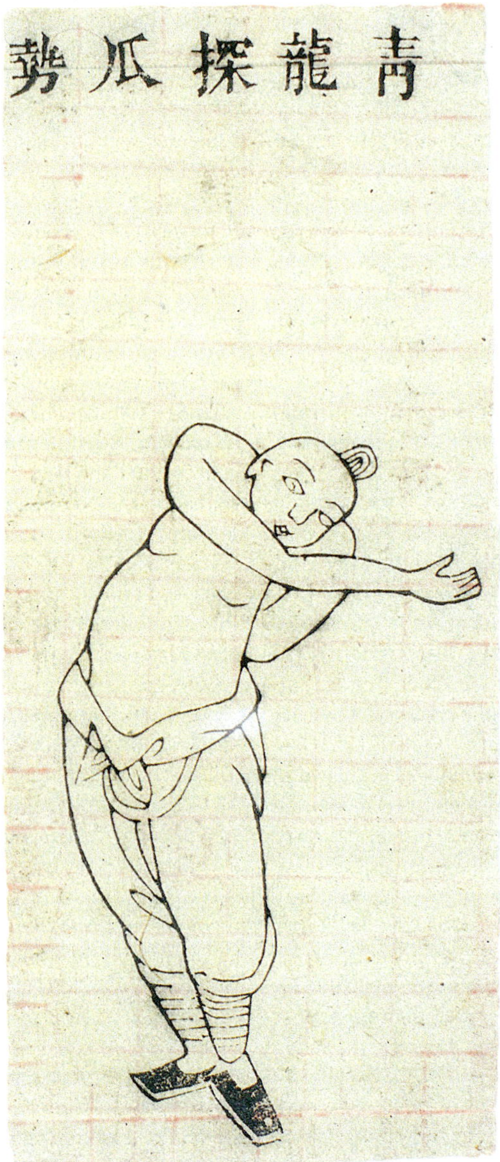

»Der blaue Drache streckt seine Krallen aus«, Holzschnitt in einem Manuskript der *Yi Jin Jing* (Methode zur Transformation der Faszien).
WELLCOME COLLECTION (CC BY 4.0)

»Das ist Su Lifei«, sagt er. »Das ist Gouverneur Kang.« Er macht eine Pause. »Lifei ist sehr glücklich, dass Sie unsere Stadt mit Ihrem Besuch beehren. Haben Sie Lust, eine Runde mit ihr zu tanzen?«

»Es ist mir ein Vergnügen.« Kang steht auf. Die junge Frau wirkt sehr zierlich und klein. Ihr Gesicht ist glatt und unauffällig, aber ihr Lächeln ist nicht schmeichlerisch, sondern gelassen und beinahe kühl. Er führt sie auf die Tanzfläche. »Die Blaue Melancholie«, sagt er. »Magst du sie auch?«

»Ja, sehr.« Sie hat eine sanfte, weibliche Stimme.

Der Mann macht eine einladende Geste. Die Frau legt ihre Hand auf seine und wartet. Er macht den ersten Schritt, sie folgt ihm mit ernstem Gesicht. Nach einigen Schritten fühlt sich Kang besser. Die Frau zeigt sich fügsam und überlässt ihm die Führung. Als sie zum Tisch zurückkehren, lächelt er zufrieden.

Boss Gu fällt ein Stein vom Herzen. Er macht Platz für Su Lifei, die junge Frau, und verschwindet im Hintergrund.

»Du tanzt nicht schlecht, kleines Mädchen«, sagt Kang.

»Ich bin kein Mädchen«, sagt Su Lifei. »Ich bin verheiratet und habe eine fünfjährige Tochter. Mein Mann ist Büroleiter im Amt für Landwirtschaft und Forsten.«

»Ich dachte, du bist auch von der Tanzschule.« Kangs Blick schweift durch die Menge. »Ist dein Mann hier?«

»Nein. Er hat zu tun und kommt später. Aber er war dabei, als Sie heute den Stadtrat besucht haben. Er war begeistert von Ihnen. Er hat gesagt, Sie seien ein Mann, der für große Taten geboren ist.«

Verheiratet ist sie also, aber nicht mit dem jungen Mann, mit dem sie getanzt hat. Irgendwie erfüllt Kang das mit Genugtuung. Was hat sie gesagt? »Große Taten.« Sicher nett gemeint, aber im Moment sind ihm solche Komplimente unbehaglich. Seine Karriere ist in der Schwebe. Bevor er nach Hunan versetzt wurde, war er Vizegouverneur in Liaoning. Hier in seiner Heimatprovinz ist er wieder nur Vize. Und das schon seit vier Jahren. Seine Amtszeit geht bald zu Ende. Er würde gern bleiben, aber das geht nur, wenn er zum Gouverneur ernannt wird. Der jetzige Gouverneur geht demnächst in Ruhestand. Kang könnte sein Nachfolger werden. Doch sein Kontaktmann in Peking hat gerade vor einer Stunde angerufen und ihm gesagt, dass offenbar noch nichts entschieden sei. Mehr habe er nicht herauskriegen können. Will ihn die Partei in eine andere Provinz versetzen? Vielleicht sogar degradieren? Man weiß nie genau, wie das ZK entscheidet. Muss er seine Heimat wieder verlassen und noch einmal woanders neu anfangen? Mit 52 Jahren macht das keinen Spaß mehr. Bedrückt schaut Kang zu den Tanzenden und hüllt sich in Schweigen.

Lifei spürt die Unruhe des Mannes und versucht, den Grund herauszufinden. Ohne jede Verlegenheit mustert sie sein Gesicht. »Das Qi zwischen Ihren Augenbrauen ist stark«, sagt sie. »Sie werden bald ein großes Glück erfahren.«

»So jung, und du kannst schon wahrsagen?« Kang wirft einen überraschten Blick auf die junge Frau. »Was für ein Glück denn?«

»Entweder bekommen Sie einen Geldregen, oder Sie machen Karriere.« Lifei lächelt. »Ich weiß: Sie werden zum Gouverneur ernannt!«

»So etwas kann man doch nicht vorhersagen«, erwidert Kang geschmeichelt und wehrt mit der Hand ab. »Denk dran«, grinst er, »wenn du falsche Prophezeiungen machst, entziehe ich dir die Lizenz.«

Lifei lacht, und das lässt ihren Körper vibrieren. »Aber wenn ich richtig getroffen habe, laden Sie mich zum Essen ein.«

»Du möchtest vom Gouverneur zum Essen eingeladen werden? Du scheinst einen großen Appetit zu haben«, sagt Kang anzüglich. Die Frau gefällt ihm immer besser. »Sag jetzt Du zu mir«, verlangt er im Befehlston.

Bald weiß er schon einiges mehr über sie. Sie ist achtundzwanzig, vierundzwanzig Jahre jünger als er, und arbeitet in einer Privatschule. »Was ist dein Lebensziel?«, fragt er. Er stellt gern überraschende Fragen, um sein Gegenüber aus der Reserve zu locken.

Lifei kräuselt die Nase und sagt: »Ich möchte gern etwas Verrücktes machen. Zum Beispiel einen Stern umarmen. Oder einen geflügelten Tiger.« Ihre Augen sind fest auf seine starken Schultern gerichtet.

Kang lacht vergnügt: »Warum nicht gleich die Sonne?« Schon macht er eine einladende Geste und führt sie erneut auf die Tanzfläche. Diesmal tanzt er schon etwas enger mit ihr.

Als sie wieder am Tisch sitzen, kommt ein rundlicher Mann auf sie zu, dessen spitze Lippen wie eine Schnauze aussehen. Kang will gerade wegschauen, da nickt Lifei dem Neuankömmling zu und sagt: »Das ist mein Mann Li Rong.«

Eine lustige Ratte hat sie geheiratet, denkt Kang und muss beinahe lachen. Doch er weiß, dass er zu einem guten Wort verpflichtet ist. »Zhuren Li, deine Frau ist eine begabte Tänzerin«, sagt er.

»Oh ja, Gouverneur Kang, meine Frau ist in einigen Dingen begabt«, erwidert der Ehemann, der deutlich älter wirkt als Lifei. »Manchmal ist sie aber auch etwas vorlaut. Sie dürfen nicht mit Tadel geizen, wenn sie etwas falsch macht.«

»Von Tadel keine Rede«, erwidert Kang. »Begabungen werden unter meiner Führung gefördert.«

Die Unterhaltung verläuft, wie sie verlaufen soll: Kang schaut über Lis Kopf hinweg und gibt den Ton an, Li Rong blickt nach unten und nickt hin und wieder. Nach ein paar Minuten entschuldigt er sich. Als Kang das nächste Mal mit Lifei durch den Saal schwebt, ist ihr Mann schon nicht mehr zu sehen.

Als die Nacht fortgeschritten ist, fragt Kang beiläufig: »Holt dein Mann dich ab?«

»Ich weiß nicht, wo er hingegangen ist. Aber er spielt gern Karten, und ich tanze lieber gern. Wir stören uns gegenseitig nicht.«

»Aha, eine moderne Ehe«, stellt Kang fest. »Was würde dein Mann sagen, wenn ich dich zu einer Veranstaltung nach Changsha einlade?«

»Mein Mann? Der wünscht sich eine Ehefrau mit Niveau. Er hat schon immer gesagt, ich soll auf die Welt zugehen.«

»So einen klugen Mann hast du?« Kang lacht zufrieden. »Gut, gut. Ich sage auch immer zu meinen Beamten: Ihr müsst begabte Leute einsetzen.« Er gibt Lifei eine Visitenkarte und schreibt ihr seine Handynummer dazu. Ob sie auch eine Karte habe – und eine Handynummer.

»Nein«, sagt sie. Ein Handy zu haben ist im Jahr 1996 noch eine teure Angelegenheit. »Herr Gouverneur, Sie ... du vergisst, dass Hengyang eine kleine Stadt ist. Wir brauchen so etwas nicht.«

»Habt ihr dann wenigstens zu Hause ein Telefon?«

Das hat Lifei seit vier Jahren. Länger nicht. Aber das muss sie Kang nicht erzählen. Sie diktiert ihm die Nummer, und als er die Nummer von ihrem Arbeitsplatz haben will, gibt sie ihm die auch.

»Gut, deine Begabung ist jetzt bei mir notiert«, sagt er. »Ich werde mich melden.« Er steckt das Handy mit den beiden neuen Nummern ein.

»Soll ich wieder neben dir sitzen und deine starke Stimme hören? Nichts wäre schöner als das«, sagt sie lächelnd und fühlt sich jetzt schon wie eine Frau von Welt.

Zu Hause herrscht bereits Nachtruhe. Aus dem Zimmer der fünfjährigen Jinjin, wo auch die Oma schläft, ist nichts zu hören. Lifei zieht sich aus und stellt sich unter die Dusche. Nach Tanzabenden duscht sie immer, um den Geruch der fremden Männer zu entfernen. Als sie aus dem Bad kommt, hat sie ein braves Schlafkleid an. Sie setzt sich vor den Spiegel und bürstet ihr Haar. Sie braucht nicht lange zu warten. Bald hört sie, wie jemand die Wohnungstür öffnet. Dann steht ihr Mann im Zimmer. Ihre Blicke kreuzen sich.

»Dein Freund Boss Gu hat mich zum Gouverneur geführt«, sagt sie. »Ich konnte nicht anders.« Den Satz hat sie schon seit einer Stunde geübt.

»Das hat er gut gemacht«, sagt der Ehemann. »Du warst großartig. Alle haben nach dir geschielt und gefragt. Du bist jetzt eine Berühmtheit. Manche Frauen hier werden heute Nacht vor Neid kein Auge zutun.« Er umarmt sie.

Lifei fällt ein Stein vom Herzen. Doch ganz beruhigt ist sie noch nicht. Sie darf zwar mit anderen Männern tanzen und reden, aber sie weiß auch, wo die Grenze ist. Ihr Mann hat ihr gleich nach der Hochzeit gesagt: »Du darfst nichts tun, was dazu führt, dass ich mein Gesicht verliere«, und sie hält sich daran.

Li Rong beugt sich von hinten zu ihr herunter und umarmt sie.

»Pfui, du riechst nach Schweiß und Rauch und Schnaps.« Sie versucht sich zu befreien, aber nur halbherzig.

Li Rong lässt sie trotzdem los. »Das ist der Geruch eines fleißig arbeitenden Mannes. Kang Yimiao würde nicht anders riechen, wenn er sich richtig ins Zeug gelegt hätte.« Er gräbt seine Nase in ihren Nacken und schnuppert an ihr. Seine Augen glänzen wie die eines Luchses, der ein Stück Speck riecht. »Was hat der Vizegouverneur dir gesagt?«

»Was soll ein verheirateter Mann mit zwei erwachsenen Kindern schon zu einer verheirateten Frau sagen? Er sagt so freundlich wie möglich auf Wiedersehen.« Als Li Rong sie misstrauisch anschaut, wechselt sie in einen weniger förmlichen Ton. »Er hat gesagt, er will mich nach Changsha einladen. Aber wahrscheinlich hat er das schon wieder vergessen.«

Aus dem unveröffentlichten Roman *Die chinesische Orchidee*, in dem die Geschichte einer jungen Frau erzählt wird, die als Freundin bedeutender Männer Karriere macht und zu einer der reichsten Unternehmerinnen in China wird.

© 2017 Luo Lingyuan

alterung der Gesellschaft zu begegnen. Die jungen Menschen hat niemand gefragt. Statt der für 2016 erwarteten 5 Millionen zusätzlicher Geburten kamen nur 1,2 Millionen mehr Kinder auf die Welt.

2013 verkündete Premier Li Keqiang die Urbanisierungsstrategie: Bis 2025 wolle man 250 Millionen Bauern in die Städte holen. Die Bevölkerung wurde nicht mit einbezogen. Vielmehr trieb Anfang 2018 Chinas Polizei hunderttausende Wanderarbeiter als »low-end population« aus Metropolen wie Peking und Schanghai zurück aufs Land, um die urbane Überbevölkerung zu verringern.

Symptomatisch, weil sich China mit seiner Außenpolitik nicht nur über die Befindlichkeiten der anderen hinwegsetzt, sondern auch über Sachzwänge und Risiken. So kündigten die Philippinen 2013 an, ihren Streit mit Peking um Inseln im Südchinesischen Meer vor ein internationales Schiedsgericht zu bringen. Lange hatte Peking sich sicher geglaubt, denn die Länder Südostasiens waren allesamt so abhängig von China, dass sie es nicht wagen würden, sich gegen Pekings Territorialansprüche zu wehren. Doch am Ende gewann Manila vor dem Schiedsgericht in Den Haag und holte zugleich immer mehr US-Militär in die Region. Selbst die Europäische Union, die sich mit Rücksicht auf den großen chinesischen Markt lange aus den Konflikten in Fernost heraushielt, unterstützte Manilas Gang vor das Schiedsgericht.

Vielleicht ist es mit dem überlegten Handeln also doch nicht so weit her. Jedenfalls hat die chinesische Führung OBOR Ende 2014 zur Staatsstrategie erklärt, ohne zuvor Risikoanalysen anfertigen zu lassen. Erst im Januar 2015 äußerten sich 15 Analysten mit einer Warnung vor den wirtschaftlichen und politischen Risiken, die für China in fast allen Anrainerstaaten lauerten. Im April 2017 kam dann das halbherzige Umsteuern. Zu spät: Im November 2017 stürzte Simbabwes Machthaber Robert Mugabe, Chinas engster und mit Milliarden unterstützter Verbündeter in Afrika. Kurz danach stoppten Nepal und Pakistan, zwei Mitstreiter der »Belt and Road«-Initiative, von China finanzierte Staudammprojekte. Anfang 2018 weigerte sich die britische Premierministerin Theresa May bei ihrem Chinabesuch, ein Memorandum zur Unterstützung der »Belt and Road«-Initiative zu unterzeichnen: Diese enthalte unfaire Praktiken, die Großbritannien nicht mittrage.

Lehrreich: Die wichtigste Lehre für alle Träumer, die China für seine visionäre Effizienz bewundern, lautet: Auch Xi Jinping kocht nur mit Wasser, nicht selten sogar mit verseuchtem.

© 2018 *Le Monde diplomatique*, Berlin

Straßenverkäufer mit einem Plakat vom Parteichef Xi Jinping und seiner Ehefrau, der Sängerin Peng Liyuan, Binzhou, Provinz Shandong, China, Januar 2016. ZUMA PRESS/ALAMY